Melody Green

Ich lasse deine Hand nicht los

Tagebuchnotizen und Impulse
von Keith Green

Melody Green

Ich lasse deine Hand nicht los

Tagebuchnotizen und Impulse
von Keith Green

Projektion J

Titel der Originalausgabe:
Make My Life A Prayer

1. Auflage 2004

ISBN 3-89490-539-5

Übersetzung: Dorothee Dziewas
Umschlaggestaltung: Hanni Plato
Umschlagfoto: Melody Green
Satz: Die Feder GmbH, Wetzlar
Druck und Verarbeitung: GGP Media GmbH, Pößneck

Für Rebekah Joy Green

Dein Vater flehte Gott an, sein Leben in ein Gebet zu verwandeln –
es macht mich sehr glücklich, dass du beschlossen hast, dasselbe zu tun.

Mom

Inhalt

Ich lasse deine Hand nicht los[1]

Wenn ich seh, was du aus mir gemacht hast,
warum sollte ich dann von dir gehen?
Was bleibt mir, wenn ich dich von mir stoß?
Nein, Herr, ich lasse deine Hand nicht los – nicht los.

Habe ich dich auch schon oft verraten
und vergessen, was dein Wille war,
war doch meine Schuld dir nie zu groß.
Nein, Herr, ich lasse deine Hand nicht los – nicht los.

Manchmal hab ich gesucht
nach dem Glück in fremden Händen.
Doch dann sah ich die Flucht
würde nur im Unglück enden.
Und ich hielt mich dafür
umso stärker fest an dir.
An dir.

Doch wenn ich am Ende meiner Kräfte
und am Rande meines Glaubens bin,
zählt für mich zuletzt das eine bloß:
Du selber, Herr, lässt meine Hand nicht los.

Du legst nie die Hände in den Schoß;
du fasst meine Hand und lässt nicht los.
Du selber, Herr, lässt meine Hand nicht los.
Du selber, Herr, lässt meine Hand nicht los.

Vorwort zur deutschen Ausgabe

Keith Green hat seiner Frau Melody zu Lebzeiten seine Tagebücher anvertraut. Er wollte sich mitteilen und mit seinem Innersten und Intimsten nicht hinter dem Berg halten. Und seine Zeilen geben auch einen tiefen Einblick. In den persönlichen Aufzeichnungen leben die Lebens-Fragen und Glaubens-Zweifel von Keith Green wieder auf.

Keith Green steht als Musik-Marke für sich selbst. In seinem kurzen Leben hat er eine Vielzahl von großartigen Liedern hinterlassen. Er verstand sein Schreiben, Singen und Auftreten als Mitteilung und Aufforderung. Bis heute kann niemand Keith Green hören, ohne ihm *zuzuhören*. In seinen Songs lebt er auch mehr als 20 Jahre nach seinem Tod weiter.

Während meiner Beschäftigung mit dem Leben und den Liedern von Keith Green verdichtete sich bei mir der Eindruck, dass auch uns etwas anvertraut wurde. Melody bekam sein Tagebuch. Mit diesem Buch liegt nun ihre Veröffentlichung der persönlichen Notizen von Keith Green vor. Wir bekamen seine Lieder. Mit dem Album „Green“ nahm ich 2003 nicht nur seine Songs neu auf, sondern die Herausforderung an, Keith Green ins Heute und ins Deutsche übertragen zu lassen. Zugegebenermaßen ein Wagnis. Aber ein Wagnis, das sich lohnte.

Allein die Auswahl und Beschränkung auf zwölf Green-Stücke fiel im Vorfeld der Produktion erwartungsgemäß schwer. Umso mehr war ich gespannt, welche Song-Moderationen das vorliegende Buch „auswählen“ würde. In den Aufzeichnungen der Konzert-Ansagen finden sich auch vier Titel unseres Albums wieder. Ich war beruhigt.

Keith Green malt beim Singen Bilder und kleidet Bilder in Musik. Seine Mitteilungen sind nie abstrakt oder theoretisch, sondern immer bildhaft und persönlich. In *Stained Glass* vergleicht er unser Leben mit einem Bleiglasfenster in einer gotischen Kirche. Erst die intensive Bestrahlung der Sonne von außen bringt die Farben des

Fensters innen richtig zur Geltung. Menschen sind „wahre Kunstwerke, wenn Gottes Licht durch uns scheint", so Green. Diese Bildsprache haben sich meine Autoren (A. Gralle, M. Buchholz, A. Malessa, M. Siebald, J. Werth, Ch. Zehendner) und ich für unser Album zu Herzen genommen. Aus *Stained Glass* wurde „Wie buntes Fensterglas". Weitere Übersetzungen und Übertragungen lauten dementsprechend bildhaft: „Sommerschnee", „Deine Liebe lebt" oder „Will bei dir zur Schule gehen".

Green wirkt weiter. Auch die Reaktionen auf meinen „Green" waren enorm. Es scheint ein Geheimnis hinter diesem Mann zu stecken. Es ist nicht nur sein Leben. Nicht nur sein Reden. Schreiben. Moderieren. Predigen. Ich glaube, es ist eine Haltung, die am treffendsten wohl von Green selbst mit einem Tagebucheintrag vom März 1971 wiedergegeben wird:

„Ich bete die ganze Zeit. Aber ich möchte noch ein geschriebenes Gebet verfassen.

‚Vater, lass uns morgen all deine unbegreifliche Schönheit widerspiegeln. Deinen ganzen vollkommenen Rhythmus und deine grenzenlose Brüderlichkeit. Danke.'"

Und er endet mit: „Gott, bitte hilf mir, deinen Kindern deine Musik zu bringen."

Mich hat seine Musik erreicht. Dass sie zu noch mehr Menschen durchdringt und Menschen weiterbringt, das wünsche ich mir. Dass Keith Greens Gebet erhört wird, das ist mein Anliegen.

Beate Ling

Das Zeugnis eines Lebens

Keith Green war ein außergewöhnlicher Mann. Seine Botschaft und seine Methoden waren und sind anders als die aller anderen Menschen. Jeder, der seiner Musik zuhörte, seinen leidenschaftlichen Appell vernahm, Jesus radikal nachzufolgen, oder den internationalen Aufstieg der *Last Day Ministries* – „Missionswerk der Letzten Tage" *(LDM)* – verfolgte, einer von Keith und Melody ins Leben gerufenen Organisation, der kann von seiner ungeheuren und anhaltenden Wirkung auf andere erzählen.

Keith war einzigartig. Wie viele von uns kennen schon einen jungen Mann, der mit 15 beginnt, sein Leben in einem Tagebuch festzuhalten, und diese Angewohnheit die nächsten 13 Jahre beibehält? Keiths Eintragungen sind oft sporadisch, aber sie decken sein ganzes Leben ab. Der letzte Eintrag erfolgte weniger als eine Woche vor seinem Tod. Am 28. Juli 1982 endete Keiths irdisches Leben im Alter von 28 Jahren. Zwei seiner Kinder – der dreijährige Josiah und die zwei Jahre alte Bethany – starben mit ihm, während Melody, seit sechs Wochen mit ihrem vierten Kind Rachel schwanger, mit der einjährigen Rebekah zu Hause geblieben war.

Keiths Tod war eine Tragödie von ungeheuren Ausmaßen und Christen überall auf der Welt trauerten öffentlich und von Herzen. Doch durch Gottes Gnade ist die Stimme von Keith auch 20 Jahre nach seinem Tod noch zu hören.

Viele Auszüge aus Keiths Tagebüchern werden hier zum ersten Mal veröffentlicht. Eine Auswahl seiner Konzert-Impulse liegt ebenfalls erstmals in gedruckter Form vor. Durch beides bekommen wir ein umfassenderes Bild von Keith Green, als es bisher der Fall war. In seinen Tagebüchern begegnen wir einem Menschen, der Jesus mit einer tiefen Intensität liebte und doch oft frustriert war, weil es ihm an persönlicher Disziplin mangelte und er in seinem Leben so wenig geistliches Wachstum sah. In seinen Konzert-Impulsen können wir nachlesen, wie der öffentliche Keith Green uns ermahnt, unser ganzes Leben Gott zu widmen, egal, was es kostet. Beide Seiten gehören zu Keiths Leben. Beide sind echt.

Sie werden bald merken, dass Keith dieselben Kämpfe auszufechten hatte wie wir alle. Wie wir hatte Keith Erfolgserlebnisse ... und Niederlagen. Wie wir urteilte Keith richtig ... und machte Fehler. Aber bei all dem sehen wir Gott am Werk, der einen Menschen auf sein eigentliches Ziel hinführt – den Himmel.

Und als Keith sein Ziel erreichte, war die Welt noch nicht bereit, ihn gehen zu lassen. Diejenigen von uns, die von ihm berührt worden waren, blieben fassungslos und todunglücklich zurück. Aber als wir hörten, wie Melody, seine junge, schwangere Witwe, Johannes 12, Vers 24 zitierte, wussten wir, dass diese Worte stimmten: „Das Weizenkorn muss in die Erde fallen und sterben, sonst bleibt es allein. Aber wenn es stirbt, bringt es viel Frucht."

Seit Keiths Heimgang haben wir in der Tat „viel Frucht" gesehen. Keiths Musik und seine Aufzeichnungen sprechen immer noch Christen und Nichtchristen an. Das Zeugnis seines Lebens erreicht Leserinnen und Leser durch Melodys in viele Sprachen übersetzte und sehr erfolgreiche Biografie „Kompromisslos: Keith Green". In einem zweiten Buch mit dem Titel *If You Love the Lord: Uncompromising Devotions from the Heart of Keith Green* inspirieren die herausfordernden Worte aus Hunderten von Bibelarbeiten die Menschen, leidenschaftlich für Gott zu leben. Keiths kraftvolle Musik, verbunden mit seiner leidenschaftlichen Interpretation, zieht weiter durch die Welt, wo sie Herzen berührt und Menschen jeden Alters verändert.

Seit kurzem dient Keith Gott durch ein Medium, mit dem er nie gerechnet hat. Melody hat die Aufzeichnungen von Keith und seine Musik – alle LDM-Klassiker – sowie ihre eigenen Beiträge den schnellen Informationswegen anvertraut, die wir als das Cyberspace bezeichnen – ein Wort, das es zu Keiths Lebzeiten noch gar nicht gab. Auf den Webseiten www.keithgreen.com und www.melodygreen.com verbreitet Melody die Musik, die Botschaften und ihr stets noch wachsendes Anliegen, die Welt zu erreichen. Diese Botschaft legte Gott ihr und Keith schon vor vielen Jahren ans Herz.

Doch bei aller Aufmerksamkeit, die dem Menschen Keith Green gilt, wäre Keith selbst der Erste, der mit den Schultern zucken und sagen würde, er habe sein Leben gelebt, um Jesus Christus in den Mittelpunkt zu stellen und nicht Keith Green. In seinen Konzerten war Keith aufgebracht, wenn Menschen sich mehr für *ihn* begeisterten als für Jesus. Deshalb geht es in diesem Buch auch nicht in erster Linie um Keith Green, sondern darum, wie Gott in dem Leben eines Menschen am Werk war, der sich seinem Gott schließlich ganz hingab. Es handelt von Keiths Sehnsucht nach größerer Nähe zu Gott, von seiner Liebe zu seiner Frau und seinen Kindern und von seinem Wunsch, dass Gott ihn in Demut und Rechtschaffenheit gebrauchen würde.

Gott hat für jede und jeden von uns einen Plan, und dieser ist genauso wichtig wie der, den er für Keith hatte. In Gottes Reich ist noch viel zu tun, und Jesus ist immer noch auf der Suche nach bereitwilligen, wild entschlossenen Dienern, die Gott mit ihrem Leben verherrlichen wollen.

Wenn wir Keiths Worte aus seinen Tagebüchern und die Denkanstöße aus seinen Konzerten lesen, werden wir hoffentlich zu einer ebenso tiefen Verbindlichkeit herausgefordert, wie Keith sie gelebt hat. Und wenn wir von seinen inneren Kämpfen lesen – denselben Kämpfen, mit denen wir alle konfrontiert sind, wenn wir einmal ehrlich sind –, dann können wir gewiss sein, dass Gott jede und jeden von uns gebrauchen will, trotz unserer Unvollkommenheit. Wir müssen ihn nur lassen.

Beten wir, dass wir alle Gottes Hand niemals loslassen!

Harvest House Publishers

Ein Vorwort zu den Tagebüchern

Mein Mann Keith lebte nur 28 Jahre lang auf dieser Erde. Und von dieser Zeit verbrachte er 21 Jahre auf der Suche nach geistlicher Wahrheit. Nachdem Sie seine persönlichen Tagebücher gelesen und seine erbarmungslose, herzzerreißende Suche nach Gott miterlebt haben, werden Sie besser verstehen, warum es Keith so wichtig war, anderen von seinem Glauben zu erzählen. Schließlich hat er selbst so lange und verzweifelt nach diesen Antworten gesucht.

Ich lernte Keith kennen, als er 18 war. Er setzte sich mir gegenüber, wie er es später unzählige Male tun würde, und las mir seine Tagebücher vor – laut und unzensiert. Er wollte, dass ich ihn wirklich kennen lernte: das Gute, das Schlechte und das gar nicht Liebenswerte. Was immer Keith gewesen sein mag, er war auf jeden Fall ehrlich. Ehrlich gegenüber sich selbst und anderen. Und dafür liebte ich ihn unbeschreiblich. In seinen frühen Tagebuchaufzeichnungen berichtet er davon, dass er von zu Hause abhaute (drei Mal!); sie erzählen von Schulproblemen, Musik, Mädchen und seinen Eltern, von der Angst davor, in den Krieg ziehen zu müssen, und von seinem besten Freund Todd Fishkind.

Keith hat in seinen Tagebüchern ehrliche Fragen über das wahre Leben gestellt. Es berührt mich jedes Mal, wenn ich seinen unstillbaren Hunger nach Wahrheit sehe und seine völlige Hingabe an das Ziel, diese Wahrheit zu finden. Mit 17 schrieb Keith voller Verzweiflung: „Gott, hilf mir! Ich werde dich eine Million Mal darum bitten. Ich werde nie aufgeben!" Erst vor wenigen Tagen kamen mir die Tränen, als ich diesen Eintrag las. Wie sollte Gott ein solches Gebet nicht erhören?

Keiths Tagebücher sind aus vielerlei Gründen wichtig. Einer ist, dass sie ein ehrliches Bild von ihm zeichnen. Diese Tagebücher ermöglichen es Keith, aufrichtig und oftmals auf überraschende Weise für sich selbst zu sprechen. Keith hat immer offen über sich gesprochen und geschrieben. Er wäre mit Sicherheit ausgesprochen beleidigt, wenn jemand versuchen würde, ihn als vollkommen hinzustellen, jetzt, wo er bei Jesus ist. Und doch ist Keith einer der größten Männer Gottes, denen ich je begegnet bin. Er war integer, er wollte authentisch sein und er war ehrlich und sehr echt.

Keith las in der Bibel, glaubte, was er las, und handelte entsprechend. Manche fanden die Grenzen, die er zog, zu eng. Andere hatten lange darauf gewartet, dass jemand wie er kam und sagte, was Sache war. Aber Keiths Dringlichkeit kam aus seinem Innern. Er wusste, wie es ist, wenn man mit Gott ringt und ihn nicht *richtig* kennt. Und er wusste, wie es ist, schließlich die Wahrheit zu finden, Glaubensverkündiger zu werden und sich dann damit abzumühen, der eigenen Botschaft gerecht zu werden.

Keith sammelte jeden Tag Manna, aber es reichte nie für den nächsten Tag. Er wollte immer noch mehr. Er rang um seine Rechtschaffenheit und ein reines Gewissen, er tat alles, um vom Heiligen Geist erfüllt zu werden, konsequent zu beten und sich selbst zu beherrschen – und er kämpfte gegen seine eigenen schlechten Gewohnheiten an. Auch wenn mancher es bezweifelte, Keith kannte sehr wohl die Bedeutung von Gnade. Ja, je mehr Keith kämpfte, umso mehr entdeckte und genoss er die unverdiente Gnade Gottes.

Keith hatte eine Wirkung auf andere, die zu erlangen die meisten Menschen ihr Leben geben würden. Das Komische ist, dass Keith dieser Einfluss eigentlich gar nicht wichtig war. Er wollte nur Jesus gefallen. Natürlich wollte er die Welt verändern, aber er wollte, dass Gott den ganzen Ruhm dafür bekam. Keith hatte panische Angst davor, irgendwie, und sei es aus Versehen, die Ehre Gottes anzurühren. Vielleicht hat Gott ihn deshalb in so kurzer Zeit so viel erreichen lassen. Keith hat bei einer ganzen Generation einen unauslöschlichen Eindruck hinterlassen – und er beeindruckt noch heute eine ganz neue Generation in aller Welt.

Eines Abends sagte Keith zu mir, wenn ihm jemals etwas zustoßen sollte, könne ich seine Tagebücher verwenden. Und er fügte mit einem Lächeln hinzu: „Zensiert natürlich." Einiges musste ich der Länge, der Klarheit oder der Privatsphäre wegen weglassen, aber ich habe nie die Aussage oder Intention eines Eintrags verändert. In den meisten Fällen habe ich auch Keiths Interpunktion, die Grammatik, seine Unterstreichungen und Großbuchstaben so gelassen, wie sie geschrieben wurden – von Herzen.

Ich lade Sie jetzt ein, eine privatere Seite von Keith Green kennen zu lernen. Vielleicht wird seine Verwundbarkeit Sie am meisten berühren. Aber Sie werden merken, er sehnte sich danach, dass die Gemeinde Jesu aktiv werden und Gemeinde *sein* würde – der Edelstein, der sie eigentlich ist. Sie werden die echte Liebe zu den Menschen spüren, Keiths Wunsch, dass verlorene Seelen ihren Schöpfer finden würden, und sein tiefes Mitgefühl für diejenigen, die leiden. Diese Dinge bewegten ihn und bei uns sollte es genauso sein.

Manchmal frage ich mich, wie Keith je befürchten konnte, dass er Gottes Hand loslassen würde.

Melody Green

Die Tagebücher

1969–1982

1969–1970

8. Juli 1969 [15 Jahre]

Tut mir Leid wegen der Sauklaue. Wir sind gerade unterwegs. Hallo, erst mal. Ich heiße Keith Green. Ich verlasse Canoga Park. Unser Ziel ist Kanada! Wir planen schon seit zwei Monaten abzuhauen. Wir haben alles dabei: Gepäck, Keyboard und Verstärker, 175 Dollar und 39 Cents und meine Münzsammlung, die ungefähr 100 Dollar wert ist. Ich hoffe mal, wir kriegen irgendwelche Gigs entlang der kalifornischen Küste, wo wir singen und spielen können. Jedenfalls gehen wir so weit von L.A. weg wie möglich.

Meine Eltern tun mir Leid. Ich hab sie wirklich gern. Sie fühlen sich bestimmt mies. Später mehr.

25. Oktober 1970, 4 Uhr morgens, zu Hause

Ich und mein Freund Todd sind Musiker und Songwriter und Kinder Gottes. (Wie jeder.) Wir haben das Gefühl, dass wir aus gutem Grund zusammen sind - um die „Bewegung für eine friedliche Revolution“ voranzubringen!

28. Oktober 1970, 9:30 Uhr

Wir träumen von einer großen musikalischen Familie, etwa wie eine von diesen Kommunen. Wir würden dann unser eigenes Gemüse und Obst anbauen. Also habe ich Todd gesagt, wenn er anfangen will, wie in einer Kommune zu leben, dann solle er aufhören, Vitamine zu schlucken, die können wir schließlich nicht anbauen.

10. Dezember 1970, 0:45 Uhr, Seattle, Washington

Wir waren in einem Café der „Jesus Freaks“, und die haben versucht, mir einzureden, dass man die ganze Bibel, Wort für Wort, glauben soll, sogar die Stelle, wo steht, dass Gott meinen Bruder tötet, und das glaube ich einfach nicht. Nicht mein toller Vater!

1971

Neujahr 1971, Seattle

Ich habe beschlossen, mit den Drogen aufzuhören. Alle möglichen Sorten: Gras, das Psychozeug, egal, was. Außerdem halte ich meinen Sextrieb unter Kontrolle. Ich komme wirklich voran, aber Reden nützt nichts. Ich muss es auch durch das beweisen, was ich tue.

4. März 1971, 18:15 Uhr

Ich bete die ganze Zeit. Aber ich möchte noch ein geschriebenes Gebet verfassen.

„Vater, lass uns morgen all deine unbegreifliche Schönheit widerspiegeln. Deinen ganzen vollkommenen Rhythmus und deine grenzenlose Brüderlichkeit. Danke."

19. März 1971, 15:30 Uhr

... Gott, bitte hilf mir, deinen Kindern deine Musik zu bringen.

23. März 1971

Ich glaube, es wäre richtig schön, irgendwann mal auf einem Bauernhof zu leben und Kinder zu haben. Ich könnte Kindern so viel beibringen, und ich wette, ich könnte auch eine ganze Menge von ihnen lernen. Ich muss mich echt noch ziemlich viel weiterentwickeln, bevor ich in den Himmel komme (geistliche Reife).

In letzter Zeit wird mir so richtig bewusst, wie ich mich anderen gegenüber verhalte. Ich bete jeden Tag dafür, dass ich alle gleich lieben kann. Gott hilft mir in letzter Zeit. Wir wollen schließlich keinen auf Richter machen! Wir müssen mehr Mitgefühl mit unseren Brüdern haben, die in der Patsche sitzen: „Urteilen, um zu helfen, nicht, um zu verdammen!"

25. März 1971

Ich habe gerade zum ersten Mal in meinem Leben eine Banane gegessen. Ich mochte sie nicht, aber vielleicht gewöhne ich mich ja dran. Es dauert eine Weile. Todd hat mich auch auf den Geschmack von Äpfeln und Apfelsinen gebracht. Die ess ich jetzt die ganze Zeit.

Heute habe ich solche inneren Kämpfe gehabt, dass ich etwas schreiben musste, deshalb habe ich das hier geschrieben. Es sagt alles. Meine Gefühle. Das Stück heißt

Innerer Friede

Als das „Dunkle Zeitalter" anfing, wusste ich, dass ich mich irgendwann so fühlen würde wie jetzt.
Jetzt ist dieses Irgendwann da und ich kann den Finger auf das Gefühl legen.
Ich weiß nur, dass der innere Friede, den ich gefunden habe, mir entgleitet.
Vielleicht ist es ein Test, aber er entgleitet mir ...
Ich möchte Liebe geben, dem Frieden Ausdruck verleihen, gut sein und geben ...
Ich hab das auch alles getan, aber nicht leichten Herzens.
Ich habe meine guten Werke aufgerechnet.
„Maßlos geben", schreiben „The Moody Blues".
Ich soll ohne Ende Gutes tun, und das ist richtig so.
Man muss die Dunkelheit erkennen, bevor man das Licht anmachen kann.
DER INNERE FRIEDE IST IMMER NOCH DA, immer.
BRÜDERLICHKEIT!?!
Die Leute schreien: Brüderlichkeit!
Ich schäme mich manchmal, wenn sie dieses Wort gebrauchen.
Sie verleugnen ihre Brüder und werfen ihnen Wörter und Steine und Flaschen an den Kopf!
Brüder? Ja! Das muss man ihnen lassen.
Aber sie bringen diese Brüderlichkeit nicht zum Ausdruck.
Manchmal habe ich den Eindruck, dass in mir ein Tier gefangen ist.
Es kommt heraus, hasserfüllt, und fletscht die Zähne, während es mit den Krallen meine Brüder angreift.
Manchmal hasse ich mich selbst. Aber bin das wirklich ich?

27. März 1971, 23:35 Uhr

Ich höre mir gerade John Lennons Album an. Er ist richtig gut.

29. März 1971, 12:05 Uhr

Heute sind Todd und ich aus dem stinklangweiligen Sozialkundekurs rausgeflogen – wir hätten uns unreif verhalten. Das war schon irgendwie berechtigt. Aber im Moment fühlt es sich gar nicht wie eine Strafe an, nicht in der Schule zu sitzen, weil wir gleich schwimmen gehen. Wir haben heute herausgefunden, dass es ein Rockfestival im Death Valley geben soll, sozusagen ein Westküsten-Woodstock. Wenn wir nicht nach Washington fahren, haben wir also noch eine andere Möglichkeit.

Ich weiß nicht, wo der richtige Platz für mich sein soll, aber Gott weiß es.

30. März 1971

Mein Vater hat mich heute Morgen nicht zur Schule geweckt. Sein bärtiger, langhaariger Revoluzzersohn widert ihn an. Ich bin zur Bank gegangen und habe 63 Dollar abgehoben für den Fall, dass sie mich rausschmeißen. Auf dem Weg hierher bin ich in eine schöne, große katholische Kirche gegangen und habe gebetet. Es gab da Kerzen, die man für eine Spende von 10 Cents anzünden kann, um Gott um etwas zu bitten. Ich habe zwei angezündet, eine für mich und eine für meinen Bruder Todd. Später mehr.

19:50 Uhr

Meine Eltern sind über das verwirrt, was wirklich zählt.

12. April 1971, 13:30 Uhr

Wir sind wieder mitten im Schultrott! Ich hab das Gefühl, als wären niemals Ferien gewesen, obwohl ich schon irgendwie erholt bin. Es gibt so vieles, was Gott regelt. Die Schule, die Aufnahmen, die Geschichte mit der Einberufung – bis in die Zukunft hinein, aber ich sollte mir keine Sorgen machen. Was gibt es also sonst Neues?

Ein Aufsatz, den Keith für den Englischunterricht geschrieben hat

Ich lernte den jungen Inder Jakilma an einem warmen Augustnachmittag in einer Grenzstadt in der Nähe von San Antone, Texas, kennen. Sein Gesicht war zeitlos. Es hatte die Jugend des Frühlings und die Furchen der Jahrhunderte. Seine Haare strömten über seine Schultern und die Brise ließ sie wie ein kühler, fließender Strom aussehen. Er kam mit einem verständnisvollen Lächeln auf mich zu und fragte in einem Tonfall, der die Zeitlosigkeit hervorhob: „Du bist Pablo?"

Ich fragte: „Woher wusstest du das?" Ich war sehr erstaunt, aber sein Lächeln flößte mir Vertrauen ein. Irgendwie, irgendwo hatte ich diesen Mann schon einmal gesehen, ja war ihm sogar begegnet. Es war ein Gefühl, als würde ich ihn schon mein Leben lang kennen!

Er sagte: „Ich weiß es einfach. Ich kenne alle Brüder." Sein Selbstbewusstsein verwunderte mich nicht, als ich in seine Augen blickte. Er sagte: „Komm, wir haben einen langen Weg vor uns."

Er ging los, und ich folgte ihm, ohne Fragen zu stellen, angetrieben von einer seltsamen inneren Kraft. Es fühlte sich nicht teuflisch an, sondern irgendwie erfüllend. Immer, wenn ich müde wurde, sah ich in seine unermüdlich strahlenden Augen und wurde von einer Ausdauer erfüllt, die mich fast alles ertragen ließ. Wenn ich Durst hatte, trank ich, zunächst nur sparsam. Meine Wasserflasche war am ersten Tag leer. Und nirgendwo war Wasser in Sicht. Aber Jakilmas Flasche schien immer gefüllt zu sein. Als ich ihn danach fragte, sagte er: „Der Glaube ist mein Essen und Trinken."

Ich verstand, was er meinte.

15. April 1971, 14:20 Uhr

Ich werde nie vollkommen sein, solange ich auf der Erde lebe. (Zumindest ist es unwahrscheinlich, aber ich nehme an, nicht unmöglich.) Wir hatten heute um drei Uhr morgens ein Erdbeben. Die meisten wurden davon wach. Während eines Erdbebens fühlst du dich so hilflos, als ob du ein kleines Ruderboot wärst, das mitten auf einem aufgewühlten Ozean hin und her geschleudert wird. Das Einzige, was du dann noch tun kannst, ist beten und noch mal beten.

23. April 1971

Ich lese gerade „Demian“ von Hermann Hesse zu Ende. Demian glaubt an einen Gott, der sowohl Gut als auch Böse in sich vereint. Alles eben, nicht nur das Gute. Ich bin auf der Seite des Guten, weil es der wirklich mächtige, ewige Teil ist. Das Böse ist eine Illusion und nur dazu da, um uns zu beeinflussen. Gehört zum Spiel dazu. Der Teufel ist der Gute-Laune-Mann.

3. Mai 1971

Der Ärger mit meinen Eltern nimmt kein Ende.

Ich habe gestern Nacht gespürt, dass Gott mich beschützt. Ich bin zum Box Canyon raufgefahren, um Bruder Dimples zu besuchen, aber er war nicht da, und als ich wieder zurückfuhr, fing es an zu regnen. Die Straße wurde ganz glatt und ich kam ins Rutschen. Das Auto drehte sich und fuhr gleichzeitig mit 40 Meilen die Stunde die Straße runter. Zwischen Felsen und Zaun waren ganze 20 Fuß Platz. Ich schrie zu Gott und der Wagen kam am Zaun zum Stehen. *Kein* Schaden. Ich habe Gottes Hand gespürt, die mich beschützt.

Heute läuft's gut. Ich brauche Hilfe bei meinen Beziehungen.

13:45 Uhr

Ich bin heute so unzufrieden, irgendwie unerfüllt. Ich suche etwas, womit ich meinen Durst nach Erfüllung stillen kann. Ich habe einen Brief an Joni Mitchell geschrieben, aber noch nicht abgeschickt. Ein Orangenbäumchen kam gestern an. Ich habe Todd und Allyn und Jay am Sonntag Apfelbäume geschenkt.

Suchend – und friedlich liebevoll, der Bruder aller Menschen, Keith.

14. Mai 1971

Theorien

Jetzt, wo ich jung bin, mache ich viele Veränderungen durch und glaube an viele verschiedene Dinge. Manchmal stelle ich fest, dass ein Jahr dem anderen widerspricht. Es macht Spaß, verwirrt mich aber auch ziemlich. Aber mit den Jahren scheint sich ein klar definierter Weg herauszukristallisieren, eine Art „Straße des Lebens".

Als ich klein war, ging ich in die Sonntagsschule. Ich fand es furchtbar. Aber meine Eltern wussten natürlich, was richtig war, also zwangen sie mich mit sanftem Nachdruck, trotzdem hinzugehen. Ich rebellierte (nicht so sanft) gegen alle religiösen Überzeugungen, weil ich gezwungen wurde, in die Sonntagsschule zu gehen. Ich glaubte nicht an Gott, nicht an die Liebe und auch nicht an Brüderlichkeit. Ich war die Mini-Ausgabe eines Materialisten!

Dann, als ich älter wurde, mit meinen Freunden zu reden anfing und den Geist in mir fühlte, entwickelte ich einen Glauben (beruhend auf der Christlichen Wissenschaft, mit der ich aufwuchs), dass *nur* der Geist wirklich sei; dass alle Materie, alle physischen Gegebenheiten eine Illusion seien, ein Traum und keine Wirklichkeit. Ich machte mich komplett zum Affen, indem ich meine Freunde mit Weisheit erdrückte.

Mit der Zeit stellte ich fest, dass ich mit meiner unverrückbaren Meinung, dass materielle Dinge nicht wirklich seien, nicht glücklich war. Es gab so viele schöne Dinge um mich herum, dass ich das Gefühl hatte, die Wirklichkeit nicht länger ignorieren zu können.

Und dann entdeckte ich Hermann Hesse ... Ich las „Demian", ein Buch, dessen Hauptfigur an einen Gott namens Abraxas glaubt, der *beides*, Gut und Böse, in sich vereint, Materie und Geist – *alle* Gegensätze! Das konnte ich nicht akzeptieren, bis ich „Siddartha" las. Sidharta war ein Mann, der zuerst nur an den Geist glaubte, dann nur an die Materie und schließlich alles akzeptierte – alles hat seinen Platz in der Hand des Schicksals, auch in der Gesamtheit des Universums.

Ich stimme inzwischen der letztgenannten Theorie zu, weil ich mich damit viel mehr im Einklang fühle. Und sie ist auch stimmig (zumindest, solange ich auf dieser Ebene lebe). Die Dinge sind jetzt nicht mehr so kompliziert, und ich kann die Kreisläufe hinter allem, was geschieht, durch die Geschichte und in meinem Leben nachvollziehen. Ich habe das Gefühl, einen Schritt *vorwärts* gemacht zu haben.

Ich werde diese Überzeugung nicht um jeden Preis beibehalten, dafür habe ich schon zu viele Veränderungen durchgemacht. Es könnten (unweigerlich) weitere folgen. Deshalb muss ich unvoreingenommen auf dieser „Straße" weitergehen.

„I've got to admit, it's getting better, a little better all the time." (*Beatles*, 1967)

Bruder Keith '71

17. Mai 1971, 11:05 Uhr

Todd und ich sind in letzter Zeit oft sehr unterschiedlicher Meinung, aber ich werde nicht zulassen, dass diese Tatsache unsere Freundschaft beeinträchtigt. Jeder zieht seine eigenen Schlussfolgerungen. Irgendwann wird die (Neue Morgenröte) (das Geheimnis) Wahrheit ans Licht kommen und dann werden alle falschen Vorstellungen zerstört werden. Und davon habe ich (mit Sicherheit) viele.

Todd und die meisten anderen Menschen finden den Gedanken, vielleicht ein Werkzeug des Schicksals (Gottes) – oder, wie Todd es nennt, eine Marionette – zu sein, schrecklich. Aber das ist so, als würde ein Einsiedler in seiner dunklen Höhle sitzen und die Sonne hassen – sie hört deshalb doch nicht auf zu scheinen oder zu existieren. Wenn das Schicksal unser Leben vollkommen bestimmt, dann ist das eine Tatsache, egal, wie viele Leute den Gedanken schrecklich finden. Ich persönlich habe nichts dagegen, ein Werkzeug zu sein. Immerhin bin ich ein einzigartiges Werkzeug, das dazu beiträgt, die Aufgabe zu erfüllen, für das es bestimmt ist.

1. Juni 1971

Ich habe festgestellt, dass man in einer engen Beziehung die Nähe und den Respekt vor der Gegenwart und Liebe des anderen verliert, wenn man die Gefühle außen vorlässt.

24. Juni 1971

[Während Keith nach Norden trampte, wurde er ein Stück von Leuten mitgenommen, die auf dem Weg zu einer Ballettaufführung waren. Keith kam mit, weil er nicht alleine in San Francisco festsitzen wollte. Danach ging er in ein Café am North Shore.]

Es gab dort ein Klavier, und ich war ganz wild, weil ich darauf spielen wollte. Die meisten Leute waren betrunken, aber ich spürte einen solchen Drang zu spielen, eine solche Energie, die einfach rausmusste. Ich also rauf und habe Klavier gespielt, ohne Rücksicht auf Verluste. Ich habe das Instrument förmlich zu Tode geprügelt und das Publikum grölte nach jedem Lied. Es war fantastisch. So erfüllend.

26. Juni 1971

1. Die friedliche Revolution. Wenn wir die Revolution (oder Veränderung) nicht ohne Selbstgerechtigkeit, Schubladendenken und Vorurteile zustande kriegen, wird es eine neue Revolution geben, sobald wir zum Establishment geworden sind. Denn wenn wir nicht versuchen, diese Welt auf andere Weise zu verändern als diejenigen, die es vor uns versucht haben, werden wir nichts Neues, nichts Dauerhaftes schaffen.
2. Ich höre, dass ihr „Frieden!" ruft, und dann höre ich die Explosion von Bomben. Wen wollt ihr eigentlich umbringen? Was wollt ihr denn töten? Ist es irgendwas in eurem Inneren?
3. Wenn ich nur diejenigen akzeptiere, die dasselbe glauben wie ich, werde ich andere unterdrücken. Wir können niemanden in seiner Persönlichkeit ablehnen. Wir müssen jeden annehmen, selbst wenn er uns nicht annimmt. Und das müssen wir zu einem Teil unseres Ziels machen.
4. Wir werden es schaffen, weil wir keine Grenzen ziehen können. Alle sind auf der Seite der Menschlichkeit.
5. Es muss eine friedliche Revolution geben, wenn alle die Wahrheit erkennen. Die Jugend hat die Macht. Wahre Jugend ist eine Sache des Kopfes.

6. Die Macht gehört den Kindern, und Kinder sind alle, die annehmen können. „Akzeptanz" ist ein Schlüsselwort, wenn wir von Frieden auf Erden und Brüderlichkeit unter allen Menschen sprechen. (Ich bin nicht vollkommen und behaupte auch nicht, es zu sein, aber ich kenne mein Ziel.) Ich arbeite darauf hin, und ich hoffe, ihr erhascht durch die Musik einen flüchtigen Blick auf eurer Ziel, und zusammen werden wir irgendwann das gemeinsame Ziel erreichen.

Ich bin dabei. Sei froh. Dein Bruder Keith.

5. Juli 1971, 13:30 Uhr

Bin bei Todd. Wir hören „Jesus Christ Superstar". Es ist klasse.

Sonntag bin ich zu Hause geblieben und habe angefangen, eine moderne Übersetzung der Bibel zu lesen. Ich habe das ganze Buch Matthäus gelesen. Es war echt der Hammer. Hat mir ein bisschen Angst gemacht. Ich weiß nicht, was ich denken soll. Im Wissen liegt so viel Verwirrung. Manchmal frage ich mich, ob ich überhaupt irgendeine Weisheit ausgegraben habe! Ich weiß es nicht mehr. Ich suche und warte geduldig.

Diese Woche versuche ich noch mal, die Blockade beim Aufnehmen zu durchbrechen. Ich wette, irgendwas will nicht, dass die Aufnahmen zustande kommen. Zumindest brauche ich jetzt die Hilfe des Schöpfers. Er hat die Musik geschaffen, und jetzt muss er was dafür tun, dass sie zu seinen Kindern durchdringt.

Hey, ich liebe dich, Gott!

6. Juli 1971

Gestern Abend habe ich von Todd ein paar Kassetten mitgebracht. Joni Mitchell, „Chicago", „Procol Harum" und Crosby. Es ist klasse, die Musik anderer Leute kennen zu lernen. Ich muss diese neuen Platten haben.

7. Juli 1971

Heute ist der Termin beim Verkehrsgericht und außerdem eine Feuerprobe für unsere Demokratie. Morgen werden wir, so Gott will, endlich den Ball ins Rollen bringen. Ich soll mich mit dem Produzenten treffen. Na ja, es ist eh Gottes Show: „Gott, dein Wille ist schwer zu ertragen, aber du hast *alle* Karten in der Hand!" Das ist eine Zeile aus „Jesus Christ Superstar", eine irre Erfahrung.

[Später:]

Beim Verkehrsgericht haben sie mir für zwei Wochen den Führerschein abgeknöpft. Ich hatte die Wahl zwischen 25 Dollar Strafe oder zwei Wochen ohne Lappen und da hab ich mich für Letzteres entschieden. Der Termin mit dem Produzenten wurde verschoben. Tu es, Gott!

1. August 1971, 23:30 Uhr

Heute ist ein super Tag. Ich lasse die Schule hinter mir. Meinem Pappa-Gott sei Dank! Heute Abend ist mir klar geworden, dass Jesus und Gott eins sind, denn Jesus ist in die große universelle Seele aufgestiegen und wurde so eins mit ihr. Und wenn man zu Jesus betet, betet man gleichzeitig zu Gott und allem, was er in sich vereint.

11. August 1971, 2:15 Uhr

Ich lebe in einer Zwischen-Zeit – einer Übergangszeit zwischen zwei bedeutenden Teilen meines Lebens.

1. Kindheit – Erziehung, Abhängigkeit von den Eltern.
2. Erwachsensein – Lernen, Leuchten, unser Lebenswerk vollbringen.

Am Freitag war der Schulabschluss, ohne Feierlichkeiten oder Feuerwerk. Das anschließende Besäufnis war öde. Kino auch. Aber ich habe eine ausgesprochen hübsche Schwester kennen gelernt ...

Ich wünschte, ich hätte mich unter Kontrolle. Die meiste Zeit weiß ich gar nicht, was in mir vorgeht. Ohne Gott bin ich verloren – ich bete.

14. August 1971, 14:10 Uhr

Ein guter, richtig guter Trip. Ich bin ausgeflippt. Und ich habe etwas über das Ego gelernt und einen Teil meines falschen Egos ausgemerzt. Aber ich weiß, dass LSD nicht mein Retter ist. Jeder ist ich. Alles ist ich.

Weisheit bedeutet, dass man den Fluss alles Guten und Bösen annimmt, beide Teile des Stroms. Es wird schwer, sehr schwer, hier zu bleiben. Ich möchte fließen, in Harmonie mit allen im Universum. Der Schlüssel dazu ist, dass du jeden als dich selbst betrachtest. Du musst alle als dich selbst lieben, denn das sind sie. Ich könnte stundenlang schreiben. Aber es ist alles hier. Ein gutes Leben.

22. Oktober 1971

Ich bin wieder da in meinem „Zusammen-Tagebuch". Seit gestern bin ich ein freier, mündiger 18-Jähriger. Von meiner Familie habe ich ein ganz tolles Geschenk bekommen. Eine Kombination aus Abschluss- und Geburtstagsgeschenk.

15. Dezember 1971

[Keith hat das Gefühl, dass er Todds Freundschaft verliert.]

Wir haben jeder Verpflichtungen, die wir erst erledigen müssen, und danach kann er mich vielleicht nicht mehr leiden. Ich kann mich selbst die meiste Zeit nicht leiden, aber ich kann ja nicht aus meiner Haut, also muss ich mich selber mögen, wenn ich nicht mein ganzes Leben lang unglücklich sein will. Mich zum Guten zu verändern, das ist auf jeden Fall mein Ziel. Ich habe versucht, mich zu ändern, aber ohne Erfolg. Das heißt nicht, dass ich aufgebe, aber ich bitte Gott mehr als je zuvor um Hilfe.

Randy [Wimer] von [der Band] „MU" hat mir mal erzählt, dass das Böse dich nicht in die Irre führen kann, solange du Gott um Hilfe anflehst. Ich brauche unbedingt Hilfe, und Todd hat in Seattle zu mir gesagt: „Wir brauchen uns gegenseitig so sehr, dass wir es allein nicht schaffen werden." Einheit ist der Schlüssel, Einheit ist der Schlüssel.

Vielleicht ist der Rosenkreuzerorden die Antwort.

Ich würde gerne mit dir [Todd] in dem neuen Haus wohnen. Du redest davon, dass du kostbare Zeit verschwendest, und das versteh ich vollkommen, mir geht es auch so, ja, ganz genauso.

Aber wir werden unsere Zeit auch weiterhin nutzlos vergeuden, bis wir unsere zunehmende Energie aufeinander ausrichten. Wir sind zusammengeworfen worden, und wir wissen beide, worin wir uns unterscheiden. Und wir sind uns mancher Ähnlichkeiten bewusst, wenn auch nicht sehr vieler. Es gibt noch mehr zu entdecken.

Ich will damit sagen, dass jeder von uns der rechte Weg des anderen ist.

9. Dezember 1971, 3:00 Uhr

Ich bin [von einer Party] nach Hause gekommen und eingeschlafen, während ich in der neuen Bibelübersetzung in der Offenbarung las. Um halb zwei bin ich aufgewacht, habe ein Butterbrot gegessen und mit meiner Mutter einen Horrorfilm geguckt. Ich habe die Offenbarung zu Ende gelesen und kann jetzt nicht einschlafen.

24. Dezember 1971

Heiligabend haben wir mit dem Einpacken von Geschenken und den üblichen Verwandtenbesuchen verbracht. Haben fantasielose Geschenke ausgetauscht. Später mit meinen Freunden war Kokain am Zug.

26. Dezember 1971, 5:20 Uhr

Weihnachten ist also so schnell vorbei, wie es gekommen ist. War bei Todd – auf einem Trip. Todd und ich sind uns total nah. Ich bessere mich. Das neue Jahr kommt. Und ich bin immer noch auf der Suche. Immer.

1972

1. Januar 1972

In letzter Zeit (seit zwei Tagen) habe ich das Gefühl, dass ich wieder auf den Boden zurückkomme. Voller Hass – streitsüchtig – und ein Besserwisser. Gott ist ein schützender Schleier, der mich umgibt. Zumindest freu ich mich aufs College.

Ich habe auch eine Zahlungsanweisung über sechs Monate Beiträge für die Rosenkreuzer gekriegt.

2. Februar 1972

Ein alter Freund hat mir erzählt, dass heute die Ziehung beim Einberufungslotto für 1973 war. Ich habe im Büro der *Times* angerufen und die großartige Neuigkeit erfahren: Todd hat Nummer 294 und ich habe 288 und Jimmy hat die 257. Das Höchste, was an Nummern normalerweise gezogen wird, ist 150. Also kann uns die Ziehung nichts anhaben. Gott sei Dank!

9. Februar 1972

Am Mittwoch waren wir im College und allmählich fühlt es sich auch an wie Studium. Arbeiten!?! Ich bin so ein verwöhnter, fauler Sack, dass schon das kleinste bisschen Collegeluft mich aggressiv macht. Für Todd ist es sowieso viel einfacher, weil er an eine viel härtere Disziplin gewöhnt ist. Ich – faul!

16. März 1972

Ich bin hin- und hergerissen. Tier/Bruder. Gott, hilf mir! Und wenn ich eine Million Mal darum bitten muss. Ich werde es weiter versuchen.

17. März 1972

Ich habe sehr intensiv über meine lockere moralische Einstellung nachgedacht. Ich tu vieles, was andere Menschen verletzt. Und eine Menge von dem, was ich tue, tut mir selbst weh. Ich muss einen *richtigen* Anlauf nehmen, mich zu ändern.

Und das sind die Ziele, die ich erreichen will:

1. mich wie Bruder Keith zu verhalten;
2. keinen Sex zu haben, ohne dass Liebe im Spiel ist;
3. mein Glück nicht bei den Drogen zu suchen, sondern irgendwann dauerhaft clean zu bleiben;
4. nicht so viel Junkfood wie Eis und Süßigkeiten und so was zu essen.

Diese Ziele sind heftig.

Das Schwierigste ist Nummer eins. Die anderen drei habe ich eine Zeit lang schon mal geschafft. Ich muss noch eine Menge fasten; „mich wie Bruder Keith zu verhalten" ist eine Pflicht, die ich erfüllen muss. Ich versuche es heute und morgen wieder. Jesus, ich bitte dich um deine Hilfe.

19. März 1972

Heute sind wir früh aufgestanden und mit Freunden nach Hollywood gefahren, zu einer Vorlesung über die Prophezeiungen, die man in den Pyramiden gefunden hat. Irre.

20. März 1972, 13:30 Uhr

Der Frühling grünt, das Gras ist satt,
Und ich weiß, wo er die Blumen hat.
Gott segne uns weiter, Winter '72 ade
Und die alten Erfahrungen mit ihm.

25. März 1972

Heute ist Waschtag. Meine Haare, mein Auto und das Haus. Ich bete auch für meine Seele. Ha!

1. Juni 1972

In letzter Zeit kämpfe ich mit mir (gelinde gesagt) und versuche, mein Sein von der Schwärze zu reinigen. Ich lese gerade einen biblischen Roman, und der belastet meinen Geist mit Bekenntnissen und Erlebnissen aus der Bibel, mit dem Autor und mit meinen früheren Überzeugungen. Ich drehe mich im Kreis, und alles dreht sich um mich herum, sodass ich im Moment ziemlich fertig bin.

Meine Brüder haben viel Mitgefühl, wofür ich ihnen nicht genug oder vielmehr gar nicht danken kann. Es klingt bescheuert, aber ich bin in letzter Zeit so abgehoben. Ich stoße alles und jeden zurück.

Gott (ich flehe Gott an, über den ich eigentlich fast alles weiß – blindes Vertrauen): Hilfe!!! Danke, Herr – dein demütiger Sohn und Sklave und neugierig Suchender.

In mir ist eine Kraft am Werk, die so selbstsüchtig ist, dass mir ganz schlecht wird. Sie will all die Frauen. Und alles andere vergessen. Sie will nur gute Sachen und alles andere abhaken. Ich sehe diese Kraft und will niemanden um mich haben ... ich will keine Musik schreiben oder nett sein, weil ich Angst habe, dass diese Kraft sich zeigt.

Einsamkeit macht mir nichts mehr aus. Ich will gut sein. Leuchten. Ich habe noch nie so aus voller Überzeugung gebetet. Vor allem, Gott, was auch immer du bist, hilf uns, in Harmonie vereint zu leben, ohne Habgier, Begierde und Selbstsucht.

4. Juni 1972

Wer weiß, was der Tag bringt? Hilf mir bei den Versuchungen und Kämpfen, Gott.

Die letzte Woche war eine Quälerei! Echt, es war schrecklich. Gott, zeig mir etwas, wodurch die Last auf meinem Rücken leichter wird. Hilfe!

9. August 1972

Weiterer Übergang vom Jungen zum Mann. Ich beobachte, dass andere zu einem Jungen werden, wie ich einer war. Und manche Jungen fangen als Männer an, wie ich gerne einer wäre. Ich fühle mich jeden Tag anders. Dass ich älter und jünger werde. „Um höher zu wachsen, muss man zu seinen Wurzeln zurückkehren."

Mir ist wirklich nach Heulen zumute. Ich habe echt Angst, totale Angst vor der ganzen Zukunft. Ich brauche eine Aufbauspritze – nein, eigentlich einen ständigen Nachschub an Vertrauen und Energie und Bestätigung. Ich sehe schon, das wird eine Achterbahnfahrt. Hilfe! So habe ich mich noch nie gefühlt.

20. September 1972

Bin aufgewacht, habe mich ausgeruht, gelesen, geschrieben und mich eingespielt. Um 15:30 Uhr: Ton und Licht im Saal. 20:15 Uhr: Konzert. Was soll ich sagen, außer: „Du bist die Kraft und die Herrlichkeit in Ewigkeit"?

Ich bin unendlich weit davon entfernt, auch wirklich mit dieser Haltung zu leben. Sie kommt nur manchmal zum Vorschein, wie vereinzelte Blüten in einem Beet voller Unkraut. Herr, du bist der Obergärtner. Verbrenn mein Unkraut und hilf den Blumen beim Wachsen. Gib mir Ausgeglichenheit.

11. Oktober 1972

Während ich schlief, haben sich die Wogen in mir geglättet, und irgendwie habe ich mich gar nicht so schlecht gefühlt. Und heute hatte ich den Eindruck, dass ich die Last der Zukunft doch tragen könnte. Zumindest die der näheren Zukunft. Das Beten hat anscheinend gewirkt.

Mein Führerschein ist um vier Jahre verlängert worden. Ich hab überhaupt nicht für den Test gelernt. Dafür hab ich eine Menge gebetet und hatte null Fehler. Das Beten hat anscheinend gewirkt.

Ich habe das Gefühl, dass die Lage sich bessert, aber die Verwirrung behält immer noch die Oberhand.

28. Oktober 1972

Morgen hab ich frei. Ich habe am 5. November einen Gig im „Riverside Café".

Gedicht:

Türme des Glücks,
die auf den Sand der Verwirrung gebaut sind,
stürzen für gewöhnlich ein.
Ich grabe tief, ich grabe tief,
muss das feste Fundament aus Stein finden.
Ich grabe tief, ich wasche mit Wasser
und reinige mit Dreck.
Wenn ich ein festes Selbst erreicht habe, wenn es eins gibt,
dann baue ich ein Zuhause in meinem Herzen.
Und teile es vielleicht mit einer anderen festen Seele.
Die wachsende Welt sei gesegnet.

16. Dezember 1972

Jesus, hiermit heiße ich dich offiziell in mir willkommen. Jetzt werden allein die Taten zeigen, welche Wirkung du auf mich ausübst.

31. Dezember 1972

Ich muss ein Zuhause finden.

Meine Wurzeln haben keinen Halt. Ich bekomme keine Nahrung und weigere mich deshalb, hier Wurzeln zu schlagen. Ich muss ein Zuhause finden und mich niederlassen und zur Ruhe kommen. Ich brauche einen Ort in meinem Innern, wo ich zwischen den Krisen ausruhen kann ...

Bitte, Jesus! Ich lerne dich von Tag zu Tag besser kennen und erkenne die Zeichen, die du mir zeigst. Die unbefleckte Empfängnis erhebt dich über alle Menschen und stärkt all die Verbindungen zur Erfahrung des Christseins – hör nicht auf mit den Zeichen. Ich hatte mich schon fast aufgegeben, weil ich dachte, ich wäre verloren. Gott segne dich! Heiß geliebter vollkommener Bruder in der höchsten Höhe.

1973

3. Januar 1973

Ich staune darüber, wie wenig ich mich in drei Jahren gebessert habe. Das Einzige, was sich geändert hat, ist, dass ich mir der falschen Probleme und der Sünden bewusster bin als vorher. ABER: Ich verkümmere immer mehr, zeig mir einen Weg! Wenn es Hilfe gibt ...

11. Januar 1973

In letzter Zeit besteht meine größte Sorge darin, dass ich keine Angst habe. Ich frage mich, ob das ein Versuch ist, mich zu überrumpeln. Indem ich von den Dingen abgelenkt werde, die mir Angst machen. Sünde – Hölle – Selbstzerstörung – und Tod und sogar Krankheit. Sie zu ignorieren, bringt auch nichts. Ich bin einfach zuversichtlicher und das erscheint mir im Augenblick auch richtig so. Aber ich frage mich, ob das Sprichwort hier zutrifft: „Lass jemanden an die lange Leine (Freiheit von Angst) und er wird sich selbst aufhängen."

Hilf mir, Jesus!

15. Januar 1973

Geistlich bin ich immer noch ziemlich durcheinander. Ich lerne aber, Jesus zu lieben.

Suche ich nach jemandem, der perfekt ist? Ich sollte lieber daran arbeiten, selbst perfekt zu werden! Je vollkommener ich werde, desto weniger verurteile ich andere oder stecke sie in Schubladen. Und desto mehr durchschaue ich oberflächliche Dinge wie Aussehen und Alter und all die anderen sich verändernden Sichtweisen, die auf dem Papier so einfach aussehen, aber schwierig umzusetzen sind. Gott – Vater – Jesus, hilf mir, mir selbst zu helfen!

17. Januar 1973

Ich habe Randy Stonehill angerufen. Vielleicht sehe ich ihn morgen, aber auf jeden Fall schreiben wir uns am Donnerstag.

Die Lage hier wird ziemlich unangenehm. Ich muss bald ausziehen. Meine Eltern haben so langsam die Schnauze voll von mir und sie haben Recht. Ich muss ein paar grundlegende Dinge in meinem Wesen ändern.

Diese täglichen geistlichen Berichte sind immer noch am schwierigsten. Sind aber der wichtigste Teil meiner Eintragungen.

Ich habe hin und her überlegt, inwieweit Sex in Ordnung ist. Ich bin sicher, dass Sex ohne Liebe total falsch ist. Allerdings ist meine Definition von „Liebe“ nicht immer dieselbe. Ich weiß, dass sie sich in den letzten vier Jahren stark verändert hat. (Obwohl - hat sie das wirklich? Bin ich zynischer geworden, und braucht es einfach länger, bis die „Liebe“ zu mir durchdringt und mich erreicht?) Jedenfalls ist Liebe für mich inzwischen etwas anderes, sie geht tiefer. Zumindest bin ich vorsichtiger.

Auf jeden Fall klingt Sex in Verbindung mit Liebe für mich richtig. Wenn er außerhalb der Ehe falsch ist - oder sogar in der Ehe, wenn er nur zum Spaß da ist (anstatt zur Zeugung), zeig mir das! -, dann führe mich bitte!

Ziele für die nähere Zukunft:

- Ein schönes Zuhause finden, entweder mit jemandem zusammen oder alleine, aber gemütlich.
- Alle angefangenen Songs zu Ende schreiben.
- Weiter an dem Tape für die neuen Songs arbeiten.
- Gut sein und sich um Reinheit bemühen. Sauber bleiben.

19. Januar 1973

Ich fühle mich immer mehr zu dieser christlichen Geschichte hingezogen, aber überall lauert Heuchelei. Ich habe das Gefühl, im Moment sehr unsicher und beeinflussbar zu sein. Christus, führe und beschütze mich!

20. Januar 1973

Ich spüre, dass ich an einen kritischen Punkt komme, an dem ich viele Fesseln abwerfen werde. Es wird Zeit, dass ich mich gegen den Sog wehre! Gott, hilf mir und sei bei mir! Ich danke dir.

26. Januar 1973

Das Dilemma mit der Sexualität und anderen Beziehungen

Ich muss mir abgewöhnen, mit Frauen so umzugehen. Und noch mehr muss ich darauf achten, wie ich mich unbewusst Menschen überhaupt gegenüber verhalte – und nicht merke, wie unglaublich komplex und einfach und faszinierend und einzigartig und unglaublich wunderbar und interessant jeder Einzelne von ihnen ist! Ich muss zuhören und beobachten und lernen.

27. Januar 1973

Stolz stellt eine große Gefahr dar. Er lässt einen aufhören, an sich selbst zu arbeiten. Durch diese Veränderungen beginne ich, neu an meinem Beziehungs-Ich zu arbeiten. Hilf mir, mir selbst zu helfen!

28. Januar 1973

Gedicht: Bei Bewusstsein bleiben

Bei Bewusstsein bleiben, ist, wie wenn du eine Stunde lang die Arme ausstreckst
und dann merkst, dass du sie noch (mindestens) ein Jahr lang ausgestreckt lassen musst.
Es ist, wie wenn du ein Algebra-Problem löst
und dann zur Differentialrechnung übergehst und noch weiter,
um nach jeder richtigen Antwort sofort wieder geprüft zu werden.
Es ist mein Ziel.
Es ist meine Hoffnung und mein innerer Friede.
Es ist meine Bestimmung hier.

30. Januar 1973

Gedicht: Jeden Tag fange ich von vorne an

In Schuld und Selbstgeißelung zu baden
ist genauso eine Zeitverschwendung, wie die eigenen Fehler nicht zu sehen.
Selbstdisziplin ist unbedingt notwendig,
um das eigene Ich zu beherrschen, aber jeden Tag fange ich von vorne an.
Jeden Tag fange ich mit einem unbeschriebenen Blatt an,
damit ich unbeschwerter reisen kann, ohne schuldbewusstes Leiden
oder stolzbeladene Siegermedaillen (für kleine Kämpfe).
Der Krieg mit mir selbst hört niemals auf,
denn der Feind ist subtil und lässt mich glauben,
dass Frieden, von Menschenhand, ewig währen kann ...

31. Januar 1973

Habe ein Lied geschrieben. Ich fühle mich stärker, erfrischt. Ich kann schreiben! Ich kann schreiben!!! Es ist noch nicht alles aus für mich – ich habe immer noch Inspirationen! Die Sonne scheint wieder durchs Fenster. Danke, Vater!

1. Februar 1973, 2:00 Uhr

[mit Blick zurück auf den 31. Januar]

Bin aufgewacht und hatte gleich Mutter-/Hundestress. War im „Matrix Image" und habe mit Richard gequatscht – immer noch gut drauf, muss aber aufpassen, dass ich nicht übermütig werde.

Habe mit Melody, der Sekretärin hier, gesprochen. Ich finde sie anziehend – sie ist Musikerin, schreibt Lieder, ist kreativ. Sehr vielseitige Frau. Attraktiv.

5. Februar 1973

Shadow Ranch Park

Bei mir zu Hause ist eine Bombe hochgegangen. Vor mir und in mir. Mein Vater hat mir gesagt, dass ich heute die letzte Nacht in seinem Haus verbringen werde. Alle meine Schuldzuweisungen an mich selbst fielen mir auf einmal wieder ein und ich packte meine Sachen. Ich habe so gut geweint wie schon seit Jahren nicht mehr. Abneigung und Verachtung haben sich in Ekel vor mir selbst verwandelt. Meine Mutter hat mich angefleht, nicht heute Abend zu gehen, aber ich wollte es nicht hinausschieben, mir selbst den Spiegel vorzuhalten. Ich ging und heulte wie ein Schlosshund. Es war total reinigend. Ich wurde zum *Shadow Ranch Park* geführt und habe dort gebetet. Ich liege hier in meinem Bett in meinem Kombi Barney, zusammen mit Libre, meinem Hund. Ich bin jetzt ruhiger.

13. Februar 1973

... Ich hoffe, jemand passt auf mich auf.
Ich brauche einen elterlichen Geist.
Wir alle brauchen den.

Gedicht: Tut gut, einen Freund zu haben

Es tut so gut, niemand anders als ich selbst sein zu müssen.
Weil du mich magst – mein Freund.
So wie ich bin – mein Freund.
Es tut so gut, jemanden zu haben, bei dem ich mich ausweinen kann.
Und bei dem ich spontan und bis zur Schmerzgrenze ehrlich und offen sein kann –
oder auch launisch – du verstehst es –, mein Freund.
Gibt es dich irgendwo außerhalb meiner Fantasie?
Du verlangst von mir nicht, dass ich für dich das bin, was du für mich bist.
Dadurch will ich erst recht versuchen, für dich da zu sein.
Wenn Menschen nichts von mir verlangen,
will ich ihnen etwas geben.

14. Februar 1973

Ist der Erfolg ein Fluch?

Wenn ich zufrieden und gesättigt und auf weltliche Weise befriedigt bin, wird meine Unschuld dann totgetrampelt und begraben?

27. Februar 1973

Ich war bis jetzt so weit von irgendwelchen religiösen Dingen oder Überzeugungen entfernt. Dabei finde ich „glauben" wirklich gut. Ich finde es klasse. Es ist ihr Glaube, der die Menschen schön macht.

Mann, fühle ich mich alt. Ich will wiedergeboren werden. Ich will clean sein. Ich will frei sein. Ich will, was Gott will. Oder kennt Gott uns?

2. März 1973

Gedicht: <u>Anfang März</u>

Wenn der März anfängt,
vertraue ich niemandem,
und mein Glaubenslicht braucht dringend Brennstoff.
Gott ist ein entfernter Gedanke.
Ich stecke wirklich mitten in der tiefsten Nacht.
Aber ich weiß aus Erfahrung, dass die Sonne wieder aufgehen wird.
Ich hoffe, dass ich irgendwann einmal würdig sein werde,
diesem Kreislauf zu entfliehen.
Denn ich sehe jetzt schon
dem Mittag entgegen, voller Angst vor dem Anbruch der Nacht.
Die Angst ist mein ärgster Feind, sie frisst mich auf.

Ich muss unvoreingenommen bleiben und darauf achten, wenn Gott mich erreichen will. Muss nachgucken und suchen und weitergehen und versuchen zu wachsen. Muss Frühlingsmusik spielen und schreiben und (wenn ich das so sagen darf) GOTTES MUSIK.

7. März 1973

[An einem Tisch in der Mensa des Western Washington College, *Bellingham]*

Hier sitze ich nun, ungefähr zwei und ein drittel Jahr, nachdem ich ihr das erste Mal geschrieben habe (fast drei Jahre seit meiner Ankunft in der Stadt). Frauen üben heutzutage nicht mehr denselben Zauber auf mich aus wie früher, aber ich bin auch nicht mehr so naiv und falle nicht so schnell auf ihren Zauber rein.

Ich bin alt und senil mit meinen 19 Jahren.

Aber ich drehe mich immer noch nach ihnen um ... und fange (zumindest) an, ihnen nachzulaufen.

Allerdings bin ich nicht mit ganzem Herzen bei der Sache, wie zum Beispiel letzten Februar in Santa Barbara. Mein Herz sucht nach der Erkenntnis, wie ich rechtschaffen sein kann und wie ich auch nur ansatzweise verstehen kann, was ewig/und Gott ist, das vielseitigste Wort, das ich kenne (wie „x" in Mathe).

Wenn du jung bist, hast du hohe Ideale – doch dann merkst du irgendwann, dass du derjenige bist, der am wenigsten nach diesen Idealen lebt, und schon wird aus deinem Protest ein Flüstern. Entweder bis du kaputt bist oder die Kraft hast, permanent Leid zu ertragen. Wenn es so weit ist, hat man, glaube ich, das erreicht, was man Weisheit nennt, und entweder du hältst den Mund oder du sprichst einfach und ruhig. Also rechtschaffen.

8. März 1973

Habe Platten gehört und ein gutes Gedicht geschrieben.

Die Jesus-Entscheidung geht mir nicht aus dem Kopf. Ist Christus eine große, nicht-individuell-geistliche Ebene? Oder ein Wesen, das Herr über uns ist – unter dem Vater – in Unendlichkeit Gott??? Mein Verstand rotiert, wenn ich darüber nachdenke, was diese Wörter bedeuten.

Morgen spricht Baba Ram Dass am Mount Vernon.

10. März 1973

Hier bin ich wieder, und bei mir ist mein wunderbarer Hund, Banana. Heute Seattle. Heute Abend oder morgen L.A. Tja, was soll ich sagen? Diese spirituellen Dinge können eine echte Tortur sein. Ich bin innen ganz dreckig. Oft hasse ich mich selbst. Heute hatte ich Angst, dass ich den Engel in meinem Innern verliere – ich habe gespürt, wie er mich verließ, nachdem ich gespielt hatte. Aber das ist wahrscheinlich nur eine verrückte Einbildung. Ich brauche so dringend eine Antwort. Was und wo ist Gott und wer bin ich?

8. Mai 1973

Gedicht: Mai

Der Mai kommt und ich bin in Melody verliebt.
Schreibe ein bisschen.
Und arbeite hin und wieder daran, einen Song unterzubringen.
Ich habe ein neues Auto, und ich bin viel bei Mel,
und heute Abend arbeite ich bei „Dirty Pierre".
Am Horizont lauert die Fahrt nach Norden
in zweieinhalb Wochen.
Außerdem ist Christus wirklich ein anziehender Gedanke.
Mein Körper ist eigentlich ganz okay.
Mein Geist braucht Führung.

27. Juni 1973

Gedicht: Sterben

Heute ist Tod
Morgen ist Geburt
Zeig mir
Was ich wert bin
Ich möchte sterben
Geburt
Wiedergeburt
Nichts Neues, alles, was neu erscheinen sollte
Ist schon tot oder stirbt

20. September 1973

Segne unseren Herbst, hilf uns, dich vollkommener kennen zu lernen und durch dich uns selbst und einander in Demut und Mitgefühl. Gott segne dich, Herr Jesus. Rette uns!

24. September 1973

Gedicht: Bis jetzt

Ich bin meinem Gedichtband nicht treu gewesen.
Ich habe viel in meinem Innern verschlossen, sodass keiner hineinsehen kann.
Auf meinen aufgewühlten Kampf und meine hässliche Seele.
Manchmal habe ich dieses Buch verlegt,
ein anderes Mal habe ich es versteckt.
Ich muss ihm alles erzählen,
ich muss ihm meine Seele offenbaren.
Es spendet mir nie Trost,
sondern starrt nur zurück
und frisst so viele Wörter, wie ich ihm zu essen gebe.

Liebe – Melody – Liebe

Meine Jugend vergeht (nehme ich an). Und Melody – Gott segne sie – liebt mich weiter. Meine Musik blüht wieder. Mensch, das hat wirklich lange gedauert!!! Wir waren noch nicht einmal in diesem Haus und auch nicht verlobt. Wir waren in New York. Bei MCA Records bin ich gut aufgehoben. So viel, so viel.

Wir haben einen neuen Hund. Weihnachten werden wir heiraten, mit dem Segen Gottes. Im Moment verdienen wir unser Geld mit gebrauchter und selbst hergestellter Kleidung. Einem Second-Hand-Laden. Mel näht und wir verkaufen auf einem leeren Grundstück in Hollywood Klamotten. Wir werden immer mehr zu Christen. Ich nehme Jesus Christus als meinen persönlichen Erlöser an und setze ihn in meinem Leben an die erste Stelle.

24. Dezember 1973

Wir haben unsere Hochzeitsurkunde und die Ringe. Haben im Bioladen gegessen und Platten gekauft. Wir haben meine Eltern besucht und Todd kam mit zu uns nach Hause. Wir haben Karten gespielt und sind abgestürzt.

31. Dezember 1973

Nun ist ein weiteres Kapitel in diesem Tagebuch meines Lebens zu Ende. Am ersten Weihnachtstag 1973 habe ich Melody geheiratet, und das hat mein Leben verändert. Gott, danke dafür und für all die anderen guten Dinge, die du deinen Kindern zuteil werden lässt. Ich bete dafür, dass ich deinen Plan weiter erkenne, im Namen Jesu Christi, unseres Herrn.

1974

20. März 1974

Während dieser ganzen Phase in meinem Leben hat es mich unterschwellig beunruhigt, wie weit ich von Gott entfernt bin, aber immer wieder kommen in der Musik Zeichen zum Vorschein, und mir ist auch völlig bewusst, dass Melody ein Gottesgeschenk ist und dass sie mir hilft, ständig zu wachsen. Habe in letzter Zeit ein bisschen in der Bibel gelesen, vor allem Jakobus. Das einzige Buch, dem ich voll und ganz zustimme. Na ja, jedenfalls ist so vieles vergeudet, unnötiger Zeitverlust. Der Winter 1974 geht zu Ende.

Frühling 1974

Meine Stimmung ist so trübe.
Wie ein Glas Wasser, in dem unten noch ein paar Tropfen Milch waren.
Das Glas ist mein Leben.
Das Wasser ist der Frühling.
Die Milch, das sind die Zeit und ihre benebelnde Wirkung.
Meine Melody schreibt eine fröhliche Ode an den Frühling.
Ich atme ein und aus und
sehne mich nur nach dem Glück der Kindheit.
Gedichte sind wie Blätter.
Sie werden alt und sterben,
verlieren ihr Leben und ihre Bedeutung.
Das Leben ist der Baum.
Gott ist das Leben.
Ich bin der Ast.
Mein Körper und meine endlichen Gedanken sind die Blätter.
Es tut mir Leid, dass ich den Frühling so unruhig angehe.
Ich bin nur deshalb traurig, weil ich das menschliche Leben so gut kenne.
Gott segne uns.
Mach uns zu einem Segen.
Deine Kinder, Gott.
Ich glaube immer noch an Gott.

5. Juni 1974

Ich habe begriffen, dass ich meine Energie bewusster einsetzen muss. Die Betonung liegt auf bewusst. Klare, demütige, nicht von Drogen vernebelte, nicht selbstbezogene Gedanken. Gott segne meine Anstrengungen.

29. Juli 1974

Gott

Keiner ist da, dem ich sagen könnte, wie mir zumute ist. Ich liebe Christus für immer - und Jesus und alle seine Worte und Taten.

Es gibt total vergeistlichte Christen - und dann gibt es die „Jesus Freaks", die schreien, brüllen und seinen Namen unaufhörlich vor sich hin singen, aber es gibt keine verwirrten Christen wie mich, mit denen ich mich treffen könnte.

Mir bedeutet das Ziel so viel, dass ich alles andere dafür aufgeben würde, wenn ich nur sicher wäre, dass es der richtige Weg ist.

Ich glaube an die Jungfrauengeburt, an die ganzen Wunder und die Himmelfahrt, aber ich will nicht nur Lippenbekenntnisse plappern. (Ich sehe allerdings, wie wichtig es ist, die Wahrheit zu sagen - die Dinge beim Namen zu nennen, und dass ich das Verdienst des Meisters und/oder Gottes klarstelle, wo es dran ist.)

Und Metaphysik ist so trocken und für mein geistliches Herz so schwer verdaulich.

Ach! Mein Herz -

Am liebsten würde es zerbrechen für die Wahrheit und das, was sie ausmacht.

Es wird Zeit, dass ich die Ablenkungen und die Dinge, mit denen ich meine Zeit verschwende, hinter mir lasse und die Wahrheit suche und die Wahrheit sage und meinen Nächsten liebe, alle wirklich liebe. Dass ich meine Zunge und meine Gedanken besser im Zaum halte. Und sie jeden Tag auf Gott hinlenke, nur und wirklich nur darauf, ihm zu dienen und nicht mir!

24. November 1974

Gedicht: Melody

Meine Schwester Melody ist der größte Segen in meinem Leben.
Sie erfüllt alle Eigenschaften
des selten geschätzten Wortes „Ehefrau".
In Christi Namen haben wir unsere irdischen Leben miteinander verbunden.
Und jetzt schwöre ich im Angesicht Gottes, dass ich sie ermutigen und versuchen werde, ihr die Freude zu geben, die sie mir so unendlich schenkt.
Ich lobe dich, Gott – du kanntest meine Bedürfnisse
und nun kennst du unsere. Ich vertraue dir mein Leben an.
Ich möchte dir immer wieder Lobpsalmen singen.
Ich bete dafür, dass alles, was ich in Zukunft tun werde, ein Lobpsalm für dich sein wird.
Ich weiß, dass *du mich* verändert hast.

25. November 1974

Aufruhr

Mir geht es nicht unbedingt gut, aber ich freu mich über die Gewissheit, dass ich Gott zu meiner Welt gemacht habe. Das Böse ist in meinem Leben auf Entdeckungsreise gegangen, indem es mich hierhin und dorthin und schließlich überraschend weggezogen hat, und es wird nicht einfach so aufgeben.

Ich danke dir, Gott, weil du für mich den Kampf mit dem Bösen aufnimmst. Ich habe dem Teufel widerstanden und werde es weiter tun, und er wird vor mir fliehen.

Auf dem Nachhauseweg war ich in euphorischer Stimmung und habe beschlossen, nach vielen inneren Kämpfen und Fragen Jesus als meinen Retter anzunehmen – und ein wunderschöner Friede durchströmte mich. Als ich nach Hause kam, wollte ich Melody davon erzählen, und sie hatte mir auch viel zu berichten.

Jedenfalls fing ich sofort an, ihr davon zu erzählen, wie ich Jesus als meinen persönlichen Erlöser angenommen hatte, und dabei kamen alle meine Zweifel wieder zum Vorschein und vernichteten meine Gewissheit. Da stand ich nun, völlig verloren und mit einem Gefühl der Leere. Und Melody begann, von ihrem Tag zu erzählen und von ihren glücklichen Erfahrungen, und ich konnte nicht zuhören.

Melody schmollte, und ich versuchte, sie zum Weiterreden zu bringen, aber sie wollte nicht, und da wurden wir beide ziemlich emotional. Ich reagierte irrational und spielte sogar hässliche Machtspielchen.

Später versöhnten wir uns wieder, und ich weinte, weil es mir unendlich Leid tat, dass ich so tief gesunken war, bis in einen hässlichen Teil meiner Selbst (eine Lüge). (Gott löst selbst in diesem Augenblick Teile von mir, die gar nicht wirklich zu mir gehören, die nur vorgeben, ich zu sein, und während sie sich zurückziehen, zeigen sie ganz deutlich, dass sie nicht gehen wollen.) Melody hat mir verziehen und wir gingen den Rest des Tages an. Sie schrieb und ich las und betete für eine Antwort vom Erlöser.

26. November 1974

Tränen und Lektionen

Lerne meine Lektionen durch viele Niederlagen. Ich will Gott nicht beleidigen. Heute habe ich zwei Mal geweint, weil ich mich im Angesicht Gottes blamiert habe. Praise the Lord! Ich lobe dich, Gott, weil du mir eine Chance gibst und das Gefühl, dass du mir immer vergeben wirst.

Vergib mir, Gott!

Heiland?

Was für eine unglaubliche Frage! Spreche ich Gott direkt an? Bitte ich Jesus, in mein Leben zu kommen? Ich habe Jesus VOLL UND GANZ als meinen persönlichen Heiland angenommen, er ist mein einziger Lehrer. Aber bete ich auch zu ihm? In der Bibel sagt er nie, dass ich es tun soll. Selbst Jakobus sagt: „Nähert euch Gott und er wird sich euch nähern.“ Es ist immer Gott im Namen Jesu Christi. Ich will wissen, was Heiland bedeutet. Ich ertappe mich dabei, dass ich immer wieder frage. Soll Gott sich nun darum kümmern.

27. November 1974

Antworten und friedensreicher Trost

Oh! Heute fühle ich mich Gott so nahe und bin voller Frieden. Ich preise dich, Herr. Jesus ist tatsächlich mein Erlöser. Seine Lehren, sein Leben, sein Geist und seine Macht über das Böse sind meine rettende Gnade. Komm in mein Herz, mein Haus und mein ganzes Leben. Mach mich heil und vollkommen, wie mein Vater im Himmel vollkommen ist. Sein Name sei gelobt – danke, Herr und Gott!

Der Friede ist bei uns, jetzt und für immer in Jesus.

Die Prüfungen der Jüngerschaft stehen uns bevor, und ich bin bedürftig, und in der Gewissheit und Herrlichkeit meines Meisters bin ich bereit, mich ihnen zu stellen. Mein Vorsatz, Christi durch mein Beispiel zu bezeugen, hat mit viel Freude und Hoffnung und Liebe begonnen.

30. November 1974

Gott loben

Melody hat erwähnt, dass sie Bedenken gegen den Ausruf „*Praise the Lord*" hat, aber unser Herr hat gesagt: „Siehe, ich mache alles neu."

Ich selbst kenne dieses unangenehme Gefühl der Peinlichkeit wegen der alten „Jesus Freaks" und ihrer Lippenbekenntnisse und sinnlosen Wiederholungen.

Ich würde auch keine peinlichen Dinge sagen, wenn jemand dabei ist, für den sie peinlich sind. Aber: Preis sei dem Herrn, dass ich die Gelegenheit habe, sie zu kennen.

2. Dezember 1974

O Gott, sieh doch in mein Herz und erkenne, dass ich mich danach sehne, dir - jeden Tag - nachzueifern.

Meine Aufgabe, nämlich in der Welt sauber zu bleiben und gleichzeitig zu der Welt mit Worten zu sprechen, die sie versteht, ist eine echte Herausforderung.

Heute war ich so benommen, dass ich kaum mit meinen neuen Augen sehen konnte. Gott! Bitte hilf mir in Christi Namen, an dir festzuhalten. Sieh meine Tränen des Verlangens, bei dir zu sein. Ich habe meine Frau und Gott gekränkt, indem ich in einem entwürdigenden Streit geschwelgt habe. Bitte vergib mir! „Geh zu deinem Bruder und versöhne dich mit ihm. Erst danach bring Gott dein Opfer", heißt es in Matthäus 5 [Hoffnung für alle].

Ich werde es jetzt gleich in Ordnung bringen. Danke.

Unbewusste Prüfung

Okay, jetzt kommt die echte Feuerprobe. Gott hat mich aus der Grube meiner Weltlichkeit herausgezogen und mich auf einen festen Felsen gestellt und gesagt: „Folge den Lehren deines Meisters, halte meine Gebote und danke dem heiligen Allerhöchsten."

Jetzt, wo Melody auch den Ruf verspürt, müssen wir zusammen weitergehen und uns innerlich wie äußerlich rein halten, sodass der Heilige Geist in uns und durch uns Gottes heiliges Werk tun kann. Geheiligt werde sein Name.

Lob und Dank für dieses Wissen, Herr Jesus. Mein Erlöser und Herr - wenn du mich hörst, will ich dir folgen, und ich liebe dich, Sohn meines Vaters.

4. Dezember 1974

Meine zwei größten Lektionen heute

1. Ich verurteile mit einer so unkontrollierbaren Schnelligkeit, dass ich Angst habe, in diesem Bereich gar nicht weiterzukommen. Deshalb muss ich mir in jeder Situation und bei jeder Tür, durch die ich gehe, vorher besonders bewusst machen, dass ich nicht verurteilen, sondern den anderen Menschen als Kind Gottes sehen will, das nach seinem Ebenbild geschaffen wurde und seine vollkommenen Eigenschaften widerspiegelt.
2. Außerdem muss ich unserem Vater bei jeder Gelegenheit für all die unglaublichen Geschenke danken, die er mir und Melody gemacht hat – auch die ganz einfachen, die das Leben erst möglich und so bequem und verheißungsvoll machen. Lob und Dank sei dir, Herr.

6. Dezember 1974

Ein schlechter Tag

Ich hatte gestern einen schlechten Tag. Ich habe mich bei meiner Arbeit nicht auf Gott gestützt. Meine Arbeit bewies das. Ich habe gelernt, dass ich zuerst während und nach jedem Ereignis eines Tages zu Gott beten, ihn um Hilfe bitten und seinen Namen und seine unzähligen Geschenke an uns preisen muss, denn ohne Gott ist mein Leben tot, wie gestern.

Deshalb habe ich gestern auch nichts geschrieben. Ich fühlte mich nicht würdig oder auch nur fähig, in mein Neues-Leben-Buch zu schreiben, denn gestern habe ich wirklich meinem alten, leeren, sinnlosen Leben nachgeeifert. Ich lobe Gott, meinen Erlöser, im Namen meines Retters, Jesus Christus.

31. Dezember 1974, Quebec, Kanada, Zimmer 612

Hallo, alter Freund, mein Neues-Leben-Buch. Der Grund, warum ich 17 Tage nichts geschrieben habe, ist, dass ich in dieser Zeit mein altes Leben geführt habe, aber heute kam ein Engel zu mir und ich habe mein Neues-Leben-Buch zum ersten Mal seit dem 14. Dezember wieder geöffnet. Habe einige frühere Eintragungen gelesen, und ja, da hat der Geist mich mit einem Ziel und dem Verlangen erfüllt, mit Gott zu leben anstatt mit der Langeweile, dem Heimweh und dem Suchen nach Ablenkungen, die ich in den letzten Tagen erlebt habe.

Oh, ich lobe dich und danke dir, Herr, dass du mir die Augen geöffnet hast, die von der subtilen Hitze des Teufels zugeschwollen waren.

Mein Ziel ist es, dir jetzt und in Ewigkeit zu dienen, aber vor allem jetzt, denn immer wieder jetzt heißt in Ewigkeit.

1975

1. Januar 1975, Sofa in einer Hotel-Lounge, Quebec

Es ist 10:50 Uhr an einem Mittwoch am Neujahrsmorgen. Hier bin ich also auf der anderen Seite in einem neuen Jahr. Sehr deprimiert, sehr unglücklich. Vorhin habe ich mich so gut gefühlt. Christus war spürbar in unserem Zimmer und ich hatte ein zerbrechliches inneres Gleichgewicht erreicht. Aber Satan, dieser Teufel, hat mich auf den Kopf gestellt und mich hilflos zurückgelassen; ich bin so überhaupt nicht Herr meiner selbst. Ich habe in diesem Jahr schon geweint. Gott habe ich noch nicht gelobt.

Ach Gott, ich preise dich! Sieh, wie es in mir aussieht. Ich kämpfe und habe das Gefühl, dass ich diesen Kampf ganz allein austragen muss. Ich brauche deinen Arm, der mit mir/für mich kämpft. Bitte, ich überlasse mich dir. Komm her, Jesus, hierher und RETTE MICH!!!

13. Januar 1975

Habe Berichte gehört, dass es hier in Südkalifornien innerhalb von 24 Stunden ein zweites kleines Erdbeben gegeben hat. Das hat mir Angst gemacht, und ich fing an, superschwere Erdbebenvibrationen zu spüren. Ich habe Mel angerufen und ihr gesagt, dass sie draußen bleiben soll, wenn es eins gibt, und dass ich sogar zu Fuß zu ihr nach Woodland Hills kommen würde.

19. Januar 1975

Eine Menge ungeistlicher Zeichen taucht auf und ich bete um erneute Hilfe. Eines Abends haben wir zusammen unser Buch gelesen (Altes Testament in Romanform). Dabei hat es mich berührt, wie Jakob sein Leben Gott, dem Herrn, geweiht hat, und ich fühlte mich gedrängt, es sofort auch zu tun. Als ich das tat, sagte ich etwas darüber, „die Werke und das Leben des Teufels zu verleugnen“. Und das Wort „verleugnen“ war mir plötzlich entfallen wie ein gestohlenes Stück Obst. Ich schlug in meinem Thesaurus das Wort „sich enthalten“ nach und fand eine Menge Schmähungen für den Teufel und seine ganze Sache. Seine vielen Verstellungen und Masken und Formen. Es war, gelinde gesagt, erhellend.

28. Januar 1975

Habe bei der kleinen braunen Kirche angehalten, in der Mel und ich getraut wurden, und habe dort intensiv gebetet.

Gestern kam mir, während ich durch Coldwater Canyon fuhr, genau dieser Gedanke: „Das Leben ist so intensiv!!!“

8. Februar 1975

Wieder berufen

Aus der düsteren Verzweiflung eines drogenumnebelten Gehirns kam der Ruf zu neuem Leben, wieder der Ruf Christi.

Nachdem ich Gott verlassen hatte, um vor meinem Gewissen und meinem Weg (meiner eigenen Selbstdisziplin) davonzulaufen – im Tausch gegen den Wolkennebel ständigen Rauchens und selbstgefälliger Auftritte im „Bla Bla Café“ –, fühlte ich, dass mich Verzweiflung überfiel und der Engel mich rief und sagte: „Komm in meine Herde.“

O Herr, vergib mir, vergib mir, nimm mich wieder auf, immer wieder, bitte, lieber Herr, im Namen Jesu Christi. Gott sei gelobt, der nie vergisst, aber immer vergibt. Mein vollkommener Vater, ich will bei dir sein – und auch vollkommen.

23. Februar 1975

Der Ruf

Heute Abend spüre ich ganz stark den Ruf, der heiligen Armee beizutreten und die Gefühllosigkeit der Welt gegenüber Gott zu bekämpfen. Sogar der Glaube an die Existenz Gottes ist ein Kampf. Aber wenn ich wirklich an Gott glaube und die heimtückischen Sünden um mich herum bekämpfe – und, noch beängstigender, in mir selbst –, dann stelle ich fest, dass ich schon verloren habe, und höre jene satanischen Worte: „Gib auf, du bist zu menschlich. Nur die Heiligen, Priester, Mönche und Nonnen sind von der Welt unberührt genug, um Gott, den Herrn, zu erreichen und für den heiligen Dienst auserwählt zu werden.“

Bitte, Gott, im Namen Jesu und seiner Lehren: Ich möchte auserwählt werden, in der entscheidenden Schlacht bei dir zu sein. Ich will den Bösen auf der Stelle aufgeben!!! Nur noch auf deiner Seite sein! Irgendwelche anderen Herren oder Seiten oder Wege oder falsche Erleuchtungen, Überzeugungen oder Götter haben keine Chance mehr!

Ich will für dich sterben, Gott, und als ganzer Jünger wiedergeboren werden. Deinen Willen und deine Lehre umsetzen, ihnen nacheifern und sie strahlen lassen und jeden Tag für jeden Menschen Frucht bringen.

Ich liebe dich, Gott. Und ich weiß, dass du mich liebst!

Der Teufel hasst mich mit jedem Tag mehr. Er verachtet mich immer mehr, je näher ich dir komme. Er verliert die Kontrolle. Gelobt seist du, Gott. Dein Licht ist alles, was ich sehen will, und alles, was ich widerspiegeln möchte. Dein Wille sei gesegnet.

24. Februar 1975

Ich spüre, wie ein Brunnen klares, reines Wasser des Geistes in mein Wesen strömen lässt. Ich habe den Eindruck, als würde ein Licht um mich leuchten – aber es ist das Licht Gottes, nicht meins –, und ich fühle, dass ich mit Gott in Frieden bin.

Ich glaube jetzt, dass Melody und ich es schaffen können. Ich kann für das Heer Gottes auserwählt werden, um den bösen Teufel, den sterblichen Geist, falschen Glauben und Lügner zu bekämpfen. Und den Ruhm des Vaters, des Sohnes und des Heiligen Geistes sehen und im Neuen Jerusalem sein.

Wenn ich nur allen Ruhm Gott gebe, bleibe ich demütig und gebe Gott die Ehre, wenn ich alle Gebote halte und meine Brüder und Schwestern liebe. Gelobt sei Gott, der Erlöser! Amen.

25. Februar 1975

Gelobt sei der Tag, Gott, an dem ich deinen Sohn als meinen persönlichen Retter angenommen habe. Jesus Christus ist Fleisch geworden, und der Teufel zittert, während ich den Namen Jesus schreibe. Ich preise dich, Gott, für deinen wundervollen Sohn, meinen Herrn Jesus. Amen!

28. Februar 1975

Krank und schläfrig

Ich habe mir vorgenommen, deinen Willen zu tun und deinem Plan zu dienen und den Menschen die Lehren von Jesus Christus durch Musik weiterzugeben. Aber mein guter Vorsatz wird jeden Tag von der listigen Schlange untergraben, die mich immer wieder dazu bringen will, nutzlose Lieder zu schreiben.

Hier bin ich, mein Herz ist für dich wie ein offenes Buch. Siehst du böse Absichten in meinem Herzen, Herr? Wenn ja, dann reiß sie heraus, wie es dir ratsam erscheint. Ich wünsche mir so sehr, deinen Willen zu tun. Ich weiß, die Antwort besteht darin, jeden Tag zu dir zu beten und dir zu schreiben und auf dich zu hören und in der Heiligen Schrift zu lesen. Preis sei dir, mein Gott.

Ich will mit meinem Leben nur dir gefallen. Hilf mir.

12. März 1975

Musik ist wichtig

Manchmal denke ich über meine Rolle in diesem Leben nach und das verwirrt mich.

Ich versuche zu entscheiden, warum ich hier bin. Mein Leben dreht sich so sehr um die Musik, dass ich darüber manchmal meine Pflicht vernachlässige, Gott jeden Tag bewusst anzubeten.

Als ich *The Greatest Book Ever Written* von James MacDonald las, hat mich die Geschichte von David fasziniert. Was für eine große Rolle die Musik in seinem Leben gespielt hat. Die Psalmen und der Auftrag, für König Saul zu spielen, was so weit reichende Konsequenzen hatte.

Die Musik ist das Medium, mit dem ich Gott dienen und ihn loben kann. Ich fühle mich jetzt verpflichtet, ein Publikum zu erreichen, das aus der Welt der säkularen Musik kommt, und eine Plattform zu errichten, von der aus ich den Willen Gottes tun kann, indem ich die Geschichten von Jesus und seine Gleichnisse und Botschaften auf neue, frische Weise weitererzähle. Schließlich hat Jesus in Gleichnissen gesprochen, um dem ganz normalen Volk Gott in seinem Alltagsverständnis näher zu bringen. Und er hat es auf eine Art und Weise getan, die unübertroffener und zeitloser ist als die aller Geschichtenerzähler der Welt. Ich glaube, meine Aufgabe ist es, seine Botschaften neu zu erzählen – mit ihrer ganzen ursprünglichen Bedeutung, aber auf aktuelle Weise.

Gott hat mich schon in meiner Kindheit darauf vorbereitet – durch meine Interessen, meine Ausbildung, meine Eltern und vor allem das größte Geschenk von allen: dass ich mich in der Musik wie ein Fisch im Wasser fühle.

Gepriesen sei der Tag, an dem Gott mich berufen hat!

Und gelobt sei jeder Tag, an dem ich auf diesen Ruf antworte und seinen Willen erfülle. Solche Tage sind selten, aber sie sind die einzigen, die etwas wert sind, und die einzigen, die irgendetwas bedeuten oder ein Grund für mein Hiersein sind.

13. März 1975

Mensch, dieser Winter war ein echtes Auf und Ab. Man kann wohl sagen, dass ich mich Gott und Jesus die ganze Zeit über näher gefühlt habe, mir ihrer mehr bewusst war als jemals zuvor in meinem Leben. Dies sind die unsichersten Zeiten, die ich je durchlebt habe, und vielleicht sogar die unsichersten, die es überhaupt je gab, aber es wäre vermessen, das zu behaupten.

23. März 1975

Gefühle

Ich spüre in letzter Zeit wieder, dass Gott mich dazu beruft, seine Musik zu machen. Mehr gleichnishafte Musik zu schreiben. Gott, es ist so schwierig! Die Leute glauben nicht an dich. Ich tu es aber! Ich tu es! Total!

Ich habe kommerzielle Musik geschrieben, um die Kanäle zu öffnen und eine Plattform für die Geschichte von Jesus zu bekommen. Sein Leben, seine Wunder, sein Dienen, seine Erlösung und sein Finger weisen hinauf zum Vater, der ihn gesandt hat! Ach, wenn ich doch immer dieses Gefühl haben könnte. Herr, Gott, ich bitte dich im Namen Jesu, meines Herrn: Lass es mich jede wache Stunde spüren. Erfülle meine Träume und meinen Schlaf mit deinen Visionen, sodass ich wirklich und uneingeschränkt dein Diener sein kann. Lass mich ein Leuchter sein, auf dem du dein Licht der Wahrheit und der Erlösung anbringen kannst.

WIR SIND VERLOREN ohne dein Gesetz. Bitte schenk mir vollkommene Jüngerschaft. Ich bin vielleicht noch nicht würdig, aber mein Verlangen, dir zu dienen, ist vollkommen ausgereift. Warum muss ich so kämpfen? Warum werde ich so in Versuchung geführt?

Es steht geschrieben, dass man Gott den Herrn und niemanden sonst anbeten soll.

So soll es in unserem Leben sein, Gott. Bitte, in Christi Namen – ich klopfe an die Tür zu deinem Ruhm. Vater, bitte gib mir einen bewussten Christengeist. Du kennst meine Bedürfnisse, Vater. Ich liebe dich und vertraue dir von ganzem Herzen und mit ganzer Seele. Mach, dass ich es auch mit ganzem Verstand kann.

25. März 1975

Der Frühling kommt und mein Leben öffnet wieder seine Augen. Alles ist wieder neu. Ich bete, dass ich in Christi Namen völlig neu wiedergeboren werde. Um seinem Beispiel zu folgen und vollkommen sein Jünger zu sein. Aber vor allem diese Wiedergeburt! Ich warte auf ein Zeichen. Es wird bald kommen, hoffe ich. Danke für Melody, für die Musik, für das Leben überhaupt und für deinen Sohn.

28. März 1975

Es geht los

Heute Morgen habe ich gespürt, dass meine Gebete allmählich erhört werden. Ich musste an Jesus denken.

Letzten November, während meiner „super-christlichen Woche", habe ich weltliche Probleme in Angriff genommen, indem ich mich fragte: „Was würde Jesus tun?" Und ich habe auch fast immer die richtige Antwort bekommen und hatte ein unglaubliches Gefühl des Friedens. *Praise the Lord!*

Jedenfalls habe ich heute Morgen eine fehlende Verbindung wiederhergestellt und habe jetzt ein wirksames Werkzeug gegen Probleme und Entscheidungen. Und gegen Satan. Jesus war ein vollkommener Mensch, und ich bete darum, wie er zu sein.

1. April 1975

Dunkel vor der Morgendämmerung?

In den letzten Tagen war ich frustriert und ein bisschen deprimiert. Alles, was ich in Sachen Musik anfange, ist irgendwie vergeblich. Geistlich erlebe ich auch nicht gerade ein Hoch. Es ist entmutigend.

Ich komme mir in meinem Verlangen nach musikalischem Erfolg so hilflos vor. Dieser Wunsch scheint sich nur auf menschlicher (Erfolgs-)Ebene abzuspielen, aber ich weiß, dass es geistliche Gründe und geistliche Methoden und Mittel für mein Leben und meine Bestimmung gibt.

Herr Gott, ich bitte um Trost in dieser Zeit des Wartens. Gib mir Kraft im Namen Jesu Christi. Hilf mir, geduldig zu sein.

2. April 1975

Habe zusammen mit Randy Stonehill „Straight And Narrow" („Gerade und schmal") geschrieben. Dann sind wir zu Keith Carradine rüber und haben Backgammon gespielt. Habe einen Song mit dem Titel „I'll Never Forget Your Face" geschrieben. Keith hat den Text geschrieben und ich die Musik.

Melody und ich hatten einen Riesenkrach wegen ihrer Kaffeetrinkerei. Wir haben vereinbart, dass ich ihr zwei Mal die Woche Klavierunterricht gebe, wenn sie keinen Kaffee mehr trinkt, und dass wir mindestens einmal die Woche zusammen texten. Mir braucht keiner zu sagen, dass sie ihr Versprechen gehalten hat und ich nicht. Bis heute habe ich ihr noch keine einzige Stunde gegeben und wir schreiben kaum mal regelmäßig was zusammen. Ich habe wirklich ein schlechtes Gewissen deswegen ... *Praise the Lord*, wir lernen aus der Vergangenheit.

24. April 1975

Mein Bruder Randy Wimer

Heute hat Randy angerufen und wir haben vor allem über Religion gesprochen. Zwei Dinge kamen dabei als mögliche Überlegungen heraus. Erstens, dass der Sabbattag (von dem wir beide meinen, dass es der Samstag ist) heilig gehalten und vom Sonnenuntergang am Freitag bis zum Sonnenuntergang am Samstag keine Arbeit erledigt werden sollte. Außerdem, dass Christus unser/der Schöpfer der Welt und der Menschen und aller Dinge sein könnte. Bitte hilf uns, die Antworten zu finden, Vater, in Christi Namen.

25. April 1975

Der erste ganz bewusste Sabbat *[Keith spricht vom Brechen des Sabbats durch eine Mahlzeit mit Freunden sowie über Weltlichkeit.]*

Bitte vergib mir mögliche Übertretungen in dieser Zeit, in der ich nach deiner Antwort suche, was den Sabbat betrifft und wie genau ich ihn beachten muss. Wie wichtig ist es? Bitte zeig es mir so detailliert wie möglich. Danke, Vater, in Jesu Namen.

27. April 1975

Habe Randy Wimer abgeholt und bin mit ihm nach Lancaster gefahren. Wir haben seine Eltern getroffen, mexikanisch gegessen, viel geredet. Hatten religiöse Erfahrungen, haben den Heiligen Geist entdeckt.

[Sechs Monate später fügte Keith hinzu:]

An diesem Abend in Lancaster haben Randy und ich über die Gültigkeit der Schrift diskutiert, ob sie total zuverlässig ist und jedes Wort inspiriert. Randy behauptete, dass der Heilige Geist die Quelle seiner Übersetzung und Auslegung sei, und irgendetwas in mir machte auf dem Nachhauseweg Klick, mir kamen die Tränen, und ich wurde vom Heiligen Geist erfüllt, und von dem Tag an ist alles vergleichsweise einfach gewesen, was mein Leben mit Gott angeht.

6. Mai 1975

Der Heilige Geist

Letzten Montag habe ich den Heiligen Geist entdeckt. Als das persönliche Instrument, durch das der Sohn in unser Leben kommt.

Und der Sohn ist dasselbe in Bezug auf den Vater.

Meine Gefühle sind so stark, und das gilt auch für meine Liebe zum Vater und mein Vertrauen in den Vater. Ich lerne, den Sohn zu lieben, und erkenne erst jetzt die Notwendigkeit, eine dritte Einheit anzuerkennen. Getrennt in ihrer Identität, aber eins mit den anderen in ihrem Ziel. Bitte, Vater, im Namen Jesu Christi, sende den Heiligen Geist in mein Leben, und taufe mich! Amen.

9. Mai 1975

SUPER TAG!!! Ich bin zum Strand und zum Getty-Museum gefahren. Habe am Strand gegessen und bin dann mit Mel zu Randy Stonehill, und von da sind wir alle nach Beverly Hills zur *Vineyard Christian Fellowship* gegangen. *[Hier hörte Keith das unverfälschte Evangelium und hob seine Hand, um sein Leben Jesus anzuvertrauen.]*

Dann musste ich los zu meinem Auftritt im „Goodbye Charlies“. Es war so widerlich, dass ich gegangen bin.

8. Juni 1975

Ich habe in der Kirche gespielt. Es war das erste Mal und es war bei unserer Taufe. Dann gingen wir alle runter zum Strand und wurden zusammen mit vielen anderen getauft. Es war fantastisch! Mel und ich wurden zusammen getauft. Es war eine unheimlich gute Gemeinschaft mit allen. Das werde ich niemals vergessen.

15. Juni 1975

Wir waren bei Kathryn Kuhlmans Wundergottesdienst. Es war wirklich beeindruckend und anregend. Zum Schluss war ich richtig deprimiert und ausgelaugt, bis mir klar wurde, dass Gott nicht will, dass ich meinen Glauben auf Gefühlen aufbaue.

16. Juni 1975

Es ist passiert!

Also, der Heilige Geist ist in unser Leben gekommen und wir haben eine Gemeinde gefunden. Neuer Glaube und Wunder!!!

Es ist toll. Ich habe eine viel persönlichere Beziehung zum Vater, indem ich eine viel persönlichere Beziehung zu Jesus habe, weil ich zum ersten Mal den Heiligen Geist erlebt habe.

Wir lieben seinen heiligen Namen und er versorgt uns mit so vielen neuen Freunden und so viel neuer Musik und Liedern. Unsere Bestimmung wird jetzt viel deutlicher. Meine Berufung nimmt Gestalt an.

Neue Freunde: Matthew, Kenn, Terry, Mary, Richard und Paul.

Alte Freunde, die jetzt Gott kennen: Todd, Jay, Debbie und Randy Wimer.

Alte Freunde, die sich angesprochen fühlen oder kurz davor sind: Susie, Connie, Mels Tante Gerdie und Mels Mutter.

Gesegnet seist du, Jesus, weil du den Vater gesegnet hast, indem du uns alle durch deinen blutigen Tod gerettet hast. Amen.

19. Juni 1975

Habe in der christlichen Buchhandlung von Canoga Park Bibeln und Kreuze gekauft. Ich habe einen Anhalter mitgenommen, ihm ein Mittagessen ausgegeben und ihn mit zu Terry genommen, bis er sagte, er wolle mit uns beten. Dann los zum „Bla“. Erster Donnerstagabend. Sie haben mir wegen der Besucherzahlen die Samstage weggenommen. 67 Dollar. Dann haben wir die ganze Nacht bis zum Morgengrauen zusammengesessen und Dämonen ausgetrieben, bis wir hinter das Geheimnis kamen. Jesu Name. Wir wussten das schon vorher, aber wir haben es erst durch eigene Erfahrung begriffen. Wir haben sogar gehört, wie Satan hinausfuhr. Tolle Nacht.

24. Juni 1975

Waren bei Marlene und Leonard zum Essen eingeladen und wollten Backgammon spielen und ihnen vom Glauben erzählen. Als wir gingen, war die Stimmung ziemlich angespannt. Gott hat uns an diesem Abend gezeigt, was ein einfühlsames Zeugnis ist.

25. Juni 1975

Mel, Todd und ich haben „You've Got It Comin' To You" geschrieben.

4. Juli 1975, Dallas

Jetzt

Wow, der Heilige Geist hat in meinem Leben echt aufgeräumt. Ich bin gerade auf dem Weg nach New York, um meine Großmutter zu retten. Ich sollte besser sagen: um ihr Gott zu bringen, die gute Nachricht von ihrem Erlöser. Danke, Vater, dass du deinen Sohn gesandt hast ... Worte können gar nicht ausdrücken, wie groß meine Dankbarkeit ist. Danke!

8. Juli 1975, 3:00 Uhr, New York

Ich vermisse Melody!

27. Juli 1975, 3:00 Uhr

Kein Fanatiker

Herr, bitte bewahre mein Gespür für die Bedürfnisse der Menschen, die deine Erlösung brauchen. Bitte mach mich klug wie die Schlangen und ohne Falsch wie die Tauben, Herr. Ich lobe dich.

Die Leute sind vorsichtig, wenn ich mich gehen lasse und nur von oben herab predige, anstatt sie da abzuholen, wo sie sind, und ihnen zu zeigen, dass mir der Einzelne wichtig ist.

Herr, verändere mich und merze alle radikalen Neigungen aus. Hilf mir, meine „überwältigende Begeisterung" zu bändigen. Mach mich selbstlos, bescheiden, ruhig und schenk mir Demut und Freundlichkeit.

Vater, ich liebe dich. Du hast mir dein Geschenk gezeigt: Jesus.

16. Oktober 1975

Immer noch bei Jesus

Praise the Lord – ich gehöre immer noch zu Jesus. Er hat mein Leben vollkommen umgekrempelt. Am Dienstag werde ich 22.

Gemeinschaft ist eine tolle Sache. Das Ziel ist immer gegenwärtig. Der Heilige Geist sammelt Früchte für die Ernte des Herrn und er wird in Herrlichkeit wiederkommen. Gekrönt mit Edelsteinen. Oh, er verdient unseren Lobpreis. Ich kann es kaum erwarten, ihn zu sehen, wenn er kommt. Herr, wir warten hier auf deine Rückkehr!

14. Dezember 1975

Unterdrückung

Ich erlebe eine Zeit der Unterdrückung durch den Feind. Sie ist die Folge meiner vielen Fehler und davon, dass Menschen, denen ich auf die Füße getreten bin, sich wehren und fordern, dass ich bereue – was auch nötig ist, aber mein Stolz ist so furchtbar groß.

Der Feind greift von allen Seiten an. Schuld, Selbstbezichtigung und Hilflosigkeit wegen Fehlern, die in meiner Person liegen, begraben mich unter sich. Ich bin von Problemen umgeben. Dazu gehört auch, dass ich nicht genug tue, lese und bete. Herr, rette mich vor Satan und vor mir selbst, im Namen Jesu.

22. Dezember 1975

Fortschritt

Gestern Abend, nachdem wir einen alten, bewegenden Weihnachtsfilm gesehen haben, hat Gott mich angerührt und uns ins Gebet geleitet. Sinngemäß sagte er zu mir: „Bitte mich um irgendetwas, und halte an mir fest, dann wirst du es bekommen, was auch immer es ist." Also nannte ich alle Herzenswünsche, die vollständige Beseitigung meiner Fehler und die Rettung meiner Eltern, und ich betete für bestimmte Menschen, die noch nicht gerettet oder vom Glauben abgefallen sind. Ich fühle mich heute so bestätigt wie noch nie zuvor.

Schenk mir Weisheit, Herr, damit ich erkenne, wer gerettet wird, wer eine Fälschung ist und wer leer und wer aufnahmefähig ist.

1976

14. März 1976

Sonntag in die Kirche, dann zur Seelsorge bei Kenn und Tony, um über unsere Probleme zu sprechen. Die Antwort war einfach: Immer, wenn du Probleme mit jemandem hast, danke Gott für diesen Menschen, und zwar so, wie er ist. Bitte Gott nicht, ihn zu ändern, solange er ihn noch in deinem Leben braucht. *Praise the Lord!* War bei Gabriel Ferrer zum Tennisspielen. Fuhr danach zum Jugendknast in Chino. Menschen wurden gerettet.

23. März 1976

Prüfungen und Glücklichsein

Was für einen unglaublichen Gott wir haben! Er spinnt unsere Prüfungen zu Goldfäden. Er verwandelt für seine wahren Kinder jeden Fluch in einen Segen. Er ist ein wunderbarer Gott.

Randy Stonehill und ich sind endlich Busenfreunde, was ein Wunder ist, weil es nicht nur eine Sache zwischen uns ist, sondern es ging von ihm aus, und es kam ganz plötzlich. Das Eis ist gebrochen und jetzt sieht er endlich das neue Ich. Halleluja!

Wenn Gott dem Satan erlaubt, uns einer Prüfung zu unterziehen, und wir uns herauszuwinden versuchen, wird es nur noch hässlicher. Aber wenn wir die Prüfung annehmen und den Sieg nicht für uns beanspruchen, sondern Gott dafür preisen, dann ist es keine Prüfung mehr. Wir begrüßen es dann wirklich und genießen es als wunderbaren Meißel, der einen makellos geschliffenen Edelstein zu Gottes Ehre erschafft.

Schneide mich zu, mein Herr, mein König, mein Schöpfer.

23. März 1976

Anspruch erheben

Wir Christen akzeptieren alles – aber den großen Glauben, den Gott von uns erwartet, nicht wirklich. Wir nehmen Krankheit, Streit und Hindernisse auf unserem Weg an, anstatt sie mit einem Wort im Namen Jesu ins Meer zu werfen. Wir sind alle Feiglinge! Wir haben Angst, auf das Wasser hinauszutreten. Unsere eigene Haut zu riskieren. Aber wir sollten Gott nie auf die Probe stellen. Das Geheimnis besteht darin, den Unterschied zwischen einer Versuchung, einer Anrufung und einem Glaubensschritt zu erkennen.

Lehre mich alle drei Lektionen, Herr, damit sie in meinem Herzen sind. Mach mich zu: 1. einem Krieger, 2. jemandem, der Prüfungen willkommen heißt, und 3. einem Berge-Versetzer im Namen Jesu.

27. März 1976, Samstag

Bin nach Sacramento geflogen. Das erste Konzert war ein bisschen zu weltlich. Ich habe mir Sorgen darüber gemacht, wie viele Leute kommen und wie viel ich bekommen würde. Sünde. Das zweite war dann so gut, wie das andere nicht gut war. Der Heilige Geist hat mich erfüllt und ich fühlte mich toll. *Praise the Lord*!

9. April 1976, New York

[Keith wurde nach New York geflogen, um einem der mächtigsten Männer in der säkularen Musikbranche vorzuspielen. Keith wollte nach wie vor die Menschen durch seine Musik mit Jesus in Kontakt bringen.]

Habe eine Bibelarbeit gemacht und bin japanisch essen gegangen. Bin zu CBS und dann zu meinem Termin mit Clive Davis. Er ließ uns fast zwei Stunden warten. Es war ein Reinfall, aber ich habe es so gut weggesteckt, dass ich es selbst kaum glauben konnte ... Habe mir gesagt: „Gott will, dass ich ein christliches Album mache." Es hat mich deprimiert, aber ich habe Haltung bewahrt.

10. April 1976, New York

Habe Buck Herring angerufen und ihm von meinem Gefühl erzählt, dass Gott ein christliches Album von mir erwartet. Er hat denselben Eindruck.

Nachdem ich eine echte Pizza-Stop-Pizza für Mel geordert hatte, rief ich ein Taxi. Am Flughafen entdeckte ich eine Gruppe Hare-Krishna-Jünger und ein paar davon nahmen denselben Flug. Das machte mir so zu schaffen, dass ich beschloss, einem von ihnen einen Zettel zu schreiben, auf dem stand: „Nur Jesus ist Herr der Welt." Dann schenkte Gott mir eine Melodie und bald werde ich einen neuen Song haben. Bin nach Hause gefahren und habe Pizza und Schokokuchen gegessen.

11. April 1976

Bin aufgestanden und zur Kirche gegangen. Es hat mich gelangweilt und beunruhigt.

28. September 1976

Wo die Dinge klar sind

Wir sind nichts als Staub. Unser Leben gehört uns nicht. Unser Körper gehört uns nicht. Unsere Zukunft liegt in deiner Hand.

Gott macht mich bereit zu sterben - ganz und gar - ich verdiene nicht zu leben - komm, Geist des Heiligen Gottes - lebe du stattdessen in mir!

Es gibt keine wahre Freude, außer zu erkennen, dass ich nichts bin, und Gott sein zu lassen, was er ist - alles.

Tränen können seine Gnade/Gaben nicht ausdrücken, noch kann Lachen es. Ich gehöre ihm.

Bitte, Keith! Geh niemals zurück - sieh nach oben - es wird Zeit zu gehen.

30. Dezember 1976

Ruiniert

Mein Mund hat mich zu Fall gebracht. Ich habe eine Grube gegraben und bin hineingefallen.

20. April 1977

Warum?

Herr, warum sind deine Kinder so blind? Sie lieben einander nicht – und mein eigenes Fleisch kämpft gegen dich und deine Gebote an.

Herr, rette uns.

Ich beobachte, wie fast alle Christen von deinem Wort abfallen. Sie fressen sich an deiner Gnade satt, tun aber nicht, was du willst.

Herr, meine Brüder und Schwestern verlieren an Boden, während der Teufel die Oberhand gewinnt und die Macht bekommt, sich durchzusetzen und die Heiligen zu besiegen. Herr Jesus, komm bald!

Hilfe! Wir sind verloren und fallen und brauchen dich. Ich bereue meine unredlichen Vorwürfe, aber ich möchte nicht auch blind sein. Sag mir, was ich tun und wie ich sterben soll. Hilfe!

18. September 1977

Milch und Fleisch

Es wird Zeit für eine Erweckung im tiefsten Innern meines Herzens. Ich habe gelernt, dass Milch eine Wahrheit ist, die von jemand anderem verdaut wurde, zum Beispiel von einem Lehrer, der sie einem dann weitergibt. Fleisch kommt nur direkt von Gott und muss wie Manna gesucht werden – und gesammelt.

Ich bin verdorben und in letzter Zeit habe ich mich so von fleischlichen Dingen leiten lassen. Drei Dinge machen mich blind: mein viel zu voller Kalender, mein Stolz und der Feind.

Bitte, Vater, erinnere mich immer wieder daran, dass du auch irgendwann mit deiner Geduld am Ende bist, und gib mir die Fähigkeit, mich vom Geist leiten zu lassen. Mach alles neu. Ich bin irgendwie erschöpft. Gib mir eine neue Perspektive, die von dir kommt. Lob und Preis sei Gott und dem Sohn und dem Geist!

6. Januar 1978

Hilfe! Hilfe!!!

Ich werde ausgequetscht. Nichts ist übrig außer mir und dem Geist. Dieses Ich, ich hasse das alte Ich! Warum gebraucht Gott mich immer weiter, obwohl ich doch so selbstsüchtig und sündhaft und einfach ich bin???

In letzter Zeit bin ich ganz zufrieden mit dem, was ich tue, und ich habe das Gefühl, dass das Sünde ist, „zu denken, du bist etwas, wenn du nichts bist“. Aber der Heilige Geist ist real.

Ich bin das alles so leid und brauche dringend Leitung von oben. Mann, ich habe die Stimme doch gehört, sie sagt mir, dass ich beten soll, dass ich weggehen und fasten und beten soll, jeden Tag mehrere Stunden, aber ich kann das nicht! Ich bin so faul und habe viel um die Ohren und beschäftige mich schon so viel mit geistlichen Dingen. Bitte, Gott, mach mich zu einem Gebetskrieger, zu einem Kämpfer gegen die Sünde und die menschliche Natur und den Teufel und die Welt – und gegen mich, das alte, verdorbene Ich.

7. Januar 1978

Ich bin ganz Mensch – er ist ganz Gott

Ich bin ganz Mensch – er ist ganz Gott.
Ich bin ganz selbstsüchtig – er ist ganz Liebe.
Ich bin ganz stolz – er ist ganz Gott.
Ich bin ganz dem Tode geweiht – er ist ganz Leben.
Ich bin ganz dumm – er ist ganz Weisheit.
Ich bin einfach nichts – er ist einfach alles.
Hilfe!

21. Januar 1978

Mel hat mich zum Internationalen Flughafen von Los Angeles gefahren, und ich habe neben Fred gesessen, einem schwarzen Bruder, den Gott angesprochen hat. Ich habe ihm von meinem Glauben erzählt. Er sagte, er sei zum Kreuz gekommen, habe sich aber wieder abgewandt. Er sagte, er würde zu meinem Konzert kommen, aber er ist nicht in der Garderobe aufgetaucht. *Big Devil* hat mich wieder einmal reingelegt!

Das Konzert war nichts Besonderes, außer dass ich ein paar neue Sachen bekommen habe. Hab bei einem Bruder übernachtet. Gegessen und gelesen. Viele gerettet und ver„herr"licht.

22. Januar 1978, Kansas City

Aufgestanden. „Alibigebet". 11 Uhr Gottesdienst, Anbetungszeit. Ich war traurig, weil an die Stelle von Reue und Heiligung nur Lob trat.

Gott hat mir gezeigt, dass Erweckung aus drei Dingen kommt: 1. Reue, 2. Gebet und 3. Einheit. Nur wenn alles zusammenkommt – gleichzeitig oder auch nacheinander, aber es müssen unbedingt alle drei passieren, sonst sind wir geliefert, aus, tot und begraben.

Ach Gott, hilf in deinem Weinberg, hilf bei der Sache mit Kenn und hilf mir. Zeig mir den Weg ... Ich liebe dich, Gott. Hilf mir!

Konzert. Ich habe heute Abend von meinem Glauben erzählt und das Evangelium weitergegeben und gepredigt. Viele haben ihren Widerstand aufgegeben, aber bei meinen Auftritten stehe ich immer noch viel zu sehr im Mittelpunkt, und ich muss mich selbst völlig aufgeben und gründlich reinigen lassen. Ich weiß, dass große Krisen auf mich zukommen ... Ich bitte dich nur darum, dass du mir meine Frau Melody lässt, denn ich brauche ihre Liebe und Hilfe, obwohl deine Gnade mir genügt. Bitte verschone sie, damit sie bei mir bleiben kann, dann will ich dich viel mehr lieben als sie, und all meine Liebe zu ihr ist um deinetwillen, Jesus.

Nimm alles, aber lass mir Melody, bitte, Gott! Aber wenn es dein Wille ist, bin ich bereit, jeden Verlust zu ertragen. Ich gehöre dir.

Morgens früh zu Hause. Tschüss, Herr. Dein Baby.

12. Februar 1978, 4:00 Uhr, Orlando, Florida, Holiday Inn, Zimmer 218

Ich bin so verwirrt. Ich muss dringend Buße tun. Mein Geist schreit danach zu bereuen, denn ich habe mich versündigt, indem ich verurteilt, verdammt und die Wahrheit verachtet habe. Und weil ich nicht für die gebetet habe, bei denen mir Gott gezeigt hat, dass sie auf dem falschen Weg sind.

Bitte lehre mich, ein reines Gewissen zu haben. Mach mich demütig, Herr, zerbrich mich! Bitte. Melody gehört dir. „Meine“ Arbeit gehört dir. Mein Körper gehört dir. Lass mich durch dein Feuer gehen – ich will dich fürchten, Gott. Bitte gib mir Weisheit und lehre mich Buße. Psalm 139, vor allem Vers 21 bis 24.

3. März 1978

Heute hat Gott mich davor gewarnt, „Zweifel“ einzuladen, zu hegen und zu pflegen. Früher habe ich immer gesagt, Satan spiele Pingpong und ich sei das Netz. Erst sagt er: „Du glaubst gar nicht“, und dann flüstert er mir ins andere Ohr: „Sieh doch nur, was für ein schlechter Christ du bist, bei all deinen Gedanken.“ Und ich falle immer wieder darauf herein. Hilf mir, Herr. Ich habe auch oft gesagt, dass ich nur durch Prüfungen wachse und dass ich immer dann, wenn es mir gut geht, selbstgefällig werde und anfange zu denken: „Ich mach das doch eigentlich ganz gut.“ Und statt mir bewusst zu machen, dass noch ein weiter Weg vor mir liegt, und zu beten und Gott für das zu preisen, was er getan hat, lehne ich mich zurück und stagniere.

Ich muss anfangen, auch während der guten Zeiten zu wachsen, sonst werde ich nur schlechte Tage erleben. Muss mich diesmal mehr reinknien.

1. Mai 1978, Maifeiertag

Jesus hat mir heute einen neuen Song über den Teufel eingegeben. Er heißt „Lies", und ich bin ganz kribbelig, weil er das fehlende Stück zu meinem noch namenlosen Album sein könnte. Bitte schenk mir einen Titel, Jesus.

Mein Weg mit Jesus war in letzter Zeit eher mäßig, weil ich zu beschäftigt war, um zu beten oder zu lesen, und das bedeutet, dass ich zu beschäftigt bin, um Zeit für Jesus zu haben, und das ist Sünde. Aber ich fühle mich gar nicht schuldig. Nur schwach und frustriert.

Herr, hilf mir! Bitte züchtige mich. Ich hatte eine Tracht Prügel noch nie so nötig wie im Moment. Ich habe meine erste Liebe verloren und vielleicht sogar meine zweite. Und ich werde so ein richtiger guter alter Christ. Die ganze Sache kotzt mich an.

Ich fürchte dich, Gott, und ich fürchte mich davor, lau zu werden. Hilf mir bitte. Dies ist ein Brief an dich, Herr, und ich weiß, dass du deine Post viel schneller und besser beantwortest als ich. Noch mal: Hilf mir.

Gezeichnet, dein schuldiger, ungehorsamer Sohn Keith.

Herbst 1978

Ich habe solche Angst vor Macht. Nicht vor Gottes Macht, sondern vor meinem menschlichen Wunsch, über andere zu herrschen. Im tiefsten Innern meines Herzen möchte ich nur dienen. Und den geistlichen Säuglingen dabei helfen, zu reifen Männern und Frauen Gottes zu werden. Ich sehne mich danach, mich für sie und für Jesus zu verausgaben. Aber dann ist da mein altes Ich, das alles beherrschen will.

Herr, ich bereue mein altes Wesen und bringe dir meine Angst vor der Macht. Denn du bist der Einzige, der wirklich mächtig ist, Jesus! Übernimm durch deinen Heiligen Geist die Führung in meinem Leben und in dem deiner Schafe – und wenn du mich gebrauchst, lass mich dankbar dafür sein. Denn du bist der einzig wahre Gott und Retter! Halleluja! Hilf, dass ich mir selbst immer unwichtiger werde. Ich bin so blind – hilf mir zu sehen.

1979

15. Januar 1979

<u>Herr, hilf mir wieder</u>

Mein Jesus, bitte gieß dein starkes Leben in mich aus, denn ich bin so hart und kalt und „geistlich" geworden. Ich bin fast tot. Ich will und muss dir nahe sein. Ich will es! So sehr! Nur um dir zu gefallen. Willst du, dass ich umziehe? Soll ich aufhören, den Rundbrief zu schreiben? Ist das alles nur eine weltliche Seelenschau? Ich muss wissen, was du denkst, Herr, denn ich will kein Pharisäer sein. Bitte, Gott, du weißt, dass es mir ernst damit ist. Schick deinen Engel mit einer Antwort.

10. März 1979

Unser Konzert in der Oral-Roberts-Universität [ORU] ist abgesagt worden. Wir fahren trotzdem hin. Mein Kopf weiß, dass es richtig ist, aber der Rest von mir hat Angst!

Habe seit einem Monat zum ersten Mal wieder richtig gebetet/geweint. Mensch, habe ich geheult!

11. März 1979

In eineinviertel Stunden wird die *Vineyard*-Gemeinde uns die Hände auflegen und uns nach Tulsa senden, aber ich bin mir nicht ganz sicher, ob wir wirklich gehen sollen. Mein Stolz, mein Ansehen und falscher Glaube sagen zwar: „Geh." Aber Herz und Verstand sind hin- und hergerissen. Ich kann meinen Geist nicht finden! ... Ich muss aus den richtigen Gründen gehen. Gott hat gesagt: „Geh!"

19. März 1979, ORU, 3:00 Uhr

Kann nicht schlafen. Ein Engel will meine Lippen mit einem Stück Kohle verbrennen. Ich muss mir darüber klar werden, was es mich kostet. Jesaja 6,7 und 8: „Ich bin bereit, sende mich!"

Ich will Gottes Stimme sein, voller Liebe, Erbarmen und Feuer! Aber dafür muss mein altes Ich tot sein!

Beten ist der Schlüssel. Mach mich zu einem Mann des Gebets!

Gott, gib mir Kraft/Gnade! Ich habe Eifer/Feuer und Liebe/Ausgeglichenheit. Gib mir Kraft/Gnade!

Lass meine Worte mit Macht wirken! Dein Wort ist mächtig. Mach dein Wort zu meinem Wort – mach deine Macht zu meiner Macht!

Ich bin bereit zu sterben!

Töte mich, zerstöre mich, verbrenne mich bis zur Unkenntlichkeit – ich weiß jetzt, dass du mir niemals wehtun oder Leid zufügen wirst. Du willst nur, dass mein altes Ich tot ist. Lass es geschehen!

20. März 1979, 0:00 Uhr

Ich will nicht groß sein. Ich will, dass du groß bist!

Setz mich herab und mach mich demütig. Lehre mich, selbst demütig zu sein, o Herr! Ich liebe dich so sehr – aber nicht, wie du den Vater liebst. So möchte ich dich auch lieben!

22. März 1979

Dienstagabend war anstrengend. Gestern waren alle Ältesten von *Agape Force* da und haben meinen Geist vollkommen erfrischt! Hatten gestern Abend eine gute Gebetsgemeinschaft.

Gott, ich hatte Angst, aber jetzt fühle ich mich besser, weil Gott Erweckung schenkt. Sein Wille, seine Last – nicht meine.

Herr, lass mich beten! Hilf mir, zusammen mit dir im Feuerofen eine Botschaft vorzubereiten. „Nicht durch Kraft, nicht durch Macht, sondern durch den Heiligen Geist!"

Amen!

18:15 Uhr, Garderobe, Maybee Center, ORU

Auf geht's – verbrenne mich jetzt, Gott – schick ein Pfingsten!

24. März 1979, 18:00 Uhr, Garderobe, ORU

Ich bin so müde. Mein Fleisch rebelliert so furchtbar. Es will kein Leben im Gebet. Hilf mir, mein Gott!

Entweder lebe ich heute in Herrlichkeit oder ich sterbe in Schande.

Ach Herr, ich bin so faul. Ich habe keine Ahnung, wie ich dieses Leben länger durchhalten soll. Hilf mir!

[Einige Wochen nach seiner Rückkehr von der ORU fuhr Keith für ein langes Wochenende fort, um zu fasten und um Leitung zu beten.]

17. April 1979, 1:30 Uhr, Big Bear Lake, Kalifornien, Royal Knight Hotel, Zimmer 201

Hilfe! Ich habe mir mit dem ganzen Rüstung-Gottes-Zeug selbst geschmeichelt und ein schäbiges Zimmer genommen.

Bekomme Angst, hab meine ganze Vision verloren, das ganze Feuer – und sterbe immer noch. Ich schnappe nach Luft! Hilf mir, Gott/Jesus – ich bin krank, ich ertrinke und ziehe meine Familie und meine Arbeit mit hinunter ... Ich bin immer tapfer, bis der Kampf mit meinem Fleisch anfängt: „Ich gebe alles für diesen Sieg und hole das Letzte aus meinem Körper heraus. Er muss sich meinem Willen fügen. Denn ich will nicht andere zum Kampf des Glaubens auffordern und selbst untauglich sein" (1. Korinther 9,27; Hoffnung für alle). Hilf mir, das Letzte aus meinem Körper herauszuholen!

17. April 1979, 17:00 Uhr

Hier sitze ich nun und warte. Voller Angst, gelangweilt und hungrig. Ungläubig, frustriert, ja sogar wütend auf Gott, weil ich das durchmachen muss.

Ich predige gegen billige Gnade, und dann, wenn es schwierig wird, schimpfe ich über Gott, weil er es so macht, wie ich es in meinen Predigten immer sage. Das ist so heuchlerisch!

Bitte vergib mir! Papa, zerbrich mich, und sprich um deinetwillen jetzt zu mir!

Ich bin nie jemand gewesen, der anderen folgt. Ich habe in meinem Leben immer die Führung übernommen, aber jetzt will ich dir folgen.

20:45 Uhr, Hütte

Ich beginne zu spüren, dass der Heilige Geist da ist. Es liegt noch ein so weiter Weg vor mir.

Ich habe keine Ahnung, wie es wohl ist, ohne Begabungen, Möglichkeiten oder die Chance zu Großem zu leben. Sie sind ein Fluch, das weiß ich. Aber ich muss sie gebrauchen, denn sie sind Geschenke Gottes.

O Gott, welchen Segen könntest du durch mein Leben bringen, wenn ich ... ein reines, geheiligtes Gefäß wäre.

Diesen Segen für deine Sache, diese Verherrlichung deines Throns und Namens – das will ich. Aber wenn es dich mehr freuen würde, wenn ich andere Dinge täte oder wenn ich mich so weit zurücknehmen würde wie Rees Howells ...

Was willst du von mir???

22:00 Uhr

Ich habe sehr geweint, weil alles so hoffnungslos ist. Das hat gut getan, aber was jetzt?

Alles, was ich will, ist, dir zu gefallen – etwas anderes zählt nicht. Danke, dass du mir das gezeigt hast.

Es ist mir immer noch peinlich, wenn du mir sagst, dass ich Zeugnis ablegen soll.

18. April 1979, 11:05 Uhr

Bin um halb zehn aufgewacht. Habe *The Hidden Life of Prayer* gelesen, das Leonhard Ravenhill mir gegeben hat ...

18. April 1979

Josiahs Geburtstag, sieben Monate.

[Zu dieser Zeit war Keith, der Gott für seine Familie dankbar war, davon überzeugt, dass Gott ihn aufforderte, alles seiner Fürsorge zu überlassen, auch seine Familie. Daraus entstand das Lied „Pledge My Head to Heaven".]

Ich verschreibe meinen Kopf dem Himmel [2]

Ich verschreibe meinen Kopf dem Himmel um des Evangeliums willen.
Und ich bitte keinen Menschen auf der Welt, meine Bedürfnisse zu stillen.
Wie ein Spatz in der Luft
bin ich von seiner Liebe umfangen.
Und ich vertraue ihm wie diese Kleinen, die er speist.

Ich verschreibe meine Frau dem Himmel um des Evangeliums willen.
Obwohl unsere Liebe mit jedem Tag zu wachsen scheint ...
Wie ich ihr sagte, als wir heirateten,
würde ich nur über meine Leiche
sie mehr lieben als den, der mich gerettet hat.

Ich bin dein Kind,
und ich will für immer Teil deiner Familie sein!
Ich bin dein Kind, und ich werde dir folgen,
was immer es kostet –
alles andere ist dagegen nichts wert.

Ich verschreibe meinen Sohn dem Himmel um des Evangeliums willen,
auch wenn er getreten und geschlagen wird,
lächerlich gemacht und verachtet.
Ich werde ihn lehren, sich zu freuen
und dankbar lobend seine Stimme zu erheben.
Und wie der zu sein, der die Nägel und die Dornenkrone ertrug.

Ich hatte meine Chance, die Welt zu gewinnen
und wie ein König zu leben,
aber ohne deine Liebe
bedeutet all das gar nichts!

Ich verschreibe meinen Sohn ... Ich verschreibe meine Frau ...
Ich verschreibe meinen Kopf dem Himmel.
Ich verschreibe meinen Sohn ... Ich verschreibe meine Frau ...
Ich verschreibe meinen Kopf dem Himmel um des Evangeliums willen.

18. April 1979, 16:50 Uhr, Hütte

Ich glaube, Gott hat mir gesagt, dass ich um neun Uhr so weit sein werde, dass ich nach Hause gehen, schlafen und möglicherweise morgen früh das Fasten brechen kann. Ich lese Philipper 1, Verse 21 bis 26 – wobei ich immer Paulus' Ernsthaftigkeit an dieser Stelle bezweifelt habe. Gott sagte: „Wer bist du, dass du mein Wort anzweifelst?" Wenn es in der Bibel steht, dann ist es auch so gemeint! *Praise the Lord* für den Glauben!

Ich bin verbittert und rebelliere gegen Gott. Diese Haltung ist in letzter Zeit in meinen Gebeten zum Vorschein gekommen. Eine richtig schlimme, überhebliche Einstellung. Nicht die Liebe und das Vertrauen, die ich normalerweise habe – es sei denn, das ist sowieso alles unecht, und Gott zeigt jetzt nur, was mein Herz schon die ganze Zeit gesagt hat. Würg! Wie hält er das nur aus?

Töte mich, Gott, denn in mir ist nichts Gutes, ich bin durch und durch verdorben. Ich habe vor meiner Entscheidung für dich und selbst danach noch deinem Feind gedient. Mein ganzes Wesen muss sich ändern. Ich bin noch hilfloser, als ich es damals war, nachdem ich gerettet worden war. Zumal ich keine echte Hoffnung in mir habe! Ich rieche Essen, das nicht da ist – mein Körper flippt bei diesem Fasten aus. Meine Muskeln und mein Magen tun weh. Ich tue das, um Gott zu beeinflussen! Nicht, um ihm Ehre zu geben. Hilfe, hilf mir bitte.

Ich schreibe. Ich kann nicht beten. Ich schreie innerlich, aber nicht genug, um zu weinen. Wenn ich weine, rege ich mich so sehr auf, dass ich schließlich weine, weil ich aufhören will zu weinen. Hilfe! Ich werde es wieder versuchen und beten. Ehre sei Jesus ...

Engel sind hier bei mir. Das Zimmer ist voll von ihnen ...

22. April 1979

Es ist gut, dass ich mich dazu gezwungen habe, die zehn Kapitel zu lesen, und dass ich mit den Mädchen und Mel Familienandachten halte. Es ist für sie ein gutes Vorbild, und ich höre nicht auf meine menschliche Natur, die sagt: „Hey, jetzt wirst du aber gesetzlich! Gott wird dieses ganze erzwungene Beten nicht anerkennen." Okay, manchmal ist der Geist traurig, weil meine Seele nach der Stechuhr arbeitet; aber es gibt gute Gebetszeiten, und ich glaube, dass sie zu guten geistlichen Gewohnheiten werden. Ganz abgesehen von dem Segen, der aus dem Gehorsam und einem reinen Gewissen kommt, wenn ich vor meiner Frau und meinen Kindern ein gutes Zeugnis gebe und ein neues Fundament für die Zukunft lege. Wie ich das aber auf Tournee aufrechterhalten soll, ist noch die Frage.

Herr, bitte hilf deinem Diener, beständig zu sein und dich immer an die erste Stelle zu setzen!

Zu wenig Gebet ist Sünde.

Gesetzliches Gebet ist Sünde.

Freiheit ist das Beste.

2. Mai 1979

Tony Salerno war hier und hat mit mir über die Meditationen über die Bibel gesprochen. *Praise the Lord!* Meine Gelübde waren zu hart. Ich habe sie in Sünde abgelegt. Bitte, Jesus, entlasse mich aus ihnen, ganz „offiziell", und lass mich durch deine Zucht zu einem Mann Gottes werden. Ich wollte dich durch diese Gelübde kennen lernen, und das will ich mit allen Mitteln, die mir zur Verfügung stehen.

Bitte führe mich so, dass ich eine Stunde am Tag bete, ohne dass ich auf die Uhr gucke. Gott will nicht, dass ich ihm aus Pflichtgefühl heraus diene, sondern aus Liebe. Preis sei dir, Jesus.

3. Mai 1979, 17:00 Uhr

Hatte gestern eine unglaubliche Zeit mit Gott, als ich in seinem Wort las. Habe von der Auferstehungskraft Jesu durch Leid bzw. Freude erfahren.

13. Mai 1979, 4:00 Uhr

Ich liebe den Rundbrief, das Drucken, Falten, die Gemeinschaft – aber ich hege sehr wenig Zuneigung zur Bibel und zum Gebet.

Bitte schenk mir diese Liebe zu deinem Wort und dem Gebet, oder befreie mich von der Fessel dieser Zwickmühle – dieser heiligen Berufung. Ich will dir so gern gehorchen und diszipliniert sein, aber du musst mir helfen. Tu was, Herr! Es ist mein Fehler, aber jetzt bist du an der Reihe. Ich stagniere und kann nur zuschauen, wie das Schiff untergeht. Ich stehe hilflos daneben, schlapp und kraftlos, bin erledigt. Hilf mir. Taub und ohne Tränen warte ich auf ein Wort, ein Wunder – bitte mach mich frei, Jesus!

Alles vergeht, nur Erinnerungen bleiben, nichts ist gegenwärtig. Sicher: Konzerte, Platten, Predigten – aber das ist alles wertloses Zeug im Vergleich zu dem, was möglich wäre. Gott, tu doch was! Hier stehe ich und bettele dich an: Bitte schenk mir eine Vision! „Ohne prophetische Weisung wird ein Volk zügellos.“ Ich muss deinen Willen für mich erkennen, denn die Menschen hier brauchen Leitung, und ich gerate ins Schwimmen. Es ist noch genauso schlimm wie vor einem Monat. Was kann ich nur tun? Ich bin verzweifelt und trotzdem ganz cool. Ich befinde mich in einer Art hypnotischem Zustand: „Ach, es wird schon alles irgendwie werden.“ Jesus hat die Dinge in der Hand und Menschen entwickeln sich weiter. Ich bin allmählich mit meinem Latein am Ende. Treib mich in die Enge, Herr!

15. Mai 1979, 17:00 Uhr

Am Sonntag hatte ich den Eindruck, dass Gott mir zeigte, dass der Nebel sich bald auflösen wird. *Praise the Lord!*

2. Juni 1979, Konzerte auf Hawaii

Im Gästehaus von Jimmy und Carol Owens. Der Nebel hebt sich! Ich habe unter dem Gesetz gestanden, mich „von Christus losgesagt“ und „die Gnade vertan“ – Galater 5.

Ich hatte nämlich meine eigenen Predigten selbst nötig, weil ich versucht habe, „durch das Gesetz gerecht“ zu werden: Gelübde, Versprechen, Selbstverbesserung und Disziplin. Gott hat es mir bewiesen. Ich bin unfähig. Ich kann es nicht schaffen. Ich muss Geduld haben und ihn machen lassen. Es besteht ein Gleichgewicht: Gebet/Glaube gleich Werke/Früchte.

3. Juni 1979

Bin seit einer halben Stunde zu Hause und ein bisschen benommen. Hoffentlich fängt jetzt eine neue Zeit an. Ich lobe dich, Jesus. Nachdem Jimmy Owens mein Testament für mich aufgesetzt hat, bin ich mit ihm über Hawaii geflogen. Heftig. Jesus hat große Dinge vor, „aber nur was für Christus getan wird, ist von Dauer“.

Gib mir Augen für die Ewigkeit. Lass mich die Dinge im Licht der Ewigkeit sehen. Danke für die treue Familie zu Hause. Bitte hilf mir bei all den Veränderungen.

2. Juli 1979, 16:40 Uhr

Zum ersten Mal seit Monaten bin ich mit Frieden im Herzen aufgewacht – echtem Frieden ...

Ich kann mich jetzt nach Gott ausstrecken, denn ein Engel Gottes ist zu mir gekommen und hat mir den Weg gezeigt. Ich liebe Gott unendlich und mein Herz fließt vor stiller, sanfter Freude über. Tränen steigen mir angesichts des Friedens in meiner Seele in die Augen. Mein Glaube ist erfrischt. Meine Sehnsucht nach Gemeinschaft mit Gott und dafür, für die Seelen der Menschen einzutreten, ist mit Macht erneuert worden! Mein Hunger nach Gottes Wort hat ungeheuer zugenommen. Die Türen des Gefängnisses sind von selbst aufgesprungen. Die Fesseln sind auf den Boden gefallen. Mein Herz könnte vor Freude und Hoffnung geradezu bersten! Ja! Ich kann wieder hoffen.

Jesus, ich bin so dankbar, dass es kein bestimmtes Rezept gab – keine geheimnisvolle Methode, um meinen Frieden wiederzuerlangen. Alles Bibellesen und aufgesetzte Gebetszeiten (was mich betrifft) haben das nicht geschafft. Aber du, eine Antwort auf den verzweifelten Schrei aus meinem tiefsten Herzen, bist gekommen und hast mich aus der Sklaverei von Werken und geistlichem Mich-um-mich-selbst-Drehen befreit. Ich will mich deiner Gegenwart rühmen. Du willst deinen Ruhm mit mir teilen, aber nur als Geschenk – nicht als Ergebnis meiner Anstrengungen, sondern deiner Güte, Barmherzigkeit und Liebe zu mir. Danke, dass du mir dabei hilfst weiterzumachen!

Ich liebe dich, Jesus, Vater, ich kann dir gar nicht genug danken.

Heiliger Geist, leite mich in die Tiefe deiner Gnade!

3. Juli 1979

Die Unterdrückung ist beseitigt, die schlechten Angewohnheiten und der Müll bleiben. Ich muss nach dem Unwetter aufräumen. Bitte hilf mir, Jesus.

5. Juli 1979, 2:00 Uhr

Der Druck ist immer noch weg, die schlechten Angewohnheiten sind immer noch da.

Derselbe Gott, der den Druck von mir genommen hat, kann mich auch verändern – ich würde alles dafür tun. Bin aber nicht in der Lage, selbst viel zu meiner Besserung beizutragen – Gott, bitte mach den Weg für mich frei, dass ich dir durch mein Handeln die Ehre gebe! Mach mich dir ähnlicher – das letzte Mal ist schon so lange her. Ich glaube nicht nur, dass du mich verändern kannst, sondern auch, dass es die einzige Form ist, die du zulässt – wenn du es tust!

9. Juli 1979

Harvey House. Konzert für *World Vision* lief gut. 9 000 bis 10 000 Leute. Hab zu lange gespielt.

3. August 1979, mittags

In etwa einem Monat ziehen wir nach Texas! Mein Lebensstil ist so ziemlich derselbe wie bisher: Ich bin immer noch fett, faul, unpünktlich und ungehorsam. Bitte hilf mir, Jesus. Mein Herzenswunsch, aus diesem Gefängnis befreit zu werden, wird täglich größer. Ich bin bereit. Hilf mir – hilf!

11. August 1979, Sonntag

Gnade, nicht Werke! Nur Jesus verdanke ich meine ursprüngliche Rettung und nur Jesus kann mich jetzt retten. Ich glaube, er beginnt mit einer großen Schuldentilgung.

17. August 1979

Gott macht mir einiges über seine Souveränität klar. Wie sehr wir ihn brauchen und wie wenig wir dies oder das sein sollen. Nur eine Eigenschaft zählt, und das ist die Suche nach Gott. Danke, Herr, dass du mich nicht auf den Gedanken hereinfallen lässt, wir könnten es selbst schaffen und irgendwo ein bestimmtes Geheimnis oder ein Erweckungsfeuer entdecken – nur du hast das Geheimnis und du bist es! Halte mir das immer vor Augen.

3. Oktober 1979, 3:00, Texas Ranch

Habe gerade die letzten sechs Monate meines Tagebuches gelesen und es ist widerlich. Immer wieder dasselbe. Gott macht mir etwas klar, und ich antworte ihm, und dann werde ich rückfällig und krieche wieder vor Gott im Staub und bettle um Hilfe. Es ist erbärmlich.

Fast gebe ich ihm die Schuld dafür, dass er mir nicht die „Gnade" gibt, die ich so dringend brauche, aber jedes Mal, wenn er mir mit seiner Gegenwart nahe ist, vermasselt es meine menschliche Natur gleich wieder. Ungehorsam oder geistlicher Stolz. Ich habe es satt, für den Teufel und meinen beherrschenden Körper ein Wurm zu sein. Ich weiß, dass ich deine Hilfe brauche, aber ich muss tun, was du befiehlst.

Wenn ich dich bitte, mir zu helfen, wiederhole ich mich zum tausendsten Mal. Ich bitte dich trotzdem, mir zu helfen, aber ich muss mich zusammenreißen und deine Nähe suchen.

Meine Mutter war letztes Wochenende zu Besuch und das war richtig gut. Ich bete und frage dich, ob ich den *Agape Force Ministries* beitreten oder in L.A. ein Album aufnehmen soll. Bitte leite mich!

Morgen geht es auf Tournee. Ich bin richtig aufgeregt. Jesus, wir brauchen dich für eine Erweckung. Lass uns nichts und niemanden sonst suchen!

Es gibt so viele Gelegenheiten für Selbstgefälligkeit und einen „Märtyrerkomplex", weil ich für Aufnahmen und Konzerte kein Geld nehme. Außerdem wird die Zahl der Rundbriefe bei der nächsten Tour ungefähr doppelt so hoch sein, also eine größere Versuchung in Sachen Geld, Zeitverschwendung, Stolz usw.

Gott hat eine Tür geöffnet, sodass wir nächstes Jahr im Ausland für ihn arbeiten können. *Praise the Lord!* Ich bin bereit zu gehen. Geld ist nicht so wichtig.

29. November 1979

[Keith ist in Honolulu und auf dem Weg nach Australien.]

Unsere Arbeit läuft gleichförmig. Gott passt auf uns auf. Lerne Leonard Ravenhill besser kennen. Habe mit Mel Lieder für das neue Album geschrieben. Ich liebe dich, Jesus. Hilf mir, zur Ruhe zu kommen!

Mit dem Heiligen Geist zu leben ist wie ein Drahtseilakt. Es ist viel einfacher, auf dem Boden zu laufen – mit beiden Beinen auf dem Boden zu stehen – als in den himmlischen Regionen. Man fällt so leicht. Ich weiß immer noch nicht, wie ich wieder auf das Seil kommen soll, wenn ich runtergefallen bin. Ich muss warten, bis ich entweder zufällig auf das Seil stolpere oder aber Gott mich buchstäblich aus meiner Abgestumpftheit hochhebt und mich wieder draufsetzt.

Jesus, ich danke dir dafür, dass ich diese Zeit mit dir alleine habe, weg von meiner Arbeit, der Gemeinde, sogar von meiner geliebten Familie. Ich bin so dankbar dafür, dass ich rauskomme und das alles einmal richtig gründlich und objektiv betrachten kann.

Herr, ich habe das Zeug dazu, die Welt zu verändern – dazu muss ich dir alles unterstellen, mich selbst, meinen Dienst und sogar mein Potenzial.

Ich danke dir für die Gebete der Christen zu Hause und überall auf der Welt. Ich weiß, dass es ihre und deine Treue ist, nicht meine, die diesen Aufbruch losgetreten hat.

Durch den Glauben zu leben, heißt, zu „leben, ohne Pläne zu machen“.

12. Dezember 1979, 3:30 Uhr, Adelaide, Australien

Als schnelle und wirkungsvolle Antwort auf mein Gebet hat Gott mir – durch Winkie Pratney – den Grund für meinen Frust, meine Schuldgefühle, mein Versagen und mein Elend haargenau aufgezeigt: Mangel an persönlicher Disziplin. Ich merke, dass dieser Mangel an Selbstdisziplin meine Heiligung (die ich durch Jesus bereits habe) daran hindert, mein Leben zu bestimmen und sichtbar zu werden. Dies ist eine ganz neue Sichtweise, und ich glaube, ich habe an diesem Punkt in meinem Leben die stärkste Festung des Feindes ausfindig gemacht.

Winkie hat gesagt: „Dein geistliches Leben ist völlig in Ordnung, Keith – die körperlichen Angewohnheiten eines verwöhnten Kindes sind das Problem: langes Schlafen, Trägheit, Faulheit, dass du Dinge wie Bettenmachen, Abwaschen oder Duschen nicht geregelt kriegst, dass du zu viel isst und so weiter. Das alles frustriert und verwirrt dich und macht dich für Angriffe und Schuldgefühle anfällig."

Satan hat meine körperlichen Schwierigkeiten mit einer Menge „geistlicher Lügen" verdeckt. Und ich habe ihn dabei erwischt. Jetzt wird es Zeit, daran zu arbeiten, diese Angewohnheiten zu ändern. Ich danke dir, Jesus. Hilf mir, Herr. Jetzt wissen wir, wo wir anfangen müssen.

Mir wird jetzt klar, was ich tun muss, um mit Jesus glücklich zu sein, oder besser gesagt: wie ich die Freude über Jesus, die ich in meinem Herzen schon empfinde, zum Ausdruck bringen kann. Winkie sagt: „Fang mit Häppchen in Glaubensgröße an."

Freiheit ohne Grenzen bedeutet Chaos, Verwirrung, Anarchie und Gefahr!

17. Dezember 1979, 13:40 Uhr, Australien

Bin heute Morgen mit einer mürrischen Einstellung zum Gottesdienst aufgestanden. Der Gottesdienst lief gut, ich habe gepredigt und mich geweigert zu singen (ich hoffe, es war nicht nur menschliche Eitelkeit, dass ich mich geweigert habe, Herr, bitte mach es mir klar). Hatte ein ungeheures Problem mit meiner Haltung gegenüber dem heutigen Abendgottesdienst. Es war ein Krippenspiel, und ich stellte plötzlich fest, dass ich mitspielen sollte!!! Ich kann immer noch nicht glauben, dass ich das gemacht habe. Es war vielleicht nicht richtig, dass ich dabei mitgemacht habe, aber meine mürrische Einstellung war mit Sicherheit fehl am Platze. Das Konzert war wirklich gut.

Ich verstehe jetzt, dass es der größte Schachzug des Feindes war, persönliche körperliche Disziplin mit der Andachtsdisziplin zusammenzubringen. Ich versuchte zum Beispiel, zehn Kapitel zu lesen und eine Stunde am Tag zu beten, ein sehr geistlicher und nobler Wunsch, aber ein ziemlicher Berg, wenn man ihn auf einmal bewältigen will. Und wenn ich es nicht schaffte, habe ich alles stehen und liegen gelassen, was ich zu erreichen versucht hatte. „Häppchen in Glaubensgröße" – das ist der Schlüssel!

18. Dezember 1979, 12:04 Uhr, Sydney

Disziplin ist nicht Heiligung – und auch nicht der Weg zur Heiligung –, sondern sie hilft dir nur dabei, sie zu bewahren.

19. Dezember 1979, 1:45 Uhr, Rockhampton

Wie es aussieht, habe ich ein echtes Problem, wenn ich brav meine Meinung oder auch die Wahrheit sagen soll. Ich muss daran arbeiten. Bitte hilf mir, Jesus! Vergib mir dieses Zeug!

20. Dezember 1979, 2:45 Uhr

Ich bin ziemlich ratlos und frage mich, ob Gott wohl jemals dafür wäre, dass wir Geld für unsere Produkte nehmen (Aufnahmen, Tonbänder, Platten usw.).

Der Rundbrief ist kein Produkt. Die Aufnahmen, Tonbänder und Platten sind es irgendwie schon, aber wir werden niemals jemanden wegschicken, weil er kein Geld hat, und wir halten Nichtchristen nicht davon ab, unsere Botschaft zu hören. Und wir machen auch kein großes Geschäft daraus. Bitte leite uns, Vater!

15:40 Uhr

Das Wachstumssyndrom

Es ist ein Fehler anzunehmen, Erfolg sei mit größeren Zahlen, mehr Geld oder Popularität gleichzusetzen. Ich habe davon geträumt, dass Schlafsäle voller Studenten und anderer Leute gerettet werden. Tolle Druckerpressen und Computer – eine riesige Anzahl Verwaltungs- und Druckereipersonal – Seelsorger, Lehrer, Büroangestellte.

Ach, Vater, ich lobe dich so sehr dafür, dass du diesen irdischen, menschlichen Wunschtraum ausgemerzt hast. Und dafür, dass du uns befohlen hast, uns nicht mehr um Wachstum zu bemühen, sondern deine Nähe zu suchen. Danke, dass du uns vor gravierenden und dummen Fehlern bewahrt hast. Keine zusätzlichen Menschen, wenn du nicht ganz klar die Führung übernimmst!

Die einzigen beiden Bereiche, in denen ich wachsen möchte, sind 1. wahre persönliche Heiligung und 2. Effektivität (vom Standpunkt des Himmels aus betrachtet) in unserer Arbeit.

24. Dezember 1979, 2:15 Uhr, zu Hause

Bin gestern Nacht um 1:40 Uhr in Dallas angekommen. Mel ist im achten Monat schwanger, aber sie hat mich am Flughafen in Fort Worth abgeholt, und ich bin dann den Weg nach Hause gefahren. Bin früh aufgestanden, um mit meinem Sohn Josiah zu spielen. Was für ein Segen!

29. Dezember 1979

Mel wird das Baby zwei Wochen früher bekommen.

7. Februar 1980, 6:45 Uhr, bei Aufnahmen in L.A.

Bethany Grace. Meine neue Tochter hat mich wach gehalten.

Sie wurde vor zwei Tagen, am 5. Februar, um 10:19 Uhr geboren, zur Ehre Gottes.

Ich habe gerade den Schluss meines verloren gegangenen und jetzt wieder gefundenen Tagebuchs aus dem Frühling gelesen, als Mel und ich uns verliebt haben, und ich fing an, ernsthaft zu Jesus zu beten. Ich war selbstsüchtig, verwirrt, hoffnungslos fleischlich – meine Beziehungen zu den Menschen, die ich liebte, waren egoistisch und zickig.

Wenn ich mich jetzt so anschaue, sehe ich „denselben alten Kerl" geduldiger, mitfühlend, gereift und weise – ja, aber immer noch total launisch und eine Enttäuschung für Jesus. Keine echte Jüngerschaft.

In meinem Inneren ist ein liebevoller, ernsthafter Jünger Jesu gefangen – verjüngt, vom Heiligen Geist erfüllt, gerettet aus Gnade, aber gefangen in meinem Mangel an reifen, starken Entscheidungen und einer Menge gottloser Angewohnheiten.

Die [Aufnahme-]Sessions sind fantastisch gelaufen. Der Rundbrief ist so ziemlich das Einzige, das wirklich meinen Durst nach Wachstum und schöpferischer Erfüllung stillt. Selbst die Musik scheint zu einfach.

Ich bin ein fürchterlich verwöhntes Kind, das immer unterhalten werden will.

Ich bin eigentlich nicht besser als früher, außer dass ich über mehr „Wissen" verfüge, was mich leider nur noch erbärmlicher macht.

Wenn ich oder irgendjemand anderer in diesem Tagebuch liest, scheint es einem wahrscheinlich ziemlich deprimierend und voller Wiederholungen. Wie lange hält Gott es eigentlich noch mit mir aus? 70-mal sieben Mal und noch öfter?

8. Februar 1980

Herr, ich bete mit jeder Faser meines Herzens: Bitte verändere mich dauerhaft!!! Ich will nicht nur dein Repräsentant und Botschafter für die Menschen in der Welt und in der Kirche sein, sondern, was noch wichtiger ist, hier und jetzt ein beständiges, zuverlässiges Gefäß deiner Gnade, deines Friedens und deiner Freude, für meine Familie, meine Freunde und alle, die mich kennen und mit mir leben und arbeiten müssen. Das ist mein größter Wunsch: so wie du zu sein. Bitte erfüll deinem Diener diese Bitte, denn ich bin ganz sicher, dass sie deinem ausdrücklichen Willen für mein Leben entspricht! (1. Johannes 5,14 und 15).

9. Februar 1980

Gott hat mir gezeigt, dass ich es WIRKLICH NICHT SCHAFFEN KANN!!!

Er lässt es mich einfach nicht schaffen. Seine Ehre wird größer, wenn der Heilige Geist die ganze Arbeit macht. Wie damals an Pfingsten! Die einzige „Arbeit", die ich tun muss, ist „geduldig zu sein und zu glauben". Nur indem ich ihm vertraue und bei ihm zur Ruhe komme, kann ich überhaupt etwas tun. Es ist meine einzige Chance, Frieden oder Freude zu erlangen oder Christus ähnlich zu werden.

Habe eine alte Schulkameradin getroffen und nicht einmal versucht, ihr von Jesus zu erzählen. Ich nehme an, ich bin „offiziell lauwarm" und muss zu meiner ersten Liebe zurückkehren! Wie blöd.

11. Februar 1980

O Herr, mein Gott, still meinen Durst nach Liebe zu dir! Gott, ich brauche dich gerade jetzt. Sei mein Bruder und mein Freund.

1. März 1980, immer noch in L.A.

Mir sind Gottes Geduld, Liebe und Gnade ganz neu bewusst geworden. Wie sehr er mich doch liebt! Das ist eine so unglaubliche Offenbarung für mich, dass ich vor Freude singen könnte. Das Album läuft fantastisch.

Gestern Abend kam Bob Dylan rüber zu Buck und jeder spielte sein Album. Die Gemeinschaft war so gigantisch. Bob spielt vielleicht Mundharmonika auf meinem Album. Ich muss aufpassen, dass ich alles aus den richtigen Motiven heraus tue.

3. Juni 1980

So lange her!

Meine letzten mageren Einträge sind schon eine ganze Weile her. Eine Erweckung im Februar '79 hat mein ganzes Leben durch einige radikale, dauerhafte Veränderungen beeinflusst. Im März '79 waren wir in Tulsa, um die ganze Welt zu verändern (haben aber nur ein paar Menschen verändert – na gut!). Gelobt sei der Gott meiner Seele!

Dann kam das schwierigste Jahr meines Lebens. Die „Dunkelheit Gottes" senkte sich über mich und die Qualen des Gesetzes und mein eigenes Wesen rangen miteinander. Was war das für ein Kampf! Vor einigen Monaten wurde es etwas leichter, als Gott mich langsam, aber sicher auf einen Weg der Reife führte. Nachdem er mir bewiesen hatte, dass es so etwas wie Rundum-Sofort-Heiligkeit nicht gibt (schließlich wird keiner über Nacht geistlich oder körperlich reif). Es ist eher ein langsamer, geregelter Kampf – nicht wie eine Blitzdiät, wo man sein gesamtes Übergewicht auf einmal zu verlieren sucht, sondern jede Woche ein Pfund.

8. Juni 1980

Hallo. Dieses Buch war sieben Wochen lang verschwunden. Mel hat es gerade wieder gefunden.

Die letzten beiden Monate waren sehr gut. Das Album ist fertig geworden und auch schon in den Läden. Seit etwa zwei Wochen bin ich jede Nacht auf, um am nächsten Rundbrief zu arbeiten. Dem schwierigsten bisher. Mein Herz hat seit langem mal wieder eine richtig gute Phase.

Die Kinder sind so wunderbar. Ich verdiene das alles gar nicht.

Haben viel Zeit mit Leonard und Martha Ravenhill verbracht. Sie sind einfach wundervolle Heilige!

21. September 1980, Sonntag

Ich muss weitermachen

Heute hat Leonard Ravenhill in der Kirche gepredigt. Er hat mein Blut zum Kochen gebracht und meine Seele angefeuert, sodass mir meine Sünden bewusst wurden. Gott hat mir geholfen, mein Übergewicht zu verlieren, sowohl in körperlicher als auch in geistlicher Hinsicht. Ganz langsam. Aber seit etwa sechs Wochen trete ich förmlich auf der Stelle.

Heute hat Gott mir gezeigt, dass er mein Leben vor kurzem neu erleuchtet hat, dass ich noch mehr Gnade erfahren und trotzdem nicht versucht habe, einige meiner Fehler und Angewohnheiten loszuwerden, die vorher unüberwindbar erschienen. Er schien zu sagen, dass ich in eine ganz neue Ebene der Kraft und Reife eingetreten sei. Und dass ich mit dieser Hilfe von oben anfangen könne, mit neuer Kraft, mit gestärktem Glauben und mit Erfolg disziplinierter zu sein, während ich vorher zu sehr in meiner Fleischlichkeit gefangen gewesen sei. Ich habe in den vergangenen sechs Monaten eine gewisse Befreiung erfahren und bin befähigt worden, meinen Leib und meine menschliche Natur zu überwinden.

Das ist eine gute Nachricht. Ein Ruf zu den Waffen sozusagen. Ich weiß, dass der Kampf schrecklich grauenvoll sein wird, aber ich weiß auch, dass er es ist, der mich ruft.

Ich habe auch versucht, Menschen für den Dienst zu begeistern. Rekrutierung – aber Gott hat versprochen, dass er uns nicht verlassen wird. Danke, Jesus!

10. November 1980

Lieber Gott,

ich versage schon wieder. Ich bin damit beschäftigt, nichts zu tun! Ich arbeite nicht an meiner Beziehung zu dir, zu Melody oder zu meinen Kindern. Meine Räder drehen ziemlich durch.

Der Rundbrief hat keine Priorität. Er wird nicht fertig. Die Wintertournee ist nicht fertig. Eine Menge geschäftiger Zeitverschwendung ist alles, was ich fertig bringe – Computer, Bürozeug, die Landwirtschaft, Rinder, Pferde. Ich verliere den Boden unter den Füßen.

Bitte, Gott, hilf mir, die Zeit wieder wettzumachen!

Es tut mir so Leid. Sag mir, was mit mir nicht stimmt. Was kann ich tun? Bitte hilf mir mit all dem! Dein schwarzes Schaf, das so gerne weiß sein möchte – Keith.

29. März 1981

Ich bin wirklich verblüfft. Mein Glaubensleben tritt auf der Stelle – obwohl ich ein paar Zentimeter an Boden gewinne, schlage ich mich immer noch mit fast allen alten Problemen herum. Ich bin mein Schicksal als Mitarbeiter im Reich Gottes und so weiter leid ... dabei habe ich das Gefühl, dass Gott mich wirklich gebrauchen könnte, aber im Moment bin ich nun mal völlig nutzlos.

Ich will nicht mehr bei den Menschen beliebt sein, sondern bei Gott.

Bitte gib mich nicht auf, Herr, gib mich nicht auf! Hilf mir bei meinen Bemühungen, Heiliger Geist. Ich liebe dich.

2. April 1981, 3:26 Uhr, während ich in meinem alten Flohmarktsessel sitze

Der letzte Eintrag steht auf anderem Blatt, weil das Buch nicht da war und ich fast zehn Monate nichts hineingeschrieben habe. Wenn ich das jetzt durchlese und auch das gelbe Tagebuch aus der Zeit „nach der Erweckung", das heute Abend nach mehr als einem Jahr wieder aufgetaucht ist, dann bin ich nicht nur angewidert, sondern regelrecht erschüttert, wie wenig ich mich in zwei Jahren verändert habe, wie wenig ich gewachsen bin.

Was für eine Heulerei! So ein Gejammere! Ich bin für Gott ein hoffnungsloser Fall und schäme mich furchtbar.

Ich finde mich zur Zeit so erbärmlich, dass ich nur sagen kann: Mit Gottes Hilfe werde ich mich ändern. Das kann so nicht weitergehen! Ich weigere mich! Gott hat mir die Wahl gelassen und er hat mich befähigt. Dann also los!

3. April 1981, 3:52 Uhr

Wenn ich meine früheren Aufzeichnungen durchgehe, sehe ich, dass ich einen entscheidenden philosophischen Fehler gemacht habe.

1. Ich habe den Wunsch, Gutes zu tun, damit verwechselt, Gutes zu tun, oder zumindest damit, dass Gott mich für gut befindet.
2. Ich habe den Hass auf die Sünde und den Wunsch, sie aufzugeben, sowie die schlechten Angewohnheiten, die Heuchelei usw. damit verwechselt, sie auch tatsächlich aufzugeben! Ich habe mir selbst eingeredet, dass gute Absichten eine natürliche Erneuerung hervorbringen würden. Dass Erweckung, Erneuerung und Sieg über die Sünde in greifbarer Nähe sind, wenn ich nur ein reines Herz mit reinen Wünschen habe.

Jetzt erkenne ich, dass ich, obwohl Vorsätze alleine noch keine dauerhafte Veränderung mit sich bringen, mit seiner Gnade und Hilfe beschließen kann, mich zu ändern. Und dann muss ich dranbleiben, immer nur dranbleiben – und niemanden außer mich selbst für mein Versagen verantwortlich machen.

Ich bin selbst an meinen Sorgen, meinem Leiden und meinem Frust schuld.

Ich kann einfach nicht glauben, dass ich geistlich so blind gewesen bin.

Das ist total krank.

21. Mai 1981

Mein Leben mit Gott ist im Moment ganz komisch. Total aufregend innen drin und an der Oberfläche passiert nichts. Äußerlich spüre ich keine tollen geistlichen Gefühle. In meinem Innern weiß ich aber, dass wir auf dem richtigen Weg sind.

28. Mai 1981

Meine Beziehung zu Gott war heute und gestern Abend ganz innig. Ich spüre, dass ich bald einen neuen Auftrag von Gott bekommen werde, und ich glaube, ich bin schon ganz aufgeregt und auch bereit. Ich danke dir, mein Herr. Ich freue mich auch auf das neue Baby, das unterwegs ist.

12. Juni 1981

Gott hat mir in der letzten Woche viel klar gemacht und ich bin dafür sehr dankbar. Mein biblisches Lebensmotto lautet: „Ich bezwinge meinen Leib und zähme ihn, damit ich nicht anderen predige und selbst verwerflich werde" – Paulus.

Ich bin Jesus und Paulus so dankbar!

19. Juni 1981

[Keith hat ein sehr diszipliniertes Leben geführt – ist früh aufgestanden, hat Sport getrieben – und fühlt sich richtig gut dabei.]

Habe gerade die meisten meiner Bücher in den Regalen in meinem neuen Büro verstaut.

Die Begeisterung für die Sache mit der Selbstdisziplin lässt nach, aber es ist mir egal, weil die langfristigen Ergebnisse den Kampf wert sind. Wie Catherine Booth einmal gesagt hat: „Es ist mir gleichgültig, wenn es mir nie gelingen sollte, ein heiliges Leben zu führen. Ich werde trotzdem weiter daran glauben und es predigen!" Natürlich wollte sie es von ganzem Herzen leben und bis zu einem gewissen Grad ist es ihr sicher gelungen.

Hier sitze ich nun also, sechs Jahre nach meiner Entscheidung für Christus, und habe immer noch Probleme mit dem Beten und Bibellesen, aber ich glaube, wenn ich meinen Körper bezwinge, werde ich auch in der Lage sein, meinen unsteten Geist und meine eigenwillige Zunge in den Griff zu bekommen.

26. Juni 1981, im neuen Büro

Mensch, Gott hat in unseren Herzen eine Menge getan! Unglaubliche Veränderungen haben stattgefunden.

Gott hat uns dazu bewegt zu evangelisieren. Es ist erstaunlich. Die Freiheit und der Friede in meinem Herzen überraschen mich einfach. Ich wusste, dass Gott mir gesagt hatte, dies sei eine Übergangszeit, aber ich hätte nie gedacht, dass ich einmal direkte Evangelisation betreiben würde. Ich bin völlig geschockt!

Gott hat mir gezeigt, dass ich ein evangelistisches Album machen soll. Ich war schon seit Jahren nicht mehr so begeistert von einem Projekt und ich brauche dringend die Weisheit und den Geist Gottes. Bitte, heiliger Herr, offenbare mir das Geheimnis, wie man Seelen gewinnt. Ich möchte es in Musik ausdrücken.

Dean Sherman hat den gestrigen Nachmittag mit mir verbracht und mich richtig ermutigt, meine musikalische Begabung zu gebrauchen, ohne mich zu verstecken. Ich glaube wirklich, dass Gott mir gerade genau das sagen will.

Oh, ich habe auch jede Menge Zweifel. Wie wendet man sich von einer früheren Botschaft oder Berufung ab? Wenn du sicher bist, dass du deine Pflicht erledigt hast!

O Herr, ich möchte so gerne an vorderster Linie kämpfen! Ich möchte miterleben, wie die Verlorenen gefunden werden!

3. Juli 1981

Der Geburtstermin ist in neun Tagen.

Wir freuen uns auf das neue Baby. Wir fahren noch im Juli nach L.A., wenn es jetzt bald kommt. Außerdem haben wir vor, im August zu Art Katz nach Minnesota zu fahren, wenn der Bus repariert ist.

7. Juli 1981

Der Rundbrief geht nur sieben Wochen nach dem letzten raus!!! Was für ein Sieg! Er ist allerdings ein bisschen zu bunt geworden.

Ich habe das Gefühl, dass alles, was Gott über die Evangelisation und meine Plattenaufnahmen gesagt hat, noch immer nicht bestätigt ist, aber ich glaube, dass es das Wort des Herrn für mich ist. Bitte zeig mir den Weg, Jesus, und gründe meine Füße fest auf dich!

13. Juli 1981

Gestern war der errechnete Geburtstermin. Es gibt aber noch keine Anzeichen, wann das Baby kommt. Melody ist gerade beim Arzt und es kann buchstäblich jede Minute losgehen. Ich war deswegen in der letzten Zeit fürchterlich nervös und angespannt. Ich bin so aufgeregt!

[Rebekah wurde vier Tage später geboren.]

4. August 1981

Die Kinder sind ein wahrer Segen für mich. Bethany wird eine richtige Schönheit und Rebekah ist einfach süß. Josiah ist wirklich ein Licht in unserem Leben.

Jesus, ich bin so dankbar für die gesunden Kinder, die du uns geschenkt hast. Sie hätten nicht so hübsch sein müssen, aber du hast sie so gemacht. Danke!

15. September 1981

Die Kinder sind wunderbar. Josiah geht zur Schule. Bethany ist sehr hübsch geworden, und sie und ich fangen gerade an, eine tiefere Beziehung aufzubauen. Rebekah ist das ruhigste und fröhlichste Baby, das wir bisher hatten - ganz zu schweigen davon, wie anbetungswürdig sie ist! Ich bin so dankbar!

Ich habe endlich meinen „neuen" Flügel bekommen, den aus Fayetteville, Arkansas, einen zweieinhalb Meter langen von Yamaha.

Letzten Monat hatte ich das Bedürfnis, Pastor Bob Wilhite in Fayetteville anzurufen. Ich dachte darüber nach und wartete zwei Tage lang, aber er betete und willigte dann ein, mir das Klavier aus seiner Kirche zu geben, wenn ich ihnen dafür einen nagelneuen großen Yamaha-Flügel gäbe. Ich danke dir, Jesus!

7. November 1981, Samstag

Ich habe für die Tourneen und die Plattenaufnahmen gebetet und extrem lange gezögert, etwas zu unternehmen. Bis vor zwei Tagen hatte ich dieses Zögern für menschliche Angst gehalten, aber am Donnerstag hat Gott mir gezeigt, dass es die Furcht vor ihm war, die mich abwarten ließ. Jetzt weiß ich, dass ich loslegen und fürs Frühjahr eine Ostküsten-Tournee buchen kann, gleich nach diesem Rundbrief.

Wir bauen einen schönen großen Raum an unser Haus an. Danke – Jesus und die Organisation haben letzten Mittwoch den Durchbruch in Sachen Caféteria/Mehrzweckgebäude geschafft, und zwar „Mehrzweck“ im wahrsten Sinne des Wortes.

Die Kinder sind wunderbar, einfach zum Anbeißen. Ich kann gar nicht glauben, was für zauberhafte Geschöpfe Gott unserer Fürsorge und Verantwortung anvertraut hat.

Gott hat mir gezeigt, dass die ganze Sache mit der Landwirtschaft eine riesige Zeitverschwendung war und überhaupt nicht sein Wille, aber er hat nicht eingegriffen, damit ich meine ganzen Hirngespinste von selber loswerde. Nach und nach werden mir alle meine persönlichen Wunschträume entzogen, sodass ich zu so ziemlich allem bereit bin – und über das hinaus, was ich schon besitze, kaum noch Wünsche habe. Ich habe kein Bedürfnis nach größeren oder besseren Dingen für mich oder meine Arbeit, deshalb glaube ich, dass ich für die Sehnsucht nach dem Gewinnen von Seelen bereit bin. Bitte, Herr, pflanze das Verlangen und Anliegen in mein Herz, Menschen für dich zu gewinnen!

In geistlichen Dingen könnte es um einiges besser laufen, aber ich versuche zu verhindern, dass mein Schiff auf diesen stürmischen Meeren eines irdischen Christenlebens kentert. Ich versuche, mir die Höhen und Tiefen nicht so sehr zu Herzen zu nehmen, dass ich das Ziel aus dem Blick verliere und wie Petrus unter Wasser ende. Auf der anderen Seite will ich gegenüber den Anfechtungen auch nicht zu lässig oder gar blind sein.

2. Dezember 1981

Habe gerade angefangen, an einem deprimierenden Song zu arbeiten, der „Good Things Don't Seem to Last" heißt und für das Album für die Menschen gedacht ist, die Gott noch nicht kennen.

In meinem Leben und Glauben gibt es weiterhin Höhen und Tiefen. Ich fühle mich wirklich vom Leben über den Tisch gezogen.

Warum hat Adam sich von Gott entfernt? Warum bin ich eine so starke Persönlichkeit? Warum erwarte ich so viel vom Leben? Warum kann ich nicht einfach mit dem zufrieden sein, was Gott mir gegeben hat? Warum habe ich immer das Gefühl, dass es da noch etwas anderes gibt??? Ach, mein Herz tut weh, weil es seinen Schöpfer nicht gut genug kennt.

1982

17. Januar 1982

Ich, Keith Green, habe drei leibliche Kinder – Josiah David, Bethany Grace und Rebekah Joy – und eine (wenn auch nicht rechtlich gesehen) adoptierte Tochter: Dawn. Meine Frau Melody und ich lieben Jesus und dienen ihm, und wir müssen uns selbst annehmen und aufhören, verdammt zu sein. Ich weiß, dass ich noch lange nicht so bin, wie ich sein sollte, aber ich weiß auch, dass Gott mich liebt und sehr viel Geduld mit mir hatte. Ich bin die meiste Zeit total unglücklich, obwohl Gott mich mit so vielen Dingen ausgestattet und gesegnet hat – genau wie Salomo –, und jetzt weiß ich, dass es meine Aufgabe ist, das anzunehmen und es zu seiner Ehre zu gebrauchen.

Ich bin total „ausreligionisiert". Und ich bin diese ständigen Kämpfe so leid.

Mein Gewicht nimmt ständig zu. Mein Gebetsleben schwächelt wie immer ziemlich. Meine Wünsche sind immer noch hochfliegend. Es kommt mir alles wie ein endloses Karussell vor. Obwohl ich weiß, dass alles ein Ende hat – Tod und Gericht. Wenn ich jetzt vor Gericht stünde, würde ich in meinen Augen als Versager dastehen – hinter der Fassade eines großen Gottesmannes mit einer fantastischen christlichen Arbeit. Ja, in den Augen der Menschen habe ich Anerkennung gefunden, aber was ist mit Gottes Augen? Es sieht so aus, als ob er mich annimmt und liebt! Ich weiß, dass er von dem, was ich tue, genauso wenig beeindruckt ist wie von Salomos Taten. Aber ich glaube, dass ihm mein Herz gefällt. Und wenn ich nach der Motivation und Absicht meines Herzens beurteilt werden sollte, dann ist alles in Ordnung. Denn ein gutes Herz muss gute Früchte hervorbringen.

Herr, hilf mir, mich selbst so anzunehmen, wie ich bin! Oder hilf mir, mich zu ändern. Ich kann es nicht ertragen, so zu sein und mich zu hassen. Ich bin so furchtbar unglücklich und chaotisch!

<u>Was ist nur passiert?</u>

Mel und ich haben ungefähr 15 Lieder für das Anbetungsalbum fertig. Bill Maxwell kommt nächste Woche vorbei, um die endgültige Auswahl zu treffen.

Wir, unser Team, leihen uns 500 000 Dollar, damit wir die Caféteria/das Anbetungszentrum und die Landebahn fertig stellen, ein großes Flugzeug für die Glaubensevangelisationen kaufen und Wohnheime für die Schule und das Personal bauen können.

Wir hätten fast einen Spendenaufruf gestartet, aber mir war nicht wohl dabei, obwohl ich mich hatte beraten lassen und von allen Seiten das Okay bekommen hatte – außer von meinem Herzen und meinem Geist. Wir werden den Kredit einfach mit viel Gebet abbezahlen.

Die Studenten sind vor zwei Tagen angekommen. Wir sind von diesem neuen Zweig unserer Arbeit alle ganz begeistert. Wir haben gerade das vierte Jahr unseres Rundbriefes hinter uns.

20. Januar 1982

Gestern Abend habe ich zwei Stunden mit Dave Wilkerson zusammengesessen, und er hat mir erzählt, wie wichtig es ihm ist, dass ich meine „prophetische Berufung" und das Ziel einer weltweiten Erweckung nicht aus dem Blick verliere. Es war ein anregendes Gespräch und der Heilige Geist hat mich angerührt.

Herr Jesus, ich bin so dankbar für alles, was du versprochen und für uns getan hast. Ich bin es so leid, im Mittelpunkt des Interesses zu stehen. Ich möchte wirklich, dass alle Aufmerksamkeit auf dich gerichtet ist.

28. Januar 1982

Leonard Ravenhill hatte gestern Abend einen Schlaganfall. Er konnte drei Stunden lang nicht sprechen oder schreiben. Wir beten für ihn.

29. Januar 1982

Wir haben Len im Krankenhaus besucht. Das Sprechen fällt ihm schwer. Es bricht ihm das Herz, aber wenn er seine Sprachfähigkeit nicht vollkommen wiedererlangen sollte, sehe ich darin Gottes Hand, die ihn zurückhält, damit er schreibt und betet und nachdenkt, aber das ist natürlich Gottes Sache, nicht meine.

Winkie macht die Hälfte der Frühlingsevangelisationen mit uns, die andere Hälfte übernehme ich.

Heute Vormittag unterrichte ich in unserer Schule das Thema „Andacht“.

Gott ist so freundlich und geduldig mit mir, und es wird Zeit, dass ich mit seinem Ruf zum Dienst endlich ernst mache. Ich bin so nachlässig gewesen, so undiszipliniert und faul. Aber ich möchte doch unbedingt treu und wahrhaftig sein! Diesmal muss sich etwas ändern.

Gott hat mich gestern zurechtgewiesen, weil ich so geschäftig bin – mich auf den nächsten Rundbrief vorbereite, das nächste Album, die kommende Tournee usw. Er hat mir gezeigt, dass meine Vision viel zu klein ist und dass ich meinen Pioniergeist verloren habe. Ich habe mein Talent, mein Potenzial für Erweckung und für das Gewinnen von Seelen in der Erde vergraben. Statt ein Apostel zu sein, der neue Gebiete für Gottes Geist erschließt, damit Gott die Ehre zuteil wird, die ihm gebührt, bin ich Vorsitzender eines Unternehmens geworden.

Danke, dass du mich mit solcher Liebe und Freundlichkeit zurechtweist. Ich liebe dich. Abba und Jesus.

10. Februar 1982

Martin und ich hatten ein ziemlich langes Gespräch mit dem Vertreter von *Solna King Press* über die geplante Anschaffung eines *Color King*. So eine Druckmaschine würde uns mehr als 200 000 Dollar kosten, aber ich weiß, dass wir sie innerhalb eines Jahres brauchen werden, wenn wir wieder so wachsen wie beim letzten Mal, als wir Platten herausgebracht und Tourneen veranstaltet haben.

Dann habe ich ein Seminar über das Thema „Was ist gegen das Evangelium zu sagen?", Teil 1, für die Seelsorger der Konzert-Evangelisationstour gehalten. Ich habe mich seit über einem Jahr nicht so gesegnet gefühlt. Es tat so gut zu wissen, dass Gott da war und mir mit seinem Geist geholfen hat, nachdem ich ein ganzes Jahr sozusagen „in der Wüste" gewesen war.

Zu Hause hat Melody mir erzählt, dass Gott sie wirklich gebraucht hat, um ein Mädchen, das vergewaltigt worden war, von einer Abtreibung abzubringen, die für den nächsten Tag geplant war. Sie war genauso aus dem Häuschen, weil Gott sie gebraucht hatte, wie ich es wegen meines Seminars war. Wir gingen beide als sehr glückliche Christen schlafen!

Irgendwie habe ich das Gefühl, dass es Gott mehr gefallen würde, wenn ich gar nicht „meine Pflicht erfüllen" würde, sondern verrückt vor Liebe zu ihm wäre und ständig beten und von seinem Wort leben würde. Genau genommen weiß ich, dass es so ist, aber ich kann anscheinend meine „Stille Zeit" nicht „aufgeben". Ich habe Angst, dass mein schwaches Fleisch einen solchen Glaubensschritt nur ausnutzen und mich in ein sprachloses Monster verwandeln würde, das gar nicht mehr betet!

Bitte gib meinem fragenden Herzen in dieser Sache eine Antwort, Herr Jesus. Ich möchte wissen, was dir gefällt, und es dann tun!

11. Februar 1982

Ich beginne, den Druck zu spüren, weil ich für zwei Wochen wegfahre - schon in zwei Tagen. Ich muss zugeben, dass ich wegen dieses Albums ausgesprochen nervös bin. Das Studio verunsichert mich immer derartig!

Was die geistlichen Dinge betrifft, so läuft es in den letzten Monaten viel besser. Ich habe immer noch Probleme mit der ganzen „Andachtsfrage“, aber ich gebe meine festen „Pflichtzeiten“ nicht auf, bevor ich einen besseren Ersatz habe.

5. April 1982

Es ist eine ganze Weile her, dass ich etwas geschrieben habe. Ich habe zwei Evangelisationstouren, ein Album und anderthalb Rundbriefe gemacht. Ja, ich habe eine ganze Menge Dinge erledigt. Aber geistlich gesehen habe ich versagt, glaube ich. Ich habe zehn Pfund zugenommen, was ein sicheres Zeichen dafür ist, dass ich rückfällig werde, und von den so genannten „Kreuzzügen“ bin ich im Wesentlichen enttäuscht. Vor allem, weil ich das Gefühl habe, dass kein Segen darauf liegt. Das Schlimmste ist, dass die Zuhörer das noch nicht einmal zu merken scheinen. O Gott! Bitte nimm mich so richtig in die Mangel, damit ich meinen Hintern hochkriege. Ich bin vollkommen taub für deine Anliegen. Die Welt kann ich täuschen, aber meinem eigenen Gewissen kann ich nichts vormachen, was meinen blöden geistlichen Zustand angeht.

Es gibt nichts Widerwärtigeres, als eine 180-Grad-Wendung zu machen und dieselben Methoden anwenden zu müssen, die man jahrelang verachtet hat. Die alberne Aufforderung, „nach vorne zu kommen“, scheint das Einzige zu sein, was „die Schafe von den Zuhörern“ trennt. Das Treffen (am nächsten Tag) für diejenigen, die Fragen haben, ist ein totaler Reinfall. Wie es scheint, kommen die Leute einfach nicht. Und zwar, weil nicht genug Zeit ist (oder Segen), um die Sache übernatürlich zu regeln, also müssen wir es selbst tun. Vielleicht gehe ich zu hart mit mir selbst ins Gericht, aber so empfinde ich nun mal. Ich komme mir wie ein völliger Idiot und Versager vor!

6. April 1982

Es ist nicht zu glauben, wie ich alt ich mich fühle. Es gibt hier unglaublich viel Wachstum und Aufbau, aber es bewegt mich irgendwie gar nicht. Ich weiß, dass nur eine Sache mich wirklich begeistert, und das ist, nahe bei Jesus zu sein. Es stimmt, dass ich ihm schon mal näher war, und ich war auch schon deutlich weiter weg. Aber ich weiß, dass er mich liebt und ich ihm wichtig bin. Und dass er uns wirklich zu seiner Ehre gebrauchen will.

Melody und ich wollen gerne im nächsten Jahr mit einer Radiosendung anfangen. Es wird entweder eine wöchentliche Sendung oder eine tägliche, was mir persönlich lieber wäre. Sie soll Musik, Interviews und Beiträge zu bestimmten Themen enthalten.

12. April 1982

In Mobile, Alabama, gab es eine totale Katastrophe, obwohl sie ein gutes Ende nahm, weil Gott die Sache rausgerissen hat. Ich kann alles darauf zurückführen, dass ich mich von ihm nicht genug habe zerbrechen lassen. Es gab eine ordentliche Menge Leute, und die Vorbereitung stimmte, aber mein Herz war von all den Monaten in L.A., in denen ich kaum Gottes Nähe gesucht hatte, noch ganz verkrustet. Ich kann nur sagen, dass mein Herz nicht mehr nur für Gott schlug. An diesem Abend habe ich auf der Bühne gefühlt, dass Jesus mich verlassen hat, weil mir Heiligung und wahre Hingabe fehlten. Seit dem letzten Auftritt in der ORU vor drei Jahren habe ich mich auf der Bühne nicht mehr so schrecklich gefühlt. Schließlich flehte ich dort oben Gott an, während mein Mund irgendwelche unlogischen Dinge von sich gab, und bat ihn um Segen und Hilfe - und bekam sie auch.

Menschen vertrauten ihr Leben Jesus an, und ich weiß, dass ich etwas tun muss, damit ich die Sache nicht noch einmal vermassle.

Am nächsten Tag flogen wir nach Nashville. Ungefähr eine Stunde vor dem Konzert fuhr ich in mein Hotel zurück und heulte mir vor Gott die Seele aus dem Leib.

Eine Sache, um die ich Gott in dieser Zeit des Gebets bat, war sein Herz. Das war alles, was ich von ihm brauchte. Das Einzige. Ich sagte ihm, ER könne alles andere haben, ich würde ihm alles unterstellen, wenn er mir nur sein Herz schenkte. Jedenfalls war das Konzert an diesem Abend eines der besten, die ich je gegeben habe. Das Wort

Gottes kam so leicht über meine Lippen wie nie zuvor. Ich betete Gott an, und es war egal, dass dort überhaupt Leute waren – ich wollte nur Gott beeindrucken und seinen Segen haben, und das war ALLES!

Am Tag darauf hatten wir unser letztes „Treffen am nächsten Tag". Der Grund, warum es das letzte war, liegt darin, dass kaum jemand zu irgendwas anderem als den Konzerten kommt. Also müssen wir wohl das „Treffen nach dem Konzert" groß aufziehen.

Herr Jesus, bitte hilf mir, jede Stunde meines restlichen Lebens an deiner Seite zu bleiben. Das ist meine einzige Bitte! Denn wenn ich an deiner Seite bleibe, brauch ich überhaupt nichts anderes!!!

13. April 1982

Meine Kinder bereiten mir unendlich viel Freude, denn ich verbringe in letzter Zeit viel mehr Zeit mit ihnen als gewöhnlich.

14. April 1982

Morgen ist die Houston-Evangelisation, aber ich bin noch nicht bereit dafür. Ich bin das ewige Kämpfen so leid – manchmal möchte ich einfach aufgeben, aber ich werde es nicht tun! Bitte, Jesus, lass mich nicht abrutschen!!!

So viel dazu. Ich hoffe nur, dass Gott mich vor einem weiteren Konzert ohne seinen Segen bewahrt. Ich sterbe, wenn ich noch einmal ohne Gottes Liebe und Gegenwart vor ein Publikum treten muss.

19. April 1982

Tja, dieses Wochenende lief unglaublich gut. Mit John Dawson zu reisen, zu beten und zu arbeiten war eine der lohnenswertesten und schönsten Erfahrungen, die ich je machen durfte – vor allem das Beten!!! Ich hoffe und bete nur, dass Gott mir eines Tages beibringt, wie man mit einer solchen Inbrunst betet. Ich weiß, dass man es nur durch viel Zeit und Gebet lernt und indem man die Regeln der Fürbitte praktiziert. Herr, du siehst, dass mein Herz auf Grund dieser Erfahrung Freudensprünge macht. Bitte führe mich auf diesem Weg – ich erkenne deine Handschrift, wenn ich sie sehe!

Am Donnerstag haben wir uns auf den Weg nach Houston gemacht und mir war ein bisschen schlecht. Wir schliefen ein wenig und dann kam John. Nach einer Weile beteten John und ich für das

Konzert und er schloss mit ein paar Prophezeiungen für mich. Sie waren schön, ermutigend und trugen Früchte, die bewiesen, dass sie tatsächlich von Gott waren.

Wir flogen zum Schlafen hierher zurück und dann, am Freitagmorgen, nach Memphis. Das Konzert lief sehr glatt und wieder hatten John und ich vor dem Konzert eine unglaubliche Gebetszeit. Wir hatten mehr als 100 Suchende (in Houston waren es 200!) und das Treffen lief gut.

Am Samstag flogen wir nach St. Louis, und es tat wirklich gut, aus dem so genannten *Bible Belt*, dem frommen Gürtel der Südstaaten, rauszukommen. Das dortige Konzert war eines der Highlights meines ganzen Lebens! Ich weiß nicht, warum, aber ich kriege immer einen mächtigen Kick, wenn ich solche Menschenmengen sehe – und an dem Abend waren es etwa 9 500 Menschen, im Vergleich zu den 3 400 am Abend zuvor in Memphis. Ich weiß nur, dass ich die Botschaft und die Musik an dem Abend so gut hinbekam wie schon seit Jahren nicht mehr. 650 Menschen meldeten sich anschließend, und es dauerte bestimmt fünf Minuten, bis sie alle aus dem Saal waren. Von allen Konzerten sind die Menschen bei diesem am meisten berührt worden. Ich glaube, es gab ein paar echte Bekehrungen.

Der Flug nach Hause dauerte drei Stunden und wir kamen auf unserer eigenen Landebahn an. Ich bin eine Weile im Cockpit mitgeflogen und wünsche mir jetzt noch mehr, fliegen zu lernen. Jesus, bitte lass mich auch nicht eine Flugstunde nehmen, es sei denn, du willst, dass ich es lerne. Mir ist klar, dass meine sündige Natur dem Pilotenjob nicht gerade zuträglich ist und dass der Teufel mich töten würde, wenn er könnte, aber auf der anderen Seite: Wenn du es willst, tue ich es. Ich bin sicher, dass beides gut für mich sein könnte. Ich möchte jedenfalls nur das tun, was Gott will!

Bitte hilf uns, Herr, das zu sein und zu tun, was du von uns erwartest. Ich wünsche mir von ganzem Herzen, dass du die Kontrolle über mein Leben hast. Und ich preise dich und danke dir für das vergangene Wochenende und für die wunderbare, wachsende Freundschaft mit John Dawson. Ruhm, Ehre und Herrlichkeit gebühren dir allein!

Ich habe gespielt und gewonnen, und dann hatte ich ein schlechtes Gewissen, weil ich den Sieg (wie üblich) so genossen habe.

21. April 1982

Gestern habe ich den Vormittag mit den Kindern verbracht.

3. Mai 1982

Also, das letzte Wochenende war wirklich etwas Besonderes. 27 000 Leute kamen zu den drei Konzerten. Ungefähr 600 kamen zu den Treffen für Leute mit Fragen und die Spenden fielen deutlich großzügiger aus als nötig ...

Am Mittwoch haben wir uns gegen 18:00 Uhr auf den Weg nach Indianapolis gemacht. Es dauerte nur $3^1/_2$ Stunden von unserem Rollfeld aus. Was für ein Segen!

Am nächsten Abend waren 12 000 Zuhörer beim Konzert, und es war das größte Konzert, das ich je veranstaltet habe. Das anschließende Treffen war etwas merkwürdig, weil wir uns direkt in der Halle hinter einem Vorhang zusammensetzen mussten, aber unter den gegebenen Umständen lief alles denkbar gut.

Am Freitag flogen wir nach Peoria. Gott zeigte Sinn für Humor, indem er uns in das nobelste Hotel verfrachtet hat, das ich jemals gesehen habe! (Das in der Nacht davor war grauenvoll gewesen.) Wir hatten an diesem Abend ein tolles Konzert und von den 7 000 Plätzen in der Halle waren 6 000 besetzt. Das Treffen nach dem Konzert war auch sehr gut, aber es war einer von diesen seltsamen Abenden, an denen jemand versucht, die Veranstaltung zu stören. Ein Mädchen sagte, sie wolle „ein Wort von Gott" sagen, aber sie war ganz offensichtlich gestört, und ich musste sie zwei Mal von der Bühne entfernen lassen! Wie peinlich und unschön – aber es funktionierte alles ganz reibungslos. Die meisten Leute haben es noch nicht einmal mitbekommen.

Ich habe mir das neue Album, „Songs For The Shepherd", angehört und habe ohne Ende geweint, als ich hörte, wie Gott darauf gewirkt hat. Von den Liedern ging ein gewaltiger Segen aus und ich selbst wurde durch sie bereichert wie von keinem anderen meiner Alben. Bill Maxwell hatte Recht, als er sagte, dass Gott in der Anbetungsmusik etwas Mächtiges bewirken kann. Er hat gesagt, dass die Welt und die Wirtschaft und alle diese Dinge die Menschen zu sehr bedrücken und dass Anbetung genau der Trost ist, den sie brauchen – nicht eine Menge frommer Rockmusik. Ich bin einfach erstaunt, wie Gott mich mitten in meiner Arbeit am Rockalbum „Who Cares" gestoppt und mich bewegt hat, eins mit Anbetungsliedern zu machen. Danke, mein kostbarer Retter! Gott ist einfach wunderbar!

5. Mai 1982, Mittwoch

Ich versuche wirklich, „meinen Körper zu bezwingen", damit ich bereit bin, wenn Gott kommt, um mich zu sich zu holen. Ich habe nie zuvor so fest an die Wiederkunft geglaubt, aber auf der anderen Seite ist es mir noch nie so schwer gefallen, fest daran zu glauben, dass es schon bald geschehen könnte. Es ist schwer zu erklären, aber ich sehe so viele Dinge, die noch auf der Erde getan werden müssen, bevor Jesus wiederkommt, und ich bete, dass ich dabei eine kleine Rolle spielen darf ... (oder vielleicht sogar eine GROSSE!)

Buck und ich haben Rakett gespielt und er hat mir ein paar Tipps gegeben. Er ist wirklich ein toller Bruder, und es ist ein Segen für mich, dass er und seine Familie hier leben.

9. Mai 1982, Sonntag

Ich bin heute Morgen gegen halb zehn aufgestanden und habe beschlossen, der Kirche einen Besuch abzustatten, also bin ich hingegangen. Mel kam mit und es war wie immer total langweilig. Ich verstehe einfach nicht, wie die Leute jede Woche dahin gehen können! Ich will das Ganze ja nicht schlecht machen, aber ich finde es irgendwie nicht richtig. Der Gottesdienst sollte doch die aufregendste Zeit der Woche sein und für Glaubende der spannendste Ort auf der Welt!

11. Mai 1982, Dienstag

Gestern habe ich mich gefragt, was für einen Artikel ich für den nächsten Rundbrief schreiben soll, und plötzlich wurde mir bewusst: Gott möchte, dass ich den „Propheten"-Artikel schreibe, also beschloss ich, zu Len zu gehen und zu hören, was er von der Sache hielte. Ich erzählte David Ravenhill davon, und er ging nach Hause und erzählte es Len, und fünf Minuten, bevor ich bei Len auftauchte, hatte der gerade gebetet und Gott gebeten, mich genau zu diesem Artikel zu bewegen. Als ich bei ihm ankam, um mit ihm darüber zu sprechen, betete er immer noch dafür, und das reichte mir als definitive Bestätigung, dass ich diesen Artikel verfassen soll.

Melody und ich sind immer noch verliebt. Wir haben so viel, für das wir dankbar sein können, und gestern Abend habe ich gesagt: „Das Einzige, was wir noch nicht haben und was wir brauchen, ist eine engere Beziehung zu Gott."

17. Mai 1982

Ich habe das Gefühl, dass ich endlich so weit bin, einen entscheidenden Wachstumsschritt mit Jesus zu machen. Ich glaube, ich werde in der Lage sein, diesen abgelegenen Ort, an dem ich nun seit sieben Jahren auf der Stelle trete, hinter mir zu lassen und in meinem persönlichen Wachstumsprozess wirklich voranzukommen – in meiner Einstellung, in der Zeit für meine Familie und in meinem Leben mit Jesus.

Es gibt viele Dinge, mit denen wir uns in der näheren Zukunft auseinander setzen müssen, und ich bitte dich, Jesus, dass du da mitten dabei sein wirst, mit Hilfe, Leitung, Schutz und Bewahrung vor Katastrophen und Problemen!

23. Juni 1982

Bin mit einem fragwürdigen Geschäftsmann essen gewesen. Er hat gesagt, sie wollten einer christlichen Arbeit in der Gegend helfen. Es war okay, aber ich war wohl nicht das, was sie erwartet hatten. Ich war ihnen wahrscheinlich zu forsch und „menschlich". Ich glaube, ich muss Gott ähnlicher werden, damit ich die Leute nicht mehr durcheinander bringe.

Erst mal möchte ich dir danken, Jesus, dass du mir geholfen hast, meinen Mund und meinen Magen zu beherrschen. Ich bitte dich, dass du mir hilfst, auf ein Gewicht von unter 80 Kilo zu kommen und das auch zu halten. Was wäre das für ein Segen!

Melody hat einen Song mit dem Titel „Open Your Eyes" geschrieben. Er ist sehr schön und kann für das *Who Cares*-Projekt verwendet werden. Vor ein paar Tagen haben wir auch ein Lied zusammen geschrieben: „Jesus Commands Us to Go!" Das finde ich ziemlich spannend.

Melody ist eine wahre Inspiration und ich bin Jesus für meine Frau sehr dankbar.

8. Juli 1982

Die Computer sind fast zehn Tage lang ausgefallen, aber ich war sowieso eine Woche davon in L.A. Die Tage dort waren etwas ganz Besonderes, vor allem wegen der Zeit, die wir mit verschiedenen Leuten wie z. B. Loren Cunningham und Ralph Winter verbrachten. Wir haben auch eine ganze Reihe Freunde getroffen.

Das Festival in Devonshire Downs am Samstag lief ganz ordentlich, obwohl der Besuch eher mager war. Aber der Abendgottesdienst mit Loren und mir war sehr gut. Viele Menschen haben auf unsere zweigleisige „Missions"-Botschaft reagiert. Es war eine sehr harmonische Zusammenarbeit. Danach hatten wir noch ein seelsorgerliches Gespräch mit einem Typen, den ich aus alten „Bla Bla"-Zeiten kannte und der einen schweren Motorradunfall gehabt hat.

Am Sonntag fuhren wir zu der Ferienwohnung am Strand, die wir für eine Woche gemietet hatten. Mel, Dawn und ich sind abends in den neuen *Star Trek*-Film gegangen und ich fand ihn ausgesprochen unterhaltsam und anregend. Genau genommen hat mich das Thema des Films – „Die Belange vieler sind wichtiger als die Belange weniger" – richtig erwischt, und es kam mir bei meinem Benefizkonzert für das „Jugend mit einer Mission"-Schiff am Montag sehr gelegen.

Das Treffen mit Loren und seiner Frau Darlene dauerte bis nach Mitternacht. Es war eine wertvolle Begegnung. Sie haben uns von ihrer Vision und ihrer Arbeit erzählt und wir haben unsere Herzensanliegen weitergegeben. Ich habe schon lange keinen so aufregenden Abend mehr erlebt.

Am nächsten Morgen standen sie auf, hatten Gemeinschaft, beteten und zogen ihrer Wege. Ich habe am späten Nachmittag mit den Kindern unten am Strand gespielt.

Am Freitag war Ralph Winter zu einem Gespräch über Missionierung da. Später am Abend kamen dann meine Leute und übernachteten bei uns.

11. Juli 1982

Heute gehe ich mit den Kindern am See von „Jugend mit einer Mission" schwimmen. Sie brauchen einen schönen Tag mit ihrem Papa. Ich danke dir für diese wunderbaren Kinder, Jesus. Ich bin *so* reich!

22. Juli 1982

Wir waren im Camp von „Jugend mit einer Mission“ in Colorado und haben es sehr genossen. Meine Familie und ich haben etwa 120 Forellen gefangen. Wir hatten Zeit für uns als Familie, und ich kann guten Gewissens behaupten, dass ich mich erholt habe. Von Montag bis Freitagabend waren wir dort. Danach haben wir festgestellt, dass Melody schwanger ist! Danke, Vater, und ich bitte dich von Herzen, dass dieses Kind gesund ist!!

Am Montag tat Melodys Rücken so weh, dass ich nur mit Josiah zur Christlichen Buchmesse nach Dallas flog. Ich habe jede Menge Leute getroffen, die ich eine Ewigkeit nicht gesehen hatte, unter anderem die Talbot-Brüder.

Im nächsten Monat haben eine Reihe Leute ihren Besuch bei uns angekündigt. John Smalley und seine ganze Familie aus den frühen *Vineyard*-Tagen kommen nächste Woche. Und zwischendurch muss ich den nächsten Rundbrief schreiben, in dem es um das Thema „Mission“ geht, und unsere Arbeit finanziell und geistlich am Laufen halten. Ich brauche deine Hilfe, Vater. Eigentlich brauche ich mehr Weisheit, als man in meinem Alter hat, und Fähigkeiten, die nur von deinem Thron kommen können.

Na ja, alles in allem läuft es ausgesprochen gut. Gott passt wirklich in jeder Hinsicht gut auf uns auf. Menschen kommen und schließen sich uns an, die Finanzen sind stabil und unserer Familie geht es sehr gut. Wir haben so viel Segen von Jesus bekommen und sind dafür sehr dankbar. Bitte hilf uns in den kommenden Wochen, unsere Prioritäten richtig zu setzen. Es ist wichtig, dass wir ständig mit dir in Kontakt bleiben.

Heute habe ich an meinem Missionsartikel gearbeitet. Bitte hilf mir, die Zeit wieder aufzuholen!

[Am 28. Juli 1982 kamen John und DeDe Smalley an. Sie hatten ihren sechs Kindern einen Flug versprochen. Keith nahm Josiah und Bethany mit und 20 Sekunden nach dem Start stürzte das Flugzeug ab und explodierte beim Aufprall. Alle an Bord sind seit diesem Tag bei Jesus, auch der Pilot Don Burmeister.]

Anmerkungen zu den Konzert-Impulsen

Wenn Sie nur seine Musik kennen, aber nie die Gelegenheit hatten, Keith bei einem seiner Konzerte zu erleben, kennen Sie nur den halben Menschen. Dann haben Sie nur die Hälfte dessen gehört, was ihm am Herzen lag. Als Keith anfing, christliche Konzerte zu geben, machte er es sich zur Gewohnheit, zwischen den Songs packende Denkanstöße weiterzugeben. Ich nehme an, man könnte es auch „predigen“ nennen – und ich habe selten gehört, dass jemand mit einer solchen Kraft gepredigt hätte! Keiths Worte waren immer leidenschaftlich und direkt und kamen aus tiefstem Herzen. Die wichtigste Motivation hinter seinen Konzerten war, dass Jesus der Platz eingeräumt würde, der ihm gebührt, und dass Menschen gerettet würden.

Keith forderte in seinen Konzerten immer wieder Christen heraus, ihren Lebensstil anhand dessen, was sie auf ihre Fahnen schrieben, kritisch zu hinterfragen, und für alle, die noch nicht an Jesus glaubten, war die Botschaft des Evangeliums enthalten. Keith war während seiner Konzerte eindringlich, ernsthaft und konzentriert und doch überraschte er viele mit seinem wunderbaren Sinn für Humor. Er erfand und inszenierte lustige und oft provozierende Gleichnisse aus unserer Zeit. Dabei spielte er jede Rolle mit verstellter Stimme und sprang auf der Bühne herum, nur um einen Gedanken rüberzubringen. Keith plante einen lockeren Konzertablauf und war immer offen für das, was der Heilige Geist für die speziellen Bedürfnisse der dortigen Menschen im Sinn hatte. Am Ende jedes Konzerts gab Keith seinen Zuhörern die Gelegenheit, auf Gottes Einladung zu antworten. Das war ein ganz anderer Keith als der Junge, der einfach nur auf der Bühne stehen und sein Publikum unterhalten und in seinen Bann ziehen wollte.

Keith war Liederdichter, Musiker und Schauspieler in einem. Im Alter von elf Jahren war er das jüngste Mitglied der Amerikanischen Gesellschaft für Komponisten, Autoren und Verleger (ASCAP). Im selben Jahr bekam Keith den ersten Plattenvertrag, der zur Veröffentlichung seiner ersten Single mit dem Titel „Cheese And Crackers" führte. Auftritte bei Konzerten, im Fernsehen und auf der Theaterbühne waren in Keiths Kindheit ganz normal. Als er ein Teenager war, bekam Keith zunehmend das Gefühl, dass seine Musik eine größere Bedeutung hatte. Er wollte Menschen helfen, indem er sie mit seinen Botschaften inspirierte. Als er im Alter von 21 Jahren Jesus kennen lernte, ergab plötzlich alles einen Sinn. Auch seine Botschaft veränderte sich. Jetzt kannte Keith seine Berufung. Gott wollte seine Musik tatsächlich für ein höheres Ziel gebrauchen – indem es das Leben von Menschen veränderte.

Keith selbst nannte sich Musikpastor und nie Künstler. Bei seinen Konzerten trug er oft ein T-Shirt mit dem Aufdruck: „Jesus ist der einzige Star", um sein Anliegen zu vermitteln. Trotzdem bekam Keith manchmal die Anerkennung, von der er wusste, dass sie eigentlich Gott gehörte, und das machte ihm sehr zu schaffen. Es gibt Leute, die halten einen für „besser" oder „geistlicher", als man in Wirklichkeit ist, nur weil man auf der Bühne steht. Aber Keith wusste, dass er nur durch Gottes Gnade ein Werkzeug sein durfte. Keith war gegen jede Form von christlichem Personenkult, den er überall erlebte. Diese Einstellung machte es ihm (und anderen Predigern) schwer, einfach sonntags in die Kirche zu gehen, um sich von Gott beschenken zu lassen, wie die anderen Gläubigen es taten. In den Augen mancher Leute konnte er nie einfach nur ein „normaler" Christ sein, weil sie ihn auf einen Sockel stellten. Er wollte keinen Ruhm – er wollte, dass man den rühmte, der in ihm wirkte. Keith war sehr dankbar für Gottes Gunst, und er freute sich, dass die Menschen zu seinen Konzerten kamen, um seine Musik zu hören. Aber vor allem wollte er, dass sie von Jesus hörten.

Und das taten sie.

Keith sang und predigte in Gefängnissen, in Kasernen, in Parks und Kirchen, am Strand und in einigen der größten Sportstadien

Amerikas. Tausende und Abertausende fanden zum Glauben, unterstellten ihr Leben zum zweiten Mal Gott, wurden missionarisch aktiv oder beschlossen, ihre Begabungen in den Dienst für Gott zu stellen. Es ist einfach wunderbar, dass Keiths Musik und Texte auch heute noch Menschen verändern. Obwohl Keith regelmäßig Tagebuch führte, gibt es nur wenige Konzerte, bei denen er sich die Mühe machte, sie aufnehmen zu lassen. Aber viele Zuhörer schnitten sie mit und schickten mir später die Tonbänder. Wir haben einige der besten Konzert-Impulse aus diesen Mitschnitten ausgesucht, um Sie daran teilhaben zu lassen.

Heute sind die Worte von Keith noch genauso relevant, wie sie es damals waren - und sie können ein Segen, eine Inspiration und eine Herausforderung für jemanden sein, der seine Beziehung zu Jesus intensivieren möchte. Ich bin sicher, Keith wäre erstaunt, wie Gott die wenigen Jahre seines Dienstes weiterhin gebraucht und bis in dieses neue Millennium und in die Herzen einer neuen Generation hinein vervielfältigt.

Sieben Jahre, nachdem Keith ihm begegnet war, ging er zu Jesus, und Gott sprach durch Johannes 12, Vers 24 zu mir - durch die Bibelstelle, in der es um das Weizenkorn geht, das sterben muss, um Frucht zu tragen. Ich verstand dies so, dass Gott das, was er Keith ins Herz gepflanzt hatte, nehmen und wie Samen über das ganze Land ausstreuen und in die Herzen vieler Menschen säen würde. Ich bitte Gott, dass diese Konzert-Impulse Sie dazu bewegen, aufzustehen und Gott anzuflehen: um Gnade und geistliches Wachstum in Ihrem eigenen Leben und für die Verlorenen, Armen und Leidenden.

Vielleicht ist es an der Zeit, dass Sie Ihre Stimme erheben.

Melody Green

Die Konzert-Impulse

1 Was Jesus über sich selbst gesagt hat

„Ich bin der Weg, denn ich bin die Wahrheit und das Leben. Einen anderen Weg zum Vater gibt es nicht.“

Johannes 14,6

Als ich auf der Suche nach Gott war, habe ich Buddhisten gefragt, was sie von Jesus Christus hielten, und sie behaupteten, er sei ein Buddha gewesen. Ich fragte die Krishnas, und sie erzählten mir, Jesus sei die Inkarnation Gottes für seine Zeit. Die Maharishi sagten, wir könnten alle die gleiche spirituelle Ebene erreichen wie Jesus. Yogananda behauptete, er habe „Christus-Bewusstsein“. Sogar Rabbis sagten mir, Jesus sei ein guter Mensch gewesen, der einfach irgendwann vom Weg abgekommen sei. *Keiner* sagte irgendetwas Schlechtes über Jesus. Nicht einer hielt ihn für einen Idioten oder Lügner - er war einfach nur ein netter Lehrer oder einer von vielen Wegen, die zu Gott führten.

Schließlich nahm ich mir vor, in der Bibel zu lesen und herauszufinden, was Jesus über sich selbst gesagt hatte. Ich merkte schnell, dass es gefährlich ist, in der Bibel nach der Wahrheit zu suchen. Lesen Sie auf keinen Fall die Bibel, wenn Sie nicht bereit sind, auf die Wahrheit, die Sie dort finden werden, zu reagieren!

Als ich bei Johannes 14 angelangt war, las ich etwas, das mir Angst machte. In diesem Kapitel wird Jesus mit den Worten zitiert: „Ich bin der Weg.“ Alle anderen hatten gesagt, Jesus sei *einer* von mehreren Wegen. Ich las weiter, wie Jesus sagte: „Ich bin die Wahrheit.“ Mein Verstand reagierte sofort, und ich dachte: *Nein, Jesus, du meinst doch eigentlich, dass du die Wahrheit* kennst, *oder?*

Dann sagte Jesus: „Ich bin das Leben.“ *Okay*, dachte ich, *das kann ich gelten lassen*. Aber dann las ich, wie der Vers weiterging: „Einen anderen Weg zum Vater gibt es nicht.“ *Ähm, Jesus,* dachte ich, *warum bist du in diesem Punkt so engstirnig? Ich meine, all die anderen Jungs – Buddha, Mohammed –, sie erkennen dich doch auch an. Warum sagst du dann, dass niemand zu Gott kommt außer durch dich? Ist das so eine Art Egotrip?* Ich war echt sauer auf Jesus, weil er so intolerant war.

Dann blätterte ich zurück zu Johannes 10, wo ich noch etwas gelesen hatte, das ich nicht verstand. Dort wird berichtet, wie Jesus sagte, dass wir nur hineinkommen, wenn wir durch „die Tür“ eintreten. Nur Diebe und Räuber würden versuchen, auf anderem Wege einzusteigen. Die Jünger begriffen nicht, was Jesus damit sagen wollte, also musste er es ihnen erklären. Er sagte: „*Ich* bin die Tür für die Schafe. Wer durch mich hineingeht, wird gerettet. Er wird ein- und ausgehen und Weideland finden.“

Nicht übel. Jesus ist die *Tür*. Und Jesus ist der *Weg*, die *Wahrheit* und das *Leben*. Ich verstand es wohl, konnte es aber nicht ganz akzeptieren ... noch nicht. Zwei Jahre lang betete ich noch: „Jesus, wenn du wirklich der einzige Weg bist, dann musst du mir das zeigen.“ Ich war ziemlich angetan von der Idee eines „Guru“, deshalb betete ich: „Jesus, wenn du wirklich *der* Guru bist, dann beweise es mir. Komm in mein Herz.“

Das Ergebnis dieses Gebets war, dass allmählich etwas in meinem Leben passierte. Jesus Christus bewies, wer er war. Meine alten Freunde fingen an zu sagen: „Keith hat's erwischt. Er ist durchgeknallt.“ Zuerst machten diese Kommentare mir etwas aus, aber dann wurde mir klar, dass die Freunde von Jesus auch dachten, er wäre durchgedreht. Seine Mutter und seine Brüder kamen sogar, um ihn nach Hause zu holen.

Wenn Sie nicht Ihren Stolz hinunterschlucken, Ihr Herz öffnen und sagen: „Okay, wenn du da bist, komm bitte in mein Leben“, dann wird nichts und niemand Ihnen beweisen können, wer Jesus ist. Das muss er schon selbst tun. Und ich rede nicht davon, in die Kirche zu gehen – was ich meine, ist, dass Sie ihn in sich hineinlassen und Sie gleichzeitig ein Teil von ihm werden, sodass Sie selbst eine wandelnde, lebendige Kirche sind.

2 Heuchelei

„Hört auf zu lügen und euch zu verstellen, andere zu beneiden oder schlecht über sie zu reden.“

1. Petrus 2,1

Wenn ich unterwegs bin, um Konzerte zu geben, erlebe ich die christlichen Gemeinden Amerikas von einer Seite, die die meisten Leute nie zu Gesicht bekommen. Wenn man ein Baptistenpastor ist, bewegt man sich in Baptistenkreisen. Als Pastor der *Assembly of God* reist man durch deren Gemeinden. Ich dagegen bin überall zu Hause. Ich habe in Gemeinden aller Konfessionen gespielt, die man sich nur denken kann, und dabei habe ich entdeckt, was die Welt am Christentum am meisten hasst: die Christen.

Es wäre ja in Ordnung, wenn sie uns aus den richtigen Gründen hassen würden – wenn sie uns wegen unserer Liebe und Freude oder unserer guten Taten hassen würden. Aber das Problem ist, dass sie uns für unsere Heuchelei hassen, während wir glauben, Nichtchristen nähmen uns unsere guten Werke übel. Wir geben unsere Heuchelei nicht gerne zu. Wir geben nicht gerne zu, dass die Welt genug hat von unseren „Praise the Lord!“-Rufen. Sie sind es leid, Fischaufkleber auf Autos zu sehen, ohne dass seine Insassen irgendwelche christusähnlichen Eigenschaften erkennen lassen. Sie haben unsere T-Shirt-Philosophie und Ringe und Ketten und unsere Verlogenheit satt. Sie haben Hunger und Durst nach Wahrheit. Sie wollen Christen sehen, die Christen sind, denn sonst sind wir für sie nur eine Möglichkeit unter vielen.

Mir ist es lieber, mein Nachbar weiß, dass ich Christ bin, weil ich mich entsprechend verhalte, als dass vier Millionen Leute, die mich gar nicht kennen, meine Platten kaufen. Wenn ich zu Hause kein Christ bin, dann sollte ich mich hüten, wenn ich es auf einer Tournee zu sein versuche!

Ich habe gesehen, dass es in jeder Stadt ein paar Überbleibsel echter, leidenschaftlicher Christen gibt – und eine Menge Leute, die nur die Kirchenbänke warm halten. Wenn Gott wollte, dass die Bänke warm sind, hätte er Wärmflaschen drauf gesetzt. Die würden ungefähr genauso viel mitkriegen und genauso schnell abkühlen – und sie sind aus Plastik.

Wenn Sie einer von denen sind, die die Bank anwärmen, heißt das nicht, dass Sie verdammt sind. Es heißt, dass Sie andere verdammen. Ich behaupte nicht, dass Sie dann in die Hölle kommen. Ich behaupte, dass Sie den Schlaf der Gerechten schlafen, während andere im ewigen Feuer versinken.

Nichtchristen erwarten von uns, dass wir ihnen Gottes Liebe zeigen. Aber heute gebraucht die Kirche das Wort „Liebe“ als eine Art unsichtbare, vergeistigte Legende. Wahre Liebe ist kein Märchen. Ich habe sie oft erlebt, wenn auch nicht oft genug. Stattdessen erlebe ich in den Kirchen öfter eine unechte Liebe, die sich hinter Phrasen wie „Na, geht's gut?“ oder „Schön, dich zu sehen“ versteckt. Aber in Wirklichkeit klang die Unterhaltung auf dem Weg zur Kirche eher folgendermaßen: „Ich hoffe, die Predigt dauert nicht so lange, ich will nachher noch das Fußballspiel sehen“ oder: „Diesen orangefarbenen Lippenstift, den du immer trägst, konnte ich noch nie leiden“ oder: „Sitz still, halt den Mund und hör auf, deinen Bruder an den Haaren zu ziehen“ oder: „Beeil dich, sonst kommst du zu spät zum Kindergottesdienst.“ Und dann gehen sie mit einem Halleluja auf den Lippen durch die Kirchentür.

Leute, wir befinden uns echt in einem traurigen Zustand. Die Welt hat es satt und Gott hat es satt. Nach Aussage von Offenbarung 3, Vers 16 wird ihm von uns ganz übel.

Was ich sagen will, ist Folgendes: Wir täten gut daran, kochend heiße Christen zu werden. Da könnten wir von Paulus etwas lernen. Egal, wo er hinging, am Ende gab es immer entweder eine Erweckung oder einen Aufstand. Wann haben Sie das letzte Mal einen Aufstand ausgelöst, weil Sie von Jesus erzählt haben? Sie sagen vielleicht: „Ich fühle mich nicht berufen, Aufstände zu entfachen.“

Okay. Also: Wann haben Sie das letzte Mal durch Ihr Zeugnis eine Erweckung ausgelöst?

3 Bibelverse, die man nicht auf Glückwunschkarten findet

„Als sie das hörten, sagten viele, die sich Jesus angeschlossen hatten: ‚Was er da redet, geht zu weit!
So etwas kann man nicht mit anhören!'"

Johannes 6,60

Sind Ihnen schon mal die Bibelverse aufgefallen, über die kein Pastor oder Prediger sprechen will? Wir kennen alle die beliebten Verse wie Johannes 3, Vers 16 oder: „Sei ohne Angst, du kleine Herde! Euer Vater ist entschlossen, euch seine neue Welt zu schenken!" Solche Bibelverse kommen ständig in Predigten vor. Aber wenn man nur solche Texte zitiert, verfällt man leicht in ein bequemes Sofa-Christentum. Was ist denn mit den Versen, über die Sie nie eine Predigt zu hören kriegen? Die Dinger, bei denen einem die Haare zu Berge stehen wie: „Denn viele sind berufen, aber nur wenige von ihnen sind erwählt" oder: „Wer aber bis zum Ende standhaft bleibt, wird gerettet." Bei dem ersten sagt man: „Ich weiß ja, dass ich erwählt bin, also brauche ich mir keine Sorgen zu machen." Oder im zweiten Fall kommen dann Kommentare wie: „Um zu verstehen, was Jesus wirklich meint, muss man Gottes Vorsehung verstehen."

Aber lassen Sie es sich gesagt sein: Jesus kommt wieder und dann werden einige Christen sich ganz schön umgucken. In der Bibel heißt es, dass dieser Tag „wie ein Dieb in der Nacht" kommen wird. Aber anschließend heißt es auch, wir sollen wach, aufmerksam und wachsam sein.

Viele Christen – ich manchmal auch – laufen mit einer Verteidigungshaltung rum, die auszudrücken scheint: „Hey, ich bin gerettet und weiß es auch. Ich warte auf die Entrückung und werde dann bei Jesus sein und ihr Ungläubigen bleibt alle hier." Unser Glaube dreht sich total um uns selbst und um das, was wir davon haben. Wir sind wie 80 Kilo schwere Babys, die mit einer riesigen Flasche im Kinderbett liegen. Wir werden immer fetter, aber geistlich gesehen werden wir eigentlich immer magerer, nur dass wir es nicht merken. Wir haben überhaupt keine Substanz.

Aber wenn wir wirklich wissen wollen, was Gott von unserem geistlichen Tiefgang hält, sollten wir uns anhören, was Jakobus dazu zu sagen hat: In Gottes Augen ist es echte Religion, wenn man Witwen und Waisen in ihrem Elend besucht und wenn man sich vom Dreck der Welt nicht beschmutzen lässt. Aber dann kommt jemand und sagt: „Keith, ich glaube, der Dienst an Witwen und Waisen ist nicht mein Weg. Ich bin überzeugt, Gott will, dass ich mit den Leuten in Beverly Hills arbeite. Und Hawaii ist mir wirklich aufs Herz gelegt."

Wirklich?! Manchmal staune ich über unsere Generation von Christen. Ich frage mich, ob wir nicht die selbstsüchtigste „Ich, ich, ich"-Generation sind, die jemals auf dieser Erde gelebt hat.

Und wenn ich so überlege, wie die Antwort lauten könnte, läuft es mir kalt über den Rücken.

4 Vergleich dich mit Jesus!

„Ich wage allerdings nicht, mich mit denen in eine Reihe zu stellen, die sich selbst anpreisen. Ich kann mich selbstverständlich nicht mit ihnen messen. Sie sind so unverständig, dass sie ihre eigenen Maßstäbe aufrichten und sich an sich selbst messen."

2. Korinther 10,12

Als ich Christ wurde, war es für mich ein Leichtes, ganz entspannt vor einem Publikum aufzutreten. Schließlich hatte ich seit Jahren in Cafés, Kneipen und Hörsälen gespielt. Die Orte waren jetzt einfach nur andere. Ich konnte in einer Kirche spielen und die Leute dort genauso in Stimmung bringen wie sonst auch. Ich weiß, wie man auftritt. Ich weiß, wie man die Zuhörer mitzieht. Aber nach einer Weile setzte ich mir das Ziel, die Menschen zur Veränderung zu bewegen. Doch bevor sich ein Leben ändert, muss der Betroffene erst einmal die Notwendigkeit dazu erkennen. Bevor man sich vom Zahnarzt einen Zahn füllen lässt, muss man zugeben, dass der Zahn ein Loch hat. Die Zahnschmerzen wird man nicht los, indem man in der Gegend rumläuft und erzählt: „Ach, das ist nichts, nur geschwollene Drüsen. Das wird schon wieder."

Bevor man ein Licht anmacht, muss man zugeben, dass es dunkel ist. Bevor man Feuer und Flamme für Jesus werden kann, muss man sich eingestehen, dass man lauwarm ist. Bevor Gott Ihren Willen knacken kann, müssen Sie zugeben, dass Sie eine harte Nuss sind.

Das Problem ist, dass wir uns meist mit anderen Christen vergleichen. Es ist nicht schwierig, einen anderen Christen zu finden, der genauso lauwarm ist, wie wir es sind. Das ist so, als ob ein Ableger in ein Feld mit Bonsaibäumen gepflanzt wird. Er ist zwar winzig, aber er sieht sich die anderen Bäume an und sagt sich: „Hey, ich muss wachsen, damit ich größer werde als die anderen." In dem Moment rast ein Holzfäller-Truck vorbei und der Babybaum japst: „Ist *das* ein Baum?"

Wenn wir uns mit anderen Christen vergleichen, unterliegen wir einer gigantischen Täuschung. Wir werden immer jemanden finden, der schlechter ist als wir – und wir werden auch immer einen finden, der besser ist. Aber wenn wir uns mit Jesus vergleichen, hören wir nie auf zu wachsen. Jesus ist unser ultimatives Vorbild!

5 Die Armen lieben, wie Gott es tut

„Nur eines haben sie uns nahe gelegt:
Wir sollten nicht vergessen, die Bedürftigen zu unterstützen,
und darum habe ich mich nach Kräften bemüht.“
Galater 2,10 (Neues Leben)

Jeder dritte Mensch auf dieser Erde hat den ganzen Tag nur etwa eine halbe Tasse Reis oder weniger gegessen, wenn er abends ins Bett geht. Das sind 1,3 Milliarden Menschen!

In Amerika gehen wir mit vollem Magen ins Bett und vielleicht noch einem kurzen: „Danke, Herr.“

Gegen einen vollen Magen ist nichts einzuwenden – aber *jeder* Mensch auf diesem Planeten verdient es, jeden Tag genug zu essen zu haben. Unser Reichtum sollte uns zu größerem Verantwortungsbewusstsein anspornen, vor allem die Christen unter uns. Gott ruft uns auf, unseren Überfluss mit denen zu teilen, die nicht genug haben. Das ist nicht nur ein Vorschlag oder eine Bitte Gottes, sondern eine Aufforderung. Ein Befehl.

Zusätzlich zu unserem Überfluss an Nahrungsmitteln sind wir auch in geistlicher Hinsicht reich gesegnet. Wir haben die Freiheit, um das Evangelium denen weiterzusagen, die in geistlicher Armut leben. Aber was machen wir mit diesen unglaublichen geistlichen Möglichkeiten? Erzählen wir anderen bereitwillig von unserem Glauben – oder lassen wir jede Gelegenheit aus? Verwenden wir unsere Zeit und unser Geld für uns selbst, oder investieren wir sie in das Reich Gottes, indem wir anderen dadurch zum Segen werden? Geben wir uns selbst für unsere Interessen her oder investieren wir unser Leben in das Werk Christi?

Wenn ab morgen jeder Mensch nur einen anderen Menschen verändern würde, und davon dann wiederum jeder einen anderen am nächsten Tag, wäre innerhalb von acht Monaten jeder auf diesem Planeten verändert. Wenn Sie nur einen Menschen am Tag zu Jesus führen würden, und der dann hinginge und dasselbe täte, wäre die ganze Welt in acht Monaten gerettet. Das Traurige ist nur: Wenn man heute einen normalen Menschen zu Jesus führt und in eine normale Kirche steckt, ist das so, als würde man ein Kind zur Welt bringen und es in eine Kühltruhe werfen. Wir müssen etwas tun, um das zu ändern. Und so könnte das aussehen:

Wir können Jesus bitten, uns ein flammendes Herz zu geben. Keine vernichtenden Flammen, sondern Flammen im positiven Sinne. Ein warmes, reinigendes Feuer, das alles verbrennt, was nicht dahingehört. Wenn ein Goldschmied Gold ins Feuer legt, brennt es die Schlacke weg. So macht man 18-karätiges zu 24-karätigem Gold – man brennt die Unreinheiten weg. Zehnkarätiges Gold ist sogar sehr unrein. Es muss durch die Hitze gereinigt werden, um es wertvoller, kostbarer zu machen.

Wenn Sie ein Mensch sein wollen, den Gott gebrauchen kann und der für Gottes Werk wertvoll ist, dann lassen Sie ihn die Schlacke wegbrennen. Das geschieht, indem Sie ihm Ihr ganzes Leben unterstellen. Lassen Sie zur Abwechslung mal zu, dass er Sie gebraucht statt Sie ihn.

6 Der Tod klopft an jede Tür

„Wer keine Selbstbeherrschung hat, kommt um.
Seine bodenlose Dummheit bringt ihn ins Grab."
Sprichwörter 5,23

Woraus besteht Ihr Leben? Stehen Sie jeden Morgen auf, putzen sich die Zähne, gehen zur Arbeit, kommen nach Hause, gucken den Montagskrimi, gehen ins Bett und fangen am nächsten Morgen wieder von vorne an? Und das machen Sie so lange, bis Sie genug Geld haben, um Ihre Grabstelle zu kaufen, und dann sterben Sie? Wenn das der Fall ist, dann ist das kein Leben, sondern höchstens Existenz.

Neulich habe ich die Nachrichten gehört und der Nachrichtensprecher sagte: „Heute geht es um die hohen Kosten des Sterbens." Und ich dachte: *Genau. Sterben Sie vor Dienstag, dann bekommen Sie 20 Prozent Rabatt.* Es war ziemlich widerlich. Man sprach über den Tod, als wollte man Zahnpasta verkaufen. Wussten Sie schon, dass es einen Sarg aus reinem Aluminium gibt? Jetzt zum Schnäppchenpreis!

Ich versteh das nicht. Diese eine Sache haben wir alle gemeinsam: Wir müssen sterben. Aber wir behandeln unseren Tod entweder wie eine Chance zu einem guten Geschäftsabschluss oder verdrängen völlig, dass uns das auch mal zustoßen wird. Je näher ich Gott komme, desto mehr wundere ich mich darüber, dass Menschen sich so wenig Gedanken über die Ewigkeit machen. Ich fahre die Straße entlang und sehe, wie Leute ihr Leben abspulen, als wollten sie sagen: „Ich werde nicht sterben. Es gibt keinen Gott, oder wenn doch, dann ist es ihm egal, wie ich lebe." Also schieben sie den Gedanken an ihren drohenden Tod weit von sich und jagen Geld, Sex, großen Häusern oder einem besseren Job hinterher. Manche jagen der Natur oder sogar geistlichen Vorbildern hinterher. Aber das Einzige, was sie nicht suchen, ist Jesus. Es ist wirklich seltsam, diese Menschen zu beobachten. Als wären sie alle hypnotisiert. Ich war auch mal so, aber dann hat Gott mich aufgeschreckt.

Wenn ich so durch die Gegend fahre, merke ich, wie Leid mir diese hypnotisierten Menschen tun. Ich werde dann sehr traurig und bete: „Gott, zeige dich diesen Menschen. Öffne ihre Augen!“

Sie waren selbst mal einer von diesen Leuten und ich auch. Aber dann wachte ich aus der Trance, in der unsere Welt steckt, auf und wurde mir meiner eigenen Sterblichkeit bewusst. Mir wurde klar, dass ich eines Tages sterben werde. Auch Sie werden irgendwann sterben. Wenn Gott uns gnädigerweise aus dem Schlaf aufschreckt und uns erkennen lässt, wie begrenzt unsere Zeit auf der Erde ist, dann sehen wir die Dinge aus einem anderen Blickwinkel. Die Grabstelle auf dem Friedhof können wir vergessen. Der Montagskrimi verliert seinen Reiz. Unser Leben konzentriert sich dann auf die Ewigkeit mit Gott. Erst wenn wir bereit sind zu sterben, sind wir erst wirklich bereit, so zu leben, wie Gott es geplant hat.

7 Würden Sie es merken?

„Als wir euch die Gute Nachricht verkündeten,
geschah das nicht nur mit Worten, sondern auch mit Taten,
in denen sich die Macht Gottes zeigte,
mit dem Beistand des Heiligen Geistes und
mit voller Überzeugung."

1. Thessalonicher 1,5a

Wenn der Heilige Geist aus den Kirchen und Gemeinden in Ihrer Stadt verschwände, würden Sie überhaupt einen Unterschied bemerken? Woran würden Sie es erkennen? Gäbe es keine Veranstaltungen in den Kirchen mehr? Wäre der Gottesdienst plötzlich anders? Würde die Jugendgruppe etwas anders machen? Wie sieht es mit dem Single-Treff aus? Oder mit den christlichen Konzerten? Was wäre mit der Unterstützung für die Armen? Könnte ein wortgewandter Evangelist die Leute immer noch dazu bringen, nach vorne zu kommen, weil sie ihre Schuld loswerden wollen? Würde es einem geschickten Pastor weiterhin gelingen, viel Geld für die Kirchenfenster oder die Orgel oder den Gemeindebus zu sammeln? Könnte ein findiger Charismatiker noch in Zungen reden, wann immer er es möchte? Und wüsste ein fundamentalistischer Baptist noch genauso gut, was wo in der Bibel steht?

Es sieht ganz so aus, als bräuchten wir den Heiligen Geist in unseren Kirchen gar nicht mehr. Wir haben alles, was nötig ist, damit die Maschinerie wie geschmiert läuft. Aber werfen wir mal einen Blick auf unser persönliches Leben: Ich weiß nicht, wie es Ihnen geht, aber ich habe den Heiligen Geist noch nie so dringend gebraucht wie im Moment. Ich brauche ihn, um alle meine Bedürfnisse zu stillen, jede Stunde, jede Minute.

Gott wünscht sich eine echte, vom Heiligen Geist geleitete Erweckung in jeder Stadt und jeder Kirche – auch in Ihrer. Der Heilige Geist möchte in den Gemeinden so spürbar sein, dass sich alles ändern würde und jeder es merken könnte, wenn er plötzlich verschwände. Der Weg zu einer solchen Erweckung führt über Umkehr und Demut. Umkehr von unserer Heuchelei, und Demut, indem wir einsehen, dass wir ohne ihn nichts tun können.

Ohne eine solche Erweckung können wir unsere Städte, Länder und unseren ganzen Kontinent abschreiben. Das Gericht wird über dieses Land kommen. Es wird eine Zeit geben, in der Sie es mit Ihrem Leben bezahlen müssen, dass Sie Christ sind. Keiner will diese Tatsache hören. Niemand will glauben, dass unser Land sein moralisches Rückgrat verloren hat.

Inmitten dieses Verfalls, inmitten einer verdrehten Generation fordert Gott uns – mehr als je zuvor – auf, für Heiligung, Rechtschaffenheit und Glauben Partei zu ergreifen. Mehr als je zuvor fordert Gott uns auf, für unsere Familien, Städte, Länder, Kirchen, Pastoren und Ältesten zu beten.

Neigen Sie sich und lassen Sie Tränen der Reue aus Augen und Herz strömen. Treten Sie vor Gottes Thron und tun Sie Fürbitte! Schnappen Sie sich Gott, und flehen Sie ihn an, unserem Land eine Erweckung zu schenken – eine echte Erweckung, nicht eine, die menschlichen Vorstellungen entspricht.

Wenn wir beten, wird Gott uns hören. Aber *werden* wir beten?

8 Schuldspruch contra Verdammung

„Nähert euch Gott und er wird sich euch nähern."

Jakobus 4,8

Wir alle kennen die Bereiche in unserem Leben, die mal so richtig aufgeräumt werden müssten. Manche von uns müssen noch Dinge wieder gutmachen, die sie in der Zeit, bevor sie Christen wurden, verbockt haben. Manche auch in der Zeit, *nachdem* sie Christen wurden. Wenn wir unseren Weg mit Gott gehen wollen, müssen wir ein reines Gewissen in Bezug auf unsere Vergangenheit haben – und in Bezug auf unsere Gegenwart.

Haben Sie ein reines Gewissen? Haben Sie aus Ihrem Herzen eine Mördergrube gemacht?

Versuchen Sie mal Folgendes: Schließen Sie die Augen und denken Sie an das Wort „Bitterkeit". Betrachten Sie das Gesicht, das Ihnen dabei einfällt. Diesen Menschen haben Sie in Ihrem Herzen ermordet. Oder denken Sie mit geschlossenen Augen an ein anderes Wort: „Lust". Taucht da ein Gesicht vor Ihnen auf – jemand, mit dem Sie durch sexuelle Fantasien Ehebruch oder Unzucht begangen haben? Jesus hat gesagt, es sei genauso schlimm, sich der Fantasie hinzugeben, wie es tatsächlich zu tun.

Wir wissen, dass Gottes Kirche, die Braut Christi, makellos ist. Wir wissen, dass wir mit Jesus Christus im Himmel sitzen. Insofern sind wir schon rein. Aber wenn wir uns ansehen, was noch immer in unseren Herzen steckt, müssen wir zugeben, dass wir unrein sind. Ich, Keith Green, weiß, dass ich ein echter Schuft bin. Ich muss durch die Gnade, die ich von Jesus bekomme, mein Leben auf Vordermann bringen. Wenn ich das nicht tue, gebraucht Gott mich nicht. Außerdem werde ich nicht das reine Gewissen haben, durch das ich Gottes Frieden empfange.

Wir haben das Versprechen erhalten: „Nähert euch Gott und er wird sich euch nähern." In Gottes Nähe finden wir die Kraft zur Veränderung, die Gnade zum Leben und das Glück, das ein reines Gewissen schenkt. Verschwenden Sie keinen Tag mehr, und bringen

Sie die Dinge mit den Personen in Ordnung, an denen Sie schuldig geworden sind - und dazu gehört auch Gott.

Denken Sie daran, dass Gott uns zwar schuldig sprechen wird, aber Satan versucht, uns zu verdammen. Doch keine Angst - regeln Sie die Dinge, für die Gott Sie schuldig spricht, dann wird Satan nicht die Macht haben, Sie zu verdammen. Er kriegt nur in den Bereichen ein Bein auf die Erde, die nicht in Ordnung sind. Eine Verdammung gibt es nicht für Menschen, die zu Jesus gehören.

Gehen Sie nur auf Nummer sicher, dass Sie zu Jesus gehören.

9 Lobpreis und Anbetung öffnen den Himmel

„Alles, was atmet, soll den Herrn rühmen!
Preist den Herrn – Halleluja!“

Psalm 150,6

Die meisten meiner Lieder habe ich für Gott geschrieben. Aber einmal hat *er* mir ein Lied geschenkt, das für *mich* war. Ich hatte mich beschwert: „Herr, was ist los? Du hast mir schon lange keine neuen Songs mehr geschenkt.“ Da sagte er: „Keith, ich habe jede Menge Lieder für dich. Du hast dir einfach nicht die Zeit genommen, mit der richtigen Einstellung am Klavier zu sitzen und sie in Empfang zu nehmen.“ In diesem Moment kam Melody herein und gab mir einen Zettel, auf dem eine Nachricht von Gott stand: „Sitz still, und dann werde ich dir ein Lied geben.“

Melody wusste nicht, welche Tiefen ich gerade durchmachte, deshalb war sie sehr erstaunt, dass sie das, was Gott mir sagte, so genau bestätigt hatte. Also saß ich einfach da, und Gott schenkte mir ein Lied, das aus einem Song entstand, den Melody einige Tage zuvor begonnen hatte. Das Lied erklärt, warum Gott sich so sehr nach Gemeinschaft mit uns sehnt. Er weiß, dass wir nur dann wirklich glücklich sein können, wenn wir ihn anbeten. Manche Christen denken bei Anbetung an Heilige, die mit langen Gesichtern, weißen Gewändern und Trauergesängen herumlaufen. Anbetung aus Gottes Perspektive bedeutet aber vielmehr, dass wir ihn an die erste, zweite, dritte und letzte Stelle setzen. Dass wir uns selbst völlig beiseite lassen. Es bedeutet, dass wir wie nichts werden und ihm das Recht geben, in unserem Leben alles zu sein.

Es ist ein unglaubliches Gefühl, wenn ich bete und spüre, dass Gott mich ansieht und alles, was er sieht, *ihm* gehört. Er gibt es uns zurück, aber nur zur Verwaltung.

Und in dieser Verfassung schenkte Gott mir dieses Lied:

Wenn ich höre, wie der Lobpreis beginnt [3]

Mein Sohn, mein Sohn,
warum bemühst du dich?
Du kannst nichts hinzufügen
zu dem, was für dich getan wurde.
Ich habe es getan, als ich im Sterben lag.
Ruhe in deinem Glauben,
mein Frieden wird zu dir kommen.

Denn wenn ich höre, wie der Lobpreis beginnt,
will ich Glück auf dich niederregnen lassen,
das dein Herz erfüllt.
Ich sehe keinen Fleck an dir,
weil du mein Kind bist
und mich kennst.
Für mich bist du einfach heilig,
und nichts, was du getan hast, bleibt –
nur, was du für mich tust.

Mein Kind, mein Kind,
warum weinst du?
Du musst nicht ewig warten.
Der Tag und die Stunde liegen in meiner Hand,
der Tag, an dem ich dich in den Himmel holen werde.

Denn wenn ich höre, wie der Lobpreis beginnt,
mein Kind, will ich Glück auf dich niederregnen lassen,
das dein Herz erfüllt.
Ich sehe keinen Fleck an dir,
weil du mein Kind bist
und mich kennst.
Für mich bist du einfach heilig,
und nichts, was du getan hast, bleibt –
nur, was du für mich tust.

Meine kostbare Braut,
der Tag ist nahe,
an dem ich dich in meine Arme schließen und dich halten werde.
Ich weiß, es gibt so viele Dinge,
die auf dich einreden.
Aber halte dich einfach an das,
was ich dir gesagt habe.

Denn wenn ich höre, wie der Lobpreis beginnt,
meine Braut, will ich Glück auf dich niederregnen lassen,
das dein Herz erfüllt.
Ich sehe keinen Fleck an dir,
weil du mein Kind bist
und mich kennst.
Für mich bist du einfach heilig,
und nichts, was du getan hast, bleibt –
nur, was du für mich tust.

10 Seht, wie der Teufel rennt!

„... die alte Schlange, die auch Teufel oder Satan genannt wird und die ganze Welt verführt. Er wurde auf die Erde hinuntergestürzt mit allen seinen Engeln."

Offenbarung 12,9

Satans bester Trick besteht darin, die Menschen glauben zu lassen, er existiere nicht. Aber wenn wir dann aufwachen und feststellen, dass der Teufel doch existiert, ist die Versuchung groß, sich mehr auf den Teufel zu konzentrieren als auf Jesus. So „erwischt" Satan die Gläubigen - indem er erreicht, dass sich ihre Gedanken ständig um ihn drehen. Dabei müssen wir den Teufel nur Jesus aussetzen. Ein *„Praise the Lord*" in seine Richtung, und er ist weg.

Der Teufel ist eigentlich ein ziemlicher Feigling, wenn es um Jesus geht. Das Einzige, was Satan fürchtet, ist Jesus Christus. Und das Einzige, was er an einem Christen fürchtet, ist Jesus Christus *in* dem, der glaubt. Wenn Sie Jesus nicht in sich haben, hat der Teufel überhaupt keine Angst vor Ihnen. Und wenn Sie nicht an Satan glauben, hat er den Kampf um Ihr Herz gewonnen.

11 Weg mit dem geistlichen Ehrgeiz!

„Wenn ihr betet, dann tut es nicht wie die Scheinheiligen! Sie beten gern öffentlich in den Synagogen und an den Straßenecken, damit sie von allen gesehen werden. Ich versichere euch: Sie haben ihren Lohn schon kassiert.“

Matthäus 6,5

Ist Ihnen das schon mal passiert: Sie haben alle Bereiche Ihres Lebens fest im Griff. Alles läuft bestens. Sie lesen jeden Tag in der Bibel, Sie erleben gute Gemeinschaft mit anderen Christen und Ihr Gebetsleben ist so richtig toll. Und dann merken Sie, dass Sie scheinbar aus heiterem Himmel anfangen, geistlichen Ehrgeiz zu entwickeln. Wenn Sie vor anderen beten, kneifen Sie Ihre Augen ein bisschen fester zu. Sie peppen Ihr Gebet mit ein paar zusätzlichen „Gelobt sei der Herr“ oder „Hallelujas“ auf. Vielleicht wippen Sie auch ein bisschen auf den Zehenspitzen, während Sie beten. Die anderen sehen Sie und denken: *Mensch, der muss wirklich besonders tiefe geistliche Erfahrungen machen!*

Aber wir wissen alle, was in Wirklichkeit passiert, oder? Wir fangen an, religiös zu werden. Wir verlassen uns nicht länger auf das, was Christus für uns getan hat, sondern fangen an, aus eigener Kraft geistlich zu sein. Wir stoßen beim Beten den Extraseufzer aus oder haben in der Stimme das besonders geistliche Tremoloooo.

Wir müssen mit diesem geistlichen Ehrgeiz aufhören. Als ich mir so richtig „geistlich“ vorkam, zeigte Gott mir: „Keith, ich bin nur dann wirklich zufrieden mit dir, wenn ich dich *in Christus* sehe, nicht in deiner menschlichen Natur. Was ich von dir will, sind Lobgesänge des Herzens, nicht dein irdischer Ehrgeiz.“

Kümmern Sie sich nicht darum, ob die anderen Sie für besonders geistlich halten oder nicht. Lassen Sie stattdessen Ihr „Licht so vor den Menschen leuchten, dass sie den Vater im Himmel preisen“. Bei echter Spiritualität geht es nicht um uns und darum, was wir tun. Es geht um ihn und um das, was er für uns getan hat.

12 Gott wird uns bewässern

„Ich, der Herr, werde euch immer und überall führen, auch im dürren Land werde ich euch satt machen und euch meine Kraft geben. Ihr werdet wie ein Garten sein, der immer genug Wasser hat, und wie eine Quelle, die niemals versiegt."

Jesaja 58,11

Manchmal erscheint uns unser Weg mit Gott ziemlich trocken. Wir sehen uns um und fragen uns, was eigentlich der Sinn unseres Lebens ist. In solchen Zeiten sollten wir an unsere Zukunft mit Gott denken. Wir müssen uns daran erinnern, dass unser Ziel ein Ort ist, an dem es keine Zeit gibt außer der Ewigkeit. Wir werden bei Jesus sitzen und er wird alle unsere Fragen beantworten. Dann werden wir zum Mittagessen aufstehen und die frischesten Früchte vom Baum des Lebens futtern.

Leute, Gott ist so gut! Für uns ist diese gegenwärtige Welt die einzige Hölle, die wir jemals erleben werden. Für Ungläubige ist diese Erde der einzige Himmel, den sie je sehen werden, weil die Erde im Vergleich zur Hölle der Himmel ist und im Vergleich zum Himmel die Hölle. Aber wir brauchen nicht zu warten, bis wir tot sind, um den Geschmack des Himmels zu erleben. Wir haben den Heiligen Geist in uns, sozusagen als Anzahlung auf die Ewigkeit. Er gibt uns einen Vorgeschmack auf alles, was uns erwartet.

Wenn Sie sich ausgetrocknet fühlen, dann denken Sie daran, dass er jetzt unser lebendiges Wasser ist und es immer sein wird. Trinken Sie, so viel Sie wollen! Sprühen Sie Freude durch die Gegend! Dies ist unser Erbe.

13 Die Wahrheit ist kein Klischee

„Erstaunt und ratlos fragten sie einander, was das bedeuten solle. Andere machten sich darüber lustig und meinten: ‚Die Leute sind doch betrunken!'"

Apostelgeschichte 2,12–13

Bevor ich Christ wurde, habe ich mich immer aufgeregt, wenn ich jemanden „Praise the Lord" rufen hörte. Dann sagte ich voller Verachtung: „Was soll dieses ‚Praise the Lord'-Getue überhaupt? Warum sagen diese Christen immer wieder dasselbe?" Es ergab für mich einfach keinen Sinn. Ich fand, dass es wie ein Klischee klang.

Und es erinnerte mich an meinen Vater. Immer, wenn er nach Hause kam, sagte er zu meiner Mutter: „Ich liebe dich." Ich dachte: *Seit 30 Jahren sagt er immer dasselbe – jetzt reicht es aber!*

Doch eines Tages ging mir ein Licht auf: Er meint es wirklich so. Wenn mein Vater diesen Satz immer wieder zu meiner Mutter sagt, wirkt es auf mich vielleicht wie ein Klischee, aber den beiden bedeuten diese Worte eine Menge. Später als Christ stellte ich fest, dass die Worte „Praise the Lord" für jemanden, der Gott nicht kennt, nur ein Klischee *sind*. Aber wenn man eine Beziehung zu Gott hat, haben sie Gewicht. Die Worte sind bedeutungsschwer - wenn man sie ehrlich meint. Selbst wenn Sie einem anderen Menschen vier Millionen Mal sagen, dass Sie ihn lieben, ist es trotzdem kein Klischee, wenn Sie ihn wirklich lieben.

Das intensive Glück eines Christen ist etwas, das Nichtchristen einfach nicht verstehen können. Sie mögen Christen nicht, weil sie von einem Ohr zum anderen grinsen und voller Freude sind, während sie selbst in einer Welt unterwegs sind, die voller Verzweiflung ist.

Einmal gingen Matthew Ward und ich abends in einen Imbiss. Wir waren erfüllt von der Freude Gottes und machten keinen Hehl daraus. Vor allem Matthew - er hüpft buchstäblich durch die Gegend, wenn er sich über Gott freut. Die Dame hinter der Theke sagte: „Normalerweise habe ich hier vor halb acht keine zugedröhnten Kunden."

Matthew sah mich an und meinte: „Sie glaubt, wir hätten Drogen genommen!"

Ich grinste die Frau an und sagte: „Wir sind high vom Heiligen Geist!"

Da wurde sie ganz still und entgegnete nur: „Was wollt ihr denn essen, Jungs?"

Einige Zeit später war ich auf der Herrentoilette bei uns in der Gemeinde und lobte Gott. Doch, das geht in Ordnung: Sie können Gott auch im Badezimmer loben. Die Sprüche an der Klotür waren meine Predigt – Sie wissen schon, Johannes 3, Vers 16 und so. Es war wirklich witzig. Die Freude Gottes erwischt uns an den merkwürdigsten Orten. Auf jener Toilette schrieb ich einen Song, der die Freude ausdrückt, die jeder Christ von Gott bekommt.

Danke, Jesus[4]

Danke, Jesus,
für das, was du für mich tust.
Danke, Jesus,
ich will, dass die ganze Welt sieht,
dass du nicht nur ein Bild
an der Wand meines Zimmers bist.
Dass du schneller bist als der Blitz
und dass du bald wiederkommst.

Danke, Jesus,
für all das Gute, das du tust.
Danke, Jesus,
ich wünschte, sie könnten dich alle kennen.
Dass du nicht nur ein Buch bist,
das auf dem Regal verstaubt.
Und wenn sie es nicht lesen wollen,
kommst du wieder, um es ihnen selbst zu sagen.

Hey, ich verstehe nicht,
warum meine Mitmenschen
sich abwenden mussten
von all den guten Dingen, die du sagst.
Sie versuchen immer noch, einen besseren Weg zu finden,
aber du weißt, dass sie es nicht schaffen werden
(Es sei denn, sie erfinden einen, den müssen wir uns dann patentieren lassen).

Danke, Jesus,
für all das Gute, das du getan hast.
Danke, Jesus,
ich möchte dir jedenfalls sagen, Herr,
dass es unheimlich Spaß macht,
dich zu lieben.

Danke, Jesus,
für das Lächeln auf meinem Gesicht.
Danke, Jesus,
ich möchte es der ganzen Menschheit zurufen,
dass du nicht nur ein Gebäude an der Ecke
bist, wo wir uns treffen.
Sie können dich höchstpersönlich kennen lernen.
Es ist macht Spaß, dich zu kennen.

Danke, Jesus, ja, danke, Jesus.
Danke, Jesus, ich will nur sagen: Danke, Jesus!

Es ist mir egal, was sie sagen.
Sie werden dich ein Klischee nennen,
aber ich werde dich trotzdem lieben!

14 Geist und Wort sind beide nötig

„Der Buchstabe des Gesetzes führt zum Tod; der Geist aber führt zum Leben."

2. Korinther 3,6

Es ist schön, wenn das richtige Gleichgewicht zwischen dem Lehren des Wortes und dem Einsatz geistlicher Gaben herrscht. Manchmal essen Christen sich am Fleisch des Wortes satt – so wichtig das auch ist – und haben dabei doch nicht den Geist als Ausgleich. Was passiert dann? Menschen, die sich nur vom Wort ohne den Geist ernähren, bekommen geistliche Verstopfung. Ihnen fehlen die Ballaststoffe. Ohne den Geist können die Worte nicht in die Tat umgesetzt werden.

Auf der anderen Seite gibt es Christen, die so von ihren geistlichen Gaben besessen sind, dass sie nicht einmal in der Bibel lesen. Ihr Christsein erschöpft sich darin, dass sie in Zungen reden oder herumhüpfen und auf dem Boden herumrollen. Das will Gott auch nicht. Beide Extreme, das Wort ohne den Geist und der Geist ohne das Wort, leiden an einer schweren Mangelerscheinung. Das Ergebnis sind geistliche Gebrechen. Krankheit. Leiden und alles andere, das Kranksein mit sich bringt.

Aber es gibt auch Christen, die das richtige Gleichgewicht haben. Ihre Ernährung enthält große Portionen des Wortes, die von Gottes Heiligem Geist in ihrem Leben umgesetzt werden. Diese Menschen haben keine Mangelerscheinungen. Sie bleiben geistlich gesund und stark.

Wie sieht es in Ihrem Leben aus? Sind Sie ausgetrocknet, weil Ihnen das Wasser des Geistes fehlt? Oder sind Sie ausgehungert, weil Sie nicht im Fleisch des Wortes schlemmen? Finden Sie das richtige Gleichgewicht und bleiben Sie stark!

15 Gemeinsam sind wir stark!

„Brüder und Schwestern, im Namen von Jesus Christus,
unserem Herrn, rufe ich euch auf: Seid einig!
Bildet keine Gruppen, die sich gegenseitig bekämpfen!
Haltet in gleicher Gesinnung und Überzeugung zusammen!"
1. Korinther 1,10

Wenn Sie die Hauptstraße einer beliebigen amerikanischen Stadt entlangfahren, sehen Sie die unterschiedlichsten Kirchen und Gemeinden. In manchen Städten sehen Sie sogar ausgesprochen viele verschiedene Gemeinden, die sich alle zum Christentum bekennen. Können Sie sich vorstellen, welche geistliche Energie entfesselt werden würde, wenn sie sich einmal ernsthaft für Gott zusammentun würden?

Aber oft ist Einheit - und zwar die Sorte Einheit, die Gott sich wünscht - unmöglich, weil wir uns lieber um unsere Lehren bzw. unsere Unterschiede versammeln als um Jesus. Vielleicht sind wir uns in den Grundfragen einig: die Jungfrauengeburt, die Auferstehung, die Notwendigkeit, anderen von Jesus zu erzählen, die Wiederkunft Christi - aber jenseits dieser zentralen Dinge fangen wir an, uns mit Hilfe unserer Lieblingslehre von den anderen abzuspalten. Wir steigern uns darin hinein, ob Jesus vor der Trübsalzeit wiederkehrt oder danach. Oder ob es überhaupt eine Trübsalzeit geben wird. Ob Jesus schon vor dem Tausendjährigen Reich da ist oder erst danach und so weiter. Dann tauchen Fragen auf wie: „Kann ein Christ von einem Dämon besessen sein?", oder: „Kann man die Erlösung verlieren?", oder: „Sprichst du in Zungen?" und so weiter.

Welcher Christ hat noch nie mit anderen Gläubigen über diese Dinge diskutiert? Wir alle haben unsere Ansichten, aber zu oft versammeln wir uns, um unsere Ansichten über Jesus zu diskutieren, anstatt mit ihm selbst Gemeinschaft zu haben. Die Endzeit ist angebrochen und diese Spaltungen müssen aufhören! Wenn Sie merken, dass Sie sich über Lehrmeinungen entzweien, dann hören Sie auf zu diskutieren, und reden Sie stattdessen über Gottes Güte und die

Gnade, die er uns in Jesus Christus erwiesen hat. Vielleicht bleibt uns nicht mehr viel Zeit, bis er wiederkommt. Und selbst wenn es noch lange dauert, kommt er für jeden von uns am Ende unseres Lebens wieder.

Es geht nicht darum, Leute zum Glauben zu bringen, damit sie unsere Kirchen füllen. Was ist denn die Kirche – ist sie etwa das Gebäude, in dem wir uns versammeln? Nein. *Wir* sind die Kirche. Und wenn jemand wiedergeboren wurde, ist er auch Teil der Gemeinde Christi – egal, zu welcher Ortsgemeinde von Gläubigen er gehören will. Wenn unsere Kirche einstürzt, dann werden wir – *Praise the Lord* – uns in einem Park oder am Strand treffen. Es kann sogar sein, dass wir irgendwann im Gefängnis Gottesdienst feiern müssen, wenn es eine Christenverfolgung geben sollte.

Machen Sie heute Schluss mit der Trennung von Ihren Brüdern und Schwestern. Gott erkennt die Spaltung der Kirche nicht an. Für ihn gibt es nur *eine* Gemeinde Christi, nicht viele verschiedene. Denken Sie darüber nach! Wenn Sie mehrere Gemeinden Christi sehen, was sagt Ihnen das?

16 Verfolgung um des Glaubens willen

„Denkt an das, was ich euch gesagt habe:
Kein Diener ist größer als sein Herr.
Wie sie mich verfolgt haben, werden sie auch euch verfolgen.“
Johannes 15,20

Manchmal halten wir die Freiheit in unserem Land für selbstverständlich. Was wir offen sagen können, kann aber jemand in einem anderen Land den Kopf kosten, wenn dort Christen wegen ihres Glaubens zu Märtyrern werden. Wie oft denken wir an unsere Brüder und Schwestern, die auf der anderen Seite des Globus leiden? Wie oft denken wir daran, für sie zu beten oder Geld für die Organisationen zu spenden, die die verfolgte Kirche unterstützen?

In manchen Ländern müssen die Christen das Eis auf den Seen aufhacken, um neue Gläubige zu taufen. Mitten in einer kalten Winternacht, wenn niemand sie sieht, brechen sie auf und ziehen zum Fluss. Dort schlagen sie ein Loch in das Eis, um die wenigen unterzutauchen, die zusammengekommen sind, um sich in der Taufe mit Gott zu verbinden. Diese Menschen tauchen als Sünder unter und als gerettete Eiswürfel wieder auf.

Und raten Sie mal, für wen diese verfolgten Christen beten – sie beten für uns! Sie bitten Gott, seinen Geist über uns auszugießen und uns zu segnen. Und viele dieser Gebete kommen aus Gefängniszellen voller Baptisten, Katholiken, Anglikaner, Lutheraner, Presbyterianer, Methodisten und Pfingstler. Sie beten für uns, und sie versammeln sich in einer Einigkeit, die nur durch Verfolgung zu entstehen scheint.

Wenn einer dieser Christen in unser Land käme, wo man frei heraus das Evangelium predigen kann, würde er wahrscheinlich wegen Ruhestörung und Störung der öffentlichen Ordnung festgenommen. Diese Menschen tun wirklich alles für ihren Herrn und ich bewundere sie dafür. Sie sind Helden.

Es gibt eine Geschichte über einen amerikanischen Christen, der in einem dieser Länder mit dem Bus fuhr. Er fragte einen der Mitreisenden: „Wissen Sie eigentlich, dass Jesus Sie liebt?“ Der andere Mann antwortete: „Wissen Sie eigentlich, wie viel Ärger Ihnen das einbringen kann, wenn Sie so was sagen?“ Der Christ entgegnete mit einem Lächeln: „Wissen Sie, wie viel Ärger ich mir einhandle, wenn ich es *nicht* sage?“

In manchen Ländern glauben die Christen, dass die große Drangsal schon begonnen hat. Im letzten Jahrhundert haben mehr Gläubige ihr Leben verloren als in den 1 900 vorangegangenen Jahren zusammen. Diese Menschen starben, weil sie glaubten, was auch Sie glauben. Sie landen unter Umständen für Jahre im Gefängnis, nur weil sie eine Bibel besitzen – wenn sie sich denn eine kaufen können. Eine Bibel kostet in einigen Ländern – auf dem Schwarzmarkt natürlich – ein Monatsgehalt. Manche Christen lesen in Bibeln, die mit der Hand von dem Exemplar eines anderen abgeschrieben wurden. Manche Kirchen besitzen nur eine Bibel, die sie ihren Mitgliedern eine Stunde pro Woche ausleihen – nicht, um darin zu lesen, sondern um sie abzuschreiben.

Währenddessen versammeln wir im Westen uns um eine Pizza und machen Pläne für ein Fußballspiel oder eine Strandfete in der nächsten Woche. Und daran ist eigentlich auch gar nichts auszusetzen. Aber Gott erwartet, dass wir auch Seelen retten. Er will, dass wir ein Herz für den geschundenen Leib Christi in aller Welt haben. Was wir für unsere Geschwister tun, das tun wir für Jesus selbst. Und wenn wir sie ignorieren, dann ignorieren wir auch Jesus.

17 Gebet, das überwindet

„Freut euch immerzu! Betet unablässig!
Dankt Gott in jeder Lebenslage!
Das will Gott von euch als Menschen,
die mit Jesus Christus verbunden sind.“

1. Thessalonicher 5,16–18

Gebet ist die einzige Waffe, die Christen gegen den Teufel haben. Woran liegt es also, dass wir nicht mehr beten? Satan weiß, dass er uns Jesus nicht wegnehmen kann – er kann uns nicht aus der Hand Jesu reißen –, aber er weiß auch, welche Möglichkeiten er trotzdem hat. Er weiß, dass er unser Zeugnis anderen gegenüber unglaubwürdig machen, uns die Lebensenergie entziehen und uns entmutigen kann, indem er uns Lügen einflüstert, die unser Gebetsleben untergraben. Sie wissen schon, was ich meine. Satan sagt dann beispielsweise: „Natürlich solltest du beten. Aber nicht jetzt. Du hast zu viel zu tun. Gott wird das schon verstehen.“ Manchmal stürzen wir uns auch so in unsere Arbeit für Gott, dass wir das Beten vor uns herschieben. Aber Arbeit für Gott ohne Gebet wird nichts bewirken. Und ein *Leben* ohne Gebet auch.

Vielleicht ist Satan sogar noch dreister und sagt: „Deine Gebete bringen sowieso nichts, was soll das also?“ Er kann einen Frontalangriff starten, indem er in Frage stellt, ob Gott unsere Gebete überhaupt hört und beantwortet. Er wird alles tun, um uns davon abzuhalten, die eine wirksame Waffe einzusetzen, die Gott jedem Gläubigen als persönliche Atombombe gegen den Feind ausgehändigt hat.

Wenn wir merken, dass unsere Wirkungskraft im Dienst für Gott nachlässt oder unser persönliches Leben Angriffen ausgesetzt ist, sollten wir uns zuallererst fragen: „Ist mein Gebetsleben intakt?“ Viele Probleme, mit denen wir uns herumschlagen, könnten durch das, was frühere Generationen „durchbeten“ nannten, schnell beseitigt werden. Knien Sie so lange, bis Gott Ihnen zeigt, dass die Sache erledigt ist. Stehen Sie keine Minute zu früh auf!

18 Abba! Vater!

„Der Geist, den Gott euch gegeben hat, ist ja nicht ein Sklavengeist, sodass ihr wie früher in Angst leben müsstet. Es ist der Geist, den ihr als seine Söhne und Töchter habt. Von diesem Geist erfüllt rufen wir zu Gott: ‚Abba! Vater!'"

Römer 8,15

Können Sie sich noch daran erinnern, wie es war, als Sie Jesus zum ersten Mal begegnet sind? Erinnern Sie sich noch, welche Freude es Ihnen bereitet hat, Gott „Vater" zu nennen, Ihren „Abba, Vater"? Sie haben die Nähe eines Kindes zu seinem Papa genossen. Und wie ist es jetzt? Ist er immer noch „Papa" oder hat er sich in den „Himmlischen Vater in der Höhe" verwandelt? Wurde die innige Beziehung durch einen Formalismus ersetzt, der ihn auf Distanz hält?

Jeder Christ wächst natürlich aus der Kleinkindphase heraus. Wir sollten rasch die Windelzeit hinter uns lassen und einen Reifeprozess durchmachen. Aber passen Sie auf, dass die Reife durch diesen kindlichen Glauben an unseren Papa hervorgerufen wird. Lassen Sie nicht zu, dass die Religion Ihre Beziehung kaputtmacht! Jesus ist nicht gekommen, um eine neue Religion ins Leben zu rufen. Davon gab es schon genug. Er ist gekommen, um uns den Vater und seine tiefe Liebe zu den Sündern zu zeigen.

Vor Jesus trennte der Vorhang im Tempel die Menschen von Gott. Mose war einer der wenigen Menschen, die eine Art direkte Beziehung zu Gott hatten. Wenn Mose in die Nähe Gottes kam, strahlte er danach so, dass er sich eine Tüte über den Kopf stülpen musste, damit niemand den Glanz sah.

Aber durch Jesus haben die Dinge sich geändert. Der Vorhang im Tempel zerriss von oben bis unten. Wir haben Zutritt zum Vater, den niemand sonst haben kann. Wir können als makellose, erlöste Geschöpfe vor Gottes Thron treten, weil wir die Vollkommenheit von Jesus in uns tragen. Unsere menschliche Natur ist immer noch fehlerhaft. Aber durch ihn sind wir rechtschaffen geworden. Durch Jesus sind wir Gott so nahe, wie es nur irgend möglich ist. Und wir können die Beziehung eines Kindes zu seinem starken, liebenden Vater genießen.

Wachsen Sie durch Jesus, aber verlieren Sie nie den kindlichen Geist, der unbesorgt ausruft: „Abba! Vater!“

19 König der Könige

„Seine Augen brannten wie Flammen. [...]
Er hielt sieben Sterne in seiner rechten Hand,
und aus seinem Mund kam ein scharfes,
beidseitig geschliffenes Schwert.
Sein Gesicht leuchtete wie die Sonne am Mittag."

Offenbarung 1,14.16

Wer ist Jesus? Viele von uns sind mit einem Bild aufgewachsen, wie wir es von Weihnachtskarten kennen – das Baby in der Krippe – oder von Kirchenfenstern – der Mann am Kreuz. Wir stellen uns Jesus als Schwächling vor, der regelmäßig von den bösen Buben verprügelt wurde. Und es stimmt, Jesus wurde von römischen Politikern und religiösen Heuchlern lächerlich gemacht und verachtet. Er hat sich selbst bis zum Tod erniedrigt. Und in unseren Köpfen bleibt er es auch.

Aber Jesus ist erwachsen geworden. Er liegt nicht mehr in der Krippe. Und Jesus wurde nach der Kreuzigung von den Toten auferweckt. Er hängt schon seit 2 000 Jahren nicht mehr am Kreuz. Wenn Sie an Jesus denken, nehmen Sie ihn also mal eine Weile vom Kreuz ab, und stellen Sie ihn sich so vor, wie er eines Tages wiederkommen wird. Das ist der Jesus, nach dem wir Ausschau halten sollten.

Und der Himmel, für den wir eine Einladung haben und in dem wir einmal zusammen mit Jesus sein werden, ist keine Pappkulisse, in der wir in weißen Gewändern sitzen und in alle Ewigkeit auf einer Harfe rumzupfen. Stattdessen sagt Paulus uns, dass kein Auge jemals gesehen und kein Ohr je gehört noch irgendein Verstand die fantastischen Dinge erfasst hat, die Gott für uns bereithält.

Wir sollten jeden Tag voller Erwartung auf die Rückkehr Jesu warten. In ihm haben wir eine Hoffnung, die trägt. Wir haben eine Zukunft, die so gut ist, dass es in der Bibel heißt, wir sollen nicht einmal versuchen, sie uns vorzustellen – wir können es sowieso nicht. Und das alles, weil der große Gott des Universums uns liebt. Alles wegen seines Sohnes, der einen Ort für uns vorbereitet hat.

Nein, wir beten nicht den Jesus von den Postkarten oder den Bleiglasfenstern an; wir beten den Jesus an, der als siegreicher König wiederkommt.

Also: Komm, Herr Jesus!

20 Warten

*„Bis ihr alt und grau werdet, bin ich es, der euch schleppt.
Ich habe es bisher getan und werde es auch künftig tun."*
Jesaja 46,4

Manchmal haben wir das Gefühl, als hätte Gott uns vergessen. Die Jahre vergehen und nichts scheint sich zu ändern. Gott hat uns nicht so gebraucht, wie wir uns das vorgestellt haben. Vielleicht sind wir immer noch alleine und fragen uns, warum Gott uns noch nicht unseren Partner finden und eine Familie hat gründen lassen. Oder wir sind seit Jahren im selben Job tätig und irgendwie können wir da für Gott nicht sehr viel machen.

Mose musste auch warten. Er war 80 Jahre alt und schon im Ruhestand, als Gott endlich etwas mit ihm anfangen konnte. Und in den folgenden Jahren hat Mose für Gott mehr getan als in seinem ganzen Leben zuvor.

Noah musste ebenfalls warten. Alle seine Nachbarn hielten ihn für einen verrückten Typen. Da stand dieser 500 Jahre alte Kerl in seinem Hinterhof und bastelte an einem dreistöckigen Irgendwas herum. Sie wussten nicht genau, was es war. Sie sahen nur, dass er eine Menge Wände in das monströse Gebäude baute. Ein Hotel vielleicht? Und dann fing es an zu regnen. Plötzlich hatte die größte Lachnummer in der Gegend mächtig Zulauf. Aber es war zu spät. Gott schloss die Tür. Er hatte Noah in letzter Minute für eine so spektakuläre Aktion in seinem Plan gebraucht, wie der sich das als junger Mann nie hätte träumen lassen.

Gideon musste auch warten. Er war bereit, sich dem Feind mit einer riesigen Armee entgegenzustellen. Aber Gott sagte: „Warte. Du hast zu viele Leute." Also wartete Gideon, lauschte und sah zu, wie Gott seine menschliche Stärke demontierte, bis die Armee aus gerade mal 300 Männern bestand. Zu wenig, um eine Schlacht auf natürlichem Wege zu gewinnen, aber mehr als genug, wenn Gott seine Finger im Spiel hat.

Corrie ten Boom musste warten. Sie ertrug Hitlers Todeslager, als sie jung war, und sie war nicht einmal sicher, ob sie es überleben würde. In ihren Vierzigern fing Gott dann an, sie richtig zu gebrauchen. Und sie diente ihm weiter, bis sie über 80 war, mit einer göttlichen Kraft, von der die meisten von uns sich eine Scheibe abschneiden könnten.

Jeder, der Gott wirklich dient, muss warten. Und wenn du denkst, dass der Zug abgefahren ist und Gott dich vergessen hat, dann beschließt er, dich zu gebrauchen. Endlich hast du deine eigenen Hoffnungen, Träume und Kräfte abgelegt, sodass du dich ganz auf ihn verlassen musst. Er allein erntet den Ruhm. Es passt zu Gottes Wesen, dass er Menschen gebraucht, die von der Welt für unbrauchbar gehalten werden. Er gebraucht uns besonders gerne, wenn wir uns selbst für nutzlos halten.

Geben Sie Gott Zeit und den Freiraum für seine Arbeit! Und warten Sie voller Spannung.

21 Die Gute Nachricht

„Wie sehr Gott uns liebt, beweist er uns damit, dass Christus für uns starb, als wir noch Sünder waren.“
Römer 5,8

Als ich gerade Christ geworden war, war ich davon überzeugt, ich würde irgendwann aufhören, Böses zu tun, wenn ich mir nur genug Mühe gab. Aber ich habe herausgefunden – und ich nehme an, Ihnen geht es genauso –, dass es in diesem Leben so etwas wie absolute Vollkommenheit nicht gibt. Wir irren uns in vielerlei Hinsicht. Aber obwohl wir in diesem Leben nicht *fehlerlos* sein können, ist es uns durchaus möglich, *schuldlos* zu sein. Unsere menschliche Natur ist voller Fehler, aber Gott sei Dank ist unsere menschliche Natur mit Jesus ans Kreuz geschlagen worden, sodass wir ohne Schuld vor unserem himmlischen Vater dastehen. Mehr noch: Er hat uns seinen Geist gegeben, damit wir so leben können, dass wir den selbstsüchtigen Wünschen unserer menschlichen Natur nicht nachgeben müssen.

Wenn wir mit Jesus leben und vom Heiligen Geist erfüllt sind, können wir sicher sein, dass uns in Gottes Augen vergeben ist, auch wenn wir immer wieder Fehler machen. Eine ganze Reihe von Fehlern in unserem Verhalten sind Adams Schuld. Wir haben unsere sündhafte Natur von ihm geerbt. Aber Jesus war der „zweite Adam“, und durch ihn erben wir ein neues Wesen, das es uns ermöglicht, die Sünde zu überwinden.

Manche unserer Fehltritte sind auf Satans Angriffe zurückzuführen. Aber der Heilige Geist in uns ist größer als „Der in der Welt ist“ – Satan.

Ich war an keinem Tag meines Lebens fehlerlos. Aber seit ich Christ wurde, ist kein Tag vergangen, an dem mir die Schuld für meine Sünde angelastet wurde. Denn ich habe, genau wie Sie, einen Sündenbock, der alle meine Schuld auf sich genommen hat, damit ich sie nicht selbst tragen muss.

Wenn Sie Christ sind, dürfen Sie sich freuen! Denn egal, wie viele Fehler Sie heute auch begangen haben: Vor Christus und durch

Christus stehen Sie schuldlos da. Das ist das Evangelium – die Gute Nachricht.

22 Ein Gott, der heilt

„Das ganze Volk dort sah, wie er umherging und Gott dankte. Sie erkannten in ihm den Bettler, der sonst immer am Schönen Tor gesessen hatte. Und sie staunten und waren ganz außer sich über das, was mit ihm geschehen war."

Apostelgeschichte 3,9–10

Petrus und Johannes gingen eines Tages zum Tempel und trafen dort einen Bettler, der von Geburt an gelähmt war. Dieser streckte Petrus seine Hand entgegen, um Almosen zu erbitten. Petrus kramte in seiner Tasche, zog seine leere Hand heraus und sagte: „Hey Alter, ich bin pleite. Aber geistlich gesehen bin ich nicht ausgebrannt, und was ich habe, will ich dir gerne geben. Im Namen von Jesus Christus aus Nazareth: Steh auf und geh!"

Mediziner sagen, dass man, wenn man sein ganzes Leben lang gelähmt war, ungefähr sechs Monate braucht, bis man gerade mal so laufen kann wie ein Kleinkind. Aber dieser Typ war offenbar nicht auf dem neuesten Stand der medizinischen Forschung, denn er stand gleich auf, und zum Unmut aller Baptisten in der Region fing er an zu tanzen.

„Jetzt krieg dich mal wieder ein, was Gott angeht", meinten die Leute. „Du wirst ja ein richtiger *Fanatiker*!" Ich sag Ihnen: Der Teufel liebt dieses Wort. Aber ich kann Ihnen versichern, dass Menschen tatsächlich *fanatisch* werden, wenn Gott sie heilt. Der Typ hüpfte herum und die Baptisten im Tempel sagten: „Hey, lass das Tanzen sein!" Er antwortete: „Wieso? David hat getanzt – und ich tu es auch!" Aber so schnell gaben die Religiösen nicht auf. Sie erwiderten: „Schon, aber das war vor 500 Jahren. Heute geht das nicht mehr. Seit David starb, ist damit Schluss."

Heute behaupten manche Leute, dass Gott nur in den ersten etwa hundert Jahren Menschen geheilt hat und dann in Urlaub gefahren ist oder irgendwas. Ich verstehe diese Auffassung nicht. In der Bibel steht nirgendwo, dass der Heilige Geist eine Zeit lang zu wirken aufhören und dann wiederkommen wird. Es ist nicht die Rede davon, dass Jesus Christus sich ändert, sondern dass er vielmehr gestern, heute und *für immer* derselbe ist. Im Buch Maleachi wird berichtet, dass Gott sagt: „Ich, der Herr, habe mich nicht geändert" (Hoffnung für alle).

Gott tut immer noch, was er in den ersten Jahren der Kirche getan hat. Er gibt uns immer noch den Heiligen Geist und seine Gaben, er heilt weiter und er leitet uns auch heute noch. Unser Gott kann alles tun. Wenn *wir* ihn nicht loben, kann er sogar aus ein paar Kieselsteinen einen Anbetungschor machen, der ihn preist. Engen Sie Gott nicht ein! Er ist immer noch *El Schaddai* – der Allmächtige. Sagen Sie ihm alles, was Sie brauchen – körperlich, seelisch, geistlich, finanziell, beruflich – egal.

Gott wird für Sie sorgen.

23 Lassen Sie sich von Gott erwischen!

„Gott selbst bewirkt in euch nicht nur das Wollen, sondern auch das Vollbringen, so wie es ihm gefällt.“
Philipper 2,13

Ich bin wirklich froh, dass Gott uns Menschen gebrauchen kann, auch wenn wir gar nicht unbedingt gebraucht werden wollen. Nehmen Sie Jona zum Beispiel. Gott wollte, dass dieser nach Ninive ging und den Leuten eine Botschaft brachte, aber Jona sagte: „Kommt nicht in Frage. Ich mach lieber eine Mittelmeerkreuzfahrt.“ Also fuhr er in Urlaub. Zuerst ging es ihm auch ziemlich gut. Aber dann zog ein Sturm herauf. Egal, wohin das Boot sich wandte, immer folgte der Sturm ihm. Es war den Leuten auf dem Boot schnell klar, dass einer der Passagiere schuld war. Deshalb losten sie aus, wer der Schuldige war. Fünf Minuten später wurde Jona über Bord geworfen.

Nun paddelte er so vor sich hin und sagte zu Gott: „Und ich geh *trotzdem* nicht nach Ninive.“ Da schickte Gott einen riesigen Fisch, der Jona verschlucken sollte, und endlich, nachdem er sich die Mandeln des Fischs von hinten angucken konnte, gab Jona auf. Der Fisch hatte einige Zeit später einen akuten Anfall von Verdauungsstörung und spuckte Jona auf einen nahe gelegenen Strand. Und als Jona nach Ninive ging und die dortigen Bewohner aufforderte, ihre Taten zu bereuen und umzukehren, nahmen sie sich die Worte zu Herzen und wurden verschont. Gott gebrauchte Jona trotz seiner Auflehnung.

Wenn Gott eine Aufgabe für Sie hat, wird er Ihnen irgendwie ein Angebot machen, das Sie nicht ablehnen können.

Nein, er ist nicht der Pate. Er ist der *himmlische* Vater, und er liebt jeden Einzelnen von uns so sehr, dass er, wenn nötig, auch die Straße verbarrikadiert, um uns aufzuhalten, wenn wir vor ihm davonlaufen. Er wird auch einen großen Fisch schicken, der uns verschluckt, bis wir bereit sind, uns in den Dienst ausspucken zu lassen, den er für uns vorgesehen hat.

Ich habe keine Ahnung, warum Gott so viel Geduld mit uns hat.

Ich weiß nur, dass er sie hat. Ich habe keine Ahnung, warum er uns liebt, aber ich weiß, dass er es tut. In Johannes 3, Vers 16 steht nicht: „Gott hat die Menschen so sehr geliebt, weil ..." Dort steht nur: „Gott hat die Menschen so sehr geliebt."

Wenn Sie gerade vor Gott wegrennen, schalten Sie mal einen Gang runter. Lassen Sie sich von Gott erwischen! Sparen Sie sich den Teil im Fischbauch lieber – das ist nicht sehr spaßig.

Lassen Sie sich von Gottes Strömung erfassen und bleiben Sie dort! Dort können Sie ausruhen.

24 Wer schreibt die Schecks?

„Meine Brüder und Schwestern, nehmt es als Grund zur Freude, zur reinsten Freude, wenn ihr in vielfältiger Weise auf die Probe gestellt werdet. Denn ihr wisst: Wenn euer Glaube erprobt wird, führt euch das zur Standhaftigkeit.“

Jakobus 1,2-3

Haben Sie sich schon mal gefragt, warum Gott zulässt, dass Sie so viele Probleme haben? Ich weiß zum Beispiel: Wenn ich krank bin, heißt das nicht, dass Gott *will*, dass ich krank bin. Aber manchmal lässt er es zu, um mich daran zu erinnern, wer in meinem Leben das Sagen hat.

Dasselbe passiert mir mit Geld. Ich weiß, dass ich mir keine Sorgen machen und wegen ein paar Rechnungen keine schlaflosen Nächte haben soll, aber manchmal lässt er zu, dass das Geld knapp wird, damit ich mich daran erinnere, wer für mich sorgt. Gefährlich wird es, wenn Sie hören, dass ich Dinge sage wie: „Mensch, es läuft wirklich super! Ich bin für eine ganze Reihe Konzerte gebucht und meine Platten verkaufen sich gut. Mein Bankkonto sieht prima aus, das heißt, die nächste Zeit kann ich ganz ruhig angehen.“

Und bevor ich mich versehe, sitze ich da und frage: „Was ist los, Gott? Ich weiß, es ist eine Weile her, dass ich mit dir gesprochen habe. Ähm ... wo bleiben denn die Schecks?!“

Dann bekomme ich zu hören: „Tja, mein Sohn, du hast anscheinend vergessen, dass ich es bin, der die Schecks ausstellt, deshalb habe ich sie mal für eine Weile zurückgehalten, damit du dich wieder erinnerst.“

Autsch.

Gott will, dass wir glücklich und gesund sind und er der Mittelpunkt unseres Leben ist. Wenn Sie Ihren Blick von ihm abwenden, weil Sie mit Problemen zu kämpfen haben, dann betrachten Sie sie nicht als Feinde. Heißen Sie die Prüfungen willkommen, die Gott als Boten schickt, um Sie wieder auf den richtigen Weg zu bringen.

Wenn Sie Kopfschmerzen kommen, wenden Sie sich zuerst an Gott und nicht an Ihren Arzt oder Apotheker. Sorgen müssen Sie sich erst dann machen, wenn die Prüfungen aufhören und nichts mehr passiert, was Sie an Ihre Abhängigkeit von Gott erinnert.

25 Seine Liebe kam über mich

„Weil ich aber mit Christus am Kreuz gestorben bin, lebe in Wirklichkeit nicht mehr ich, sondern Christus lebt in mir. Das Leben, das ich jetzt noch in diesem vergänglichen Körper lebe, lebe ich im Vertrauen auf den Sohn Gottes, der mir seine Liebe erwiesen und sein Leben für mich gegeben hat.“

Galater 2,19–20

Als ich Gott in mein Leben hineingelassen hatte, fiel es mir schwer, ihm nachzufolgen. Und ich weiß, dass es nicht nur mir so geht. Ich hatte verstanden, dass er wegen meiner Schuld am Kreuz gestorben war, aber in vielerlei Hinsicht lebte ich so weiter wie vor meiner Umkehr. Aber dann sagte Gott zu mir: „Warte mal, Keith. Ich habe das für dich getan – würdest du nicht auch gerne etwas für mich tun?“

Ich antwortete: „Hm, klar, Herr. Was willst du von mir haben?“

„Oh, ich glaube, ich nehme alles“, war Gottes Antwort.

„Alles?“, fragte ich.

„Jedes kleine bisschen. Ich will es komplett“, gab Gott zurück.

„Warte mal, Gott, ich bin nicht sicher, ob ich dich richtig verstanden habe“, sagte ich.

„Doch, ich glaube, das hast du. Hör zu, Keith: Ich möchte, dass du mir dein *Leben* zur Verfügung stellst. Ich möchte, dass du mir deine Musik gibst, dein Geld, deine Freizeit – einfach *alles*. Ich werde dir sagen, wie du dein Geld ausgeben sollst; ich werde dir Lieder geben, die du singen sollst; ich werde dich dorthin führen, wo ich dich haben will.“

Ich schluckte und sagte: „Ähm, na ja, Gott, wenn es das ist, was du willst ... ich nehme an, ich kann jetzt nicht mehr zurück.“ Also gab ich Gott alles, was ich hatte, so gut es mir möglich war. Ich habe bestimmt Fehler gemacht, aber ich war ein frisch gebackener Christ und tastete mich langsam vor, wie Neugeborene das nun mal tun.

Aber je mehr ich versuchte, Gott alles zu geben, desto schwieriger wurde es. Dann traf ich eines Tages den Heiligen Geist. Er wusste, wie sehr ich mich bemüht und wie oft ich versagt hatte, und er machte mir deutlich: „Du versuchst, etwas zu erkämpfen, das du aus eigener Kraft nicht schaffen kannst, Keith. Warum überlässt du das nicht mir? Du kannst dich auf dem Rücksitz entspannen und ich fahre. Ich übernehme das Steuer."

Ich dachte: *Das kann nicht Gott sein – das wäre zu einfach. Ich habe mir solche Mühe gegeben und bin stolz darauf. Nee, ich arbeite lieber weiter an meinem Christsein.*

Der Heilige Geist gab sich aber nicht geschlagen. „Streng dich doch nicht so an, Keith. Lass mich einfach machen, und dann tue ich alles, was ich *durch* dich tun will."

Das war eine echte Offenbarung für mich. Ich hatte immer gedacht, wenn man Christ wird, steckt Gott einen in Fußfesseln und kettet einen an der Wand fest. Ich wusste nichts von der Ruhe, die Gott schenkt. Ich hatte keine Ahnung, dass Christsein so einfach ist. Ich gab auf und ließ ihn durch mich leben. Danach habe ich immer noch jede Menge Fehler gemacht und bin noch oft der Versuchung erlegen, Gott aus eigener Kraft zu dienen, aber wenn das passierte, hat er mich immer wieder daran erinnert, dass ich auf dem Fahrersitz Platz genommen hatte und dass ich mich doch bitte wieder auf die Rückbank verziehen sollte.

Jeder Christ muss diesen Tag erleben, an dem er dem Heiligen Geist begegnet – und seinem Angebot, die Verantwortung für unser Leben als Christ zu übernehmen. Ich habe diesen Tag erlebt. Hatten Sie ihn schon?

26 Seien Sie wachsam!

„Seid wachsam und nüchtern! Euer Feind, der Teufel, schleicht um die Herde wie ein hungriger Löwe. Er wartet nur darauf, dass er jemand von euch verschlingen kann.“

1. Petrus 5,8

Ich war schon eine ganze Weile Christ, als ich merkte, dass sich eine gewisse Langeweile breit machte. Ich hatte keine Lust mehr, zur Bibelstunde zu gehen, war es leid zu beten und hatte vieles, was in meinem Leben zur Routine geworden war, einfach satt.

Diese Langeweile war für mich wie ein Wecker. Ich wusste, dass sie ein Zeichen dafür war, dass meine Liebe zu Gott abzukühlen begann, und ich wusste auch, dass ich das nicht wollte. Ich erinnerte mich daran, dass im Buch der Offenbarung beschrieben wurde, wie Jesus die Laodizäer tadelt, weil sie ihre erste Liebe verloren haben. Und ich war wild entschlossen, niemals ein Laodizäer zu werden. Was war dann aber mit mir los? Warum wurde ich immer kälter?

Dann wurde mir klar, dass dies eine von Satans Strategien ist: Er versucht, Gottes Bund mit uns, der bis in alle Ewigkeit neu und frisch ist, in etwas zu verwandeln, das alt, kalt und fade ist. Er flüstert uns ein, dass unser Christsein nur eine altmodische und langweilige „Religiosität“ sei. Bald schon gähnen wir und stimmen zu: „Ja, es ist wirklich ziemlich langweilig.“ Wenn wir dem Teufel diese Vorstellungen, die er uns einimpft, abkaufen, wird unser Glaube tatsächlich altmodisch und langweilig.

Wir müssen permanent auf unsere Gedanken aufpassen. Wir müssen die Fähigkeit entwickeln, zwischen Gottes Stimme, der Stimme des Teufels und unseren eigenen Gedanken zu unterscheiden. Und wenn wir wissen, dass es Satan ist, der uns etwas ins Ohr flüstert, müssen wir ihn schnellstens dahin jagen, wo der Pfeffer wächst.

Wenn Sie sehen, dass ein Hund in Ihrem Müll gräbt, würden Sie dann ruhig zusehen und denken: *Eigentlich will ich nicht, dass dieser Hund in meinem Müll rumwühlt*, oder würden Sie den Hund anschreien und ihn verjagen? Genau so müssen wir hinter dem Teufel, diesem dreckigen Hund, her sein, wenn er anfängt, Müll hervorzukramen und ihn in unserem Kopf auszubreiten. Im Kopf werden die Schlachten gewonnen oder verloren. Wir müssen wachsam sein und genau aufpassen, welche Gedanken wir für wahr halten. Eine Lüge des Teufels, wenn man sie als Wahrheit akzeptiert, führt am Ende in die Irre. Wachen Sie gut über Ihre Gedanken!

27 Lieben Sie Ihre Prüfungen!

„... auch wenn ihr jetzt noch für eine kurze Zeit auf manche Proben gestellt werdet und viel erleiden müsst.
So wird sich euer Glaube bewähren und sich wertvoller und beständiger erweisen als pures Gold,
das im Feuer vollkommen gereinigt wurde.
Lob, Preis und Ehre werdet ihr dann an dem Tag empfangen, an dem Christus für alle sichtbar kommt."

1. Petrus 1,6–7 (Hoffnung für alle)

Alle Christen sollten sich darum bemühen, dass ihre Beziehung zu Gott noch enger wird, als sie es schon ist. Der Weg zur Reife ist ein Prozess, der nie beendet ist, weil wir in diesem Leben keine Vollkommenheit erreichen können. Wir werden immer wieder Fehler machen oder unsere Lage bis zu einem gewissen Grad falsch einschätzen, aber während wir wachsen, sollte das immer seltener vorkommen.

Und so gerne wir alle dieses Gänsehautgefühl kriegen, das mit einem emotionalen Hoch verbunden ist, sind das nicht die Zeiten, in denen wir wirklich im Glauben wachsen. Stattdessen gebraucht Gott Prüfungen, um unseren Glauben zu festigen und uns Jesus ähnlicher werden zu lassen. Klar, dann sagen wir: „Autsch!", oder: „Das tut weh!", aber Gott gebraucht diese Prüfungen, um uns wie einen edlen Diamanten zu schleifen. Das Problem ist, dass wir meist vor den Prüfungen, die Gott uns schickt, davonlaufen. Wir wollen nicht wachsen, wenn ein bisschen Schmerz mit im Spiel ist. Aber wenn wir unsere Arme ausbreiten und die Prüfung Gottes willkommen heißen, indem wir sie einmal fest drücken, dann ist sie plötzlich gar keine Prüfung mehr, sondern ein Segen. Wenn Sie die Zeiten der Prüfung lieben, sind es keine Prüfungen mehr. Wenn Sie sagen können: „Danke, Herr, ich möchte nirgendwo anders sein, sondern genau dort, wo ich jetzt bin, weil ich weiß, dass dies der Platz ist, an dem du mich haben willst", dann wird dieser Platz zu Gottes *sicherem* Ort für Sie.

Diese Haltung nimmt der Prüfung das Leiden. Eine Prüfung besteht man nicht, indem man vor ihr davonläuft, was unsere natürliche Reaktion ist, sondern indem man sie *liebt*. Das Gleiche gilt für Menschen. Wir alle kennen jemanden, der unausstehlich oder einfach eine echte Herausforderung für uns ist. Wir neigen dazu, einem solchen Menschen so lange aus dem Weg zu gehen, bis Gott unser Gebet erhört, ihn „doch bitte, bitte" zu ändern. Stattdessen sollte unser Gebet lauten: „Gott, ändere ihn nicht, solange du in meinem Leben noch nicht das mit ihm erreicht hast, was du erreichen willst. Ich möchte lernen, ihn so zu lieben, wie er ist." Wenn Sie so beten – und es wirklich ernst meinen –, wird dieser Mensch nicht länger eine Prüfung für Sie darstellen.

Heute ist der Tag, an dem Sie Ihre Prüfungen „umarmen" sollten, egal, ob es Umstände oder Menschen sind. Verwandeln Sie die Prüfung in einen Segen, und warten Sie ab, wie Gott handelt!

28 Gott ist gut

„Wohin kann ich gehen, um dir zu entrinnen,
wohin fliehen, damit du mich nicht siehst?
Steige ich hinauf in den Himmel – du bist da.
Verstecke ich mich in der Totenwelt – dort bist du auch.
Fliege ich dorthin, wo die Sonne aufgeht,
oder zum Ende des Meeres, wo sie versinkt:
Auch dort wird deine Hand nach mir greifen,
auch dort lässt du mich nicht los."

Psalm 139,7-10

Gott ist wirklich gut. Er hat unendlich viel Geduld mit uns. Er vergibt uns immer wieder. Ich glaube nicht, dass irgendjemand in die Hölle kommt, ohne dass er eine Chance hatte, Jesus kennen zu lernen. Wer auf die Einladung Jesu antwortet, wird gerettet werden. Nichts, was Sie oder ich getan haben, ist so schlimm, dass es uns den Weg in den Himmel versperren könnte, wenn wir es einmal bereut haben. Und es gibt auch keinen Zeitpunkt, an dem es zu spät wäre – außer wenn wir sterben oder Jesus wiederkommt. Viele Menschen sagen: „Religion ist was für alte Leute, also kann ich immer noch Christ werden, wenn ich alt bin." Das Problem ist nur, dass viele gar nicht alt werden. Sie verschwenden ihre Jugend an ihre eigenen Gelüste und Wünsche und denken nicht daran, dass Gott alle unsere Taten sieht und festhält. Und während sie so leben, sterben sie, ohne ihn kennen gelernt zu haben, noch in ihren besten Jahren, und alle Hoffnung ist dahin.

Aber als Christen, als Glaubende, als wiedergeborene, vom Geist erfüllte Nachfolger Jesu Christi brauchen wir uns keine Sorgen zu machen. Er hat die dunklen Seiten in unserem Lebenslauf ausradiert und die Helligkeit in unserem Leben aufleuchten lassen – nämlich sich selbst. Das ist Gottes Gnade. Und es wird der Tag kommen, an dem wir für jeden Augenblick, den wir mit ihm verbracht haben, für jedes Mal, das wir nicht für ihn gearbeitet, sondern ihn durch uns haben wirken lassen, einen Edelstein erhalten werden. Wenn wir versuchen, etwas für ihn zu tun, fallen wir auf die Nase. Wenn wir still halten und zulassen, dass er durch uns etwas bewirkt, dann fließt die Gnade in uns hinein, wie eine Hand in einen Handschuh gleitet und alles tut, was eine Hand an Gutem tun kann. Und was muss der Handschuh tun, um gebraucht zu werden? Liegt er etwa unruhig auf der Kommode und macht die Hand auf sich aufmerksam: „Mach schon, Hand! Lass uns anfangen, Hand!"? Natürlich nicht. Er wartet einfach, bis die Hand kommt und ihn ausfüllt. Aber können Sie sich vorstellen, was passiert, wenn der Handschuh die Hand nur halb hereinlässt? Wenn die Finger des Handschuhs leer herunterhängen? Wie effektiv können Handschuh und Hand wohl sein, wenn sie nur halb zur Verfügung stehen?

Gottes Hand hält heute nach leeren Handschuhen Ausschau, mit denen er die Welt anrühren kann. Normalerweise sind es nur wenige, die sich wirklich ganz leer machen, ohne etwas zurückzubehalten, damit Gott sie gebrauchen kann. In jeder neuen Generation sucht Gott nach Menschen, mit denen er seine Arbeit auf der Erde weiterführen kann. Es ist nie zu früh, und es ist auch nie zu spät, um zu Gott zu sagen: „Hier bin ich, Herr – sende *mich*."

29 Jesus will dort sein, wo wir sind

„Darum wartet der Herr darauf, euch seine Gnade zu zeigen, darum erhebt er sich, um euch sein Erbarmen zu schenken."
Jesaja 30,18a (Einheitsübersetzung)

Viele Christen verstehen nie so ganz, wie sehr Gott sich danach sehnt, ihr Freund zu sein. Wie nah er ihnen sein möchte. Weil sie in der Vergangenheit von anderen Menschen zurückgewiesen wurden, glauben sie im tiefsten Inneren, dass auch Gott irgendeinen Grund finden wird, sie zurückzuweisen. Wenn sie doch nur sehen könnten, dass Gott die Menschen, die zu ihm kommen, nicht wegstößt – er heißt sie *willkommen*! Er möchte so gerne jeden Winkel im Leben seiner Kinder mit seinem Wesen füllen, aber sie sind skeptisch und trauen sich nicht, sich ihm völlig zu überlassen.

Wie die meisten Christen habe auch ich mich nicht gleich vollständig Gott überlassen. Ich habe ihn gebeten, in mein Leben zu kommen, und dann habe ich das gemacht, von dem ich glaubte, dass es von mir erwartet wurde. Ich las in der Bibel, erzählte anderen Menschen von meinem Glauben, ich betete – die ganze Palette eben. Aber dann sagte Gott eines Tages zu mir: „Ich will mehr." Da war es, das Klopfen an der Tür zu meinem geheimen Kämmerchen, das ich vor Gott verschlossen gehalten hatte, um dort mit mir alleine zu sein. Das war der Raum, den er nicht betreten konnte und von dem er nicht sah oder hörte, was ich tat – das dachte ich zumindest.

Aber als Gott an die Tür zu meinem Kämmerchen klopfte, tat er es mit diesen Worten, die mich mitten ins Herz trafen: „Ich möchte dort sein, wo du bist, Keith. Kann ich reinkommen?"

Gott wollte da sein, wo ich war? Er wollte bei *mir* sein? Doch dann wurde mir klar, dass er sich gar nicht so sehr für meinen Besitz oder meine Musik oder meine Arbeit oder irgendwas anderes interessierte. Er war nicht für diese Dinge gestorben. Er war für *mich* gestorben! Und jetzt wollte er dort sein, wo ich war. Da wusste ich, dass es eigentlich keinen Ort gab, an dem ich mich verstecken konnte – und dass ich mich auch gar nicht mehr vor so einem Freund verstecken *wollte*!

Warten Sie nicht länger damit, ihn in Ihr geheimes Kämmerchen zu lassen! Er will da sein, wo *Sie* sind.

30 Lassen Sie Ihre Freude leuchten!

„Bei euch gibt es doch das ermutigende Wort im Auftrag von Christus; es gibt den tröstenden Zuspruch, der aus der Liebe kommt; es gibt Gemeinschaft durch den Heiligen Geist; es gibt herzliches Erbarmen. Dann macht mich vollends glücklich und habt alle dieselbe Gesinnung, dieselbe Liebe und Eintracht!"

Philipper 2,1-2

Sind Sie Feuer und Flamme für Jesus? Können andere Menschen die Freude, die Sie über Gott empfinden, in Ihrem Gesicht ablesen? Mir ist aufgefallen, dass zu wenige Christen die Gegenwart Gottes in ihrem Leben ausstrahlen. Sie sehen eher so aus, als wären sie mit Essig getauft worden! Anscheinend stellen sie sich Christsein so vor, dass sie mit düsterer, trübsinniger Miene durch die Gegend laufen müssen. Es ist so, als würden sie sagen: „Preiset den Herrn, es ist eine solche *Last*, Christ zu sein. All die Bibeln, die ich mit mir herumtragen muss! Warum ist diese Konkordanz eigentlich so furchtbar dick und schwer? Na ja, ich fürchte, ich muss mich jetzt mal zurückziehen und *beten*. Seufz!"

Was ist das denn für ein Zeugnis?! Wenn Sie glücklich sind (und wenn Sie ein erlöstes Kind Gottes sind, *sollten* Sie das sein), dann wäre es nicht schlecht, wenn man das an Ihrem Gesicht ablesen könnte. Denn danach suchen die Menschen im Leben eines Christen. Die Welt hat genug von Heuchlern. Wäre die Religion nicht gewesen, wäre ich schon zwei Jahre früher Christ geworden.

Was ich als Nichtchrist auf der Suche nach Wahrheit sah, war ein Haufen Typen, die mit ihren Religionstheorien und Lieblingslehren hausieren gingen, statt durch ihre Worte und Taten die Wahrheit von Jesus Christus weiterzusagen. Ich sah, wie sie alle in kleinen Cliquen zusammenhockten, anstatt auf andere Menschen zuzugehen.

Entsprechend wurde ich dann auch nicht Christ, indem ich in die Kirche oder eine Gemeinde ging. Ich *konnte* dort gar nicht Christ werden, weil ich ums Verrecken nicht in eine Kirche gegangen wäre. Alle

Kirchen und Gemeinden, die ich kannte, waren voller Heuchler. Klar, das stimmt nicht – ich war überheblich –, aber so sind Nichtchristen nun mal. Ich wollte wissen, ob diese selbst ernannten „Botschafter Christi" mir durch ihre Art zu leben Jesus Christus wirklich zeigen konnten. Ich habe keinen Einzigen gefunden, der es konnte. Wenn ich jetzt zurückblicke, bin ich sicher, dass es welche gegeben hat – nicht alle Christen sind so freudlos wie die, denen ich begegnet bin –, aber ich habe keinen getroffen, der mir das bieten konnte, was ich suchte.

Ich kann Ihnen versichern: Es gibt eine Menge Leute da draußen, die auf der Suche sind, so wie ich es war. Sie werden Ihnen vielleicht nicht erzählen, dass sie Gott suchen, aber sie tun es. Und wenn sie Ihr Leben betrachten, sehen sie ihn dann?

31 Sind Sie bereit?

„Darum seid wachsam! Denn ihr wisst nicht, an welchem Tag euer Herr kommen wird."

Matthäus 24,42

Sommerschnee[5]

Unerwartet kamst du zurück, um nachzusehen,
ob ich gewartet hatte,
wie ich es vor langer Zeit versprochen hatte.
Dein Schatten füllte das Zimmer,
die Musik klang anders;
als ich dich sah, standest du an der Tür.

Wie Sommerschnee so warst auch du ein unerwarteter Anblick.
Eine gleißende Sonne warst du in der Nacht,
während ich doch hätte wissen müssen,
dass du nach Hause kommen würdest.

Ich habe geduldig gewartet, konnte aber kaum erkennen,
ob du kommen würdest.
Warum hat es so lange gedauert?
Manchmal dachte ich, du hättest gelogen,
sonst hättest du doch versucht,
mir zu sagen, dass du heute nach Hause kommst.

Wie Sommerschnee fällt es um mich her in der Kälte.
Ich kann das Echo der Warnungen noch hören:
Ich hätte wissen sollen,
dass du nach Hause kommen würdest.

Wie Sommerschnee so warst auch du ein unerwarteter Anblick.
Eine gleißende Sonne warst du in der Nacht,
während ich doch hätte wissen müssen,
dass du nach Hause kommen würdest.
Unerwartet kamst du zurück, um nachzusehen.

Ich habe „Sommerschnee" zusammen mit Melody für Christen geschrieben, die zwar in einer Kirche nach vorne gegangen sind, um Jesus in ihr Leben aufzunehmen, die ihm ihr Leben aber nie völlig unterstellt haben. Sie haben sich gedacht: *Okay, ich habe mein Gebet gesprochen, dann kann ich jetzt wieder mit dem weitermachen, was ich bisher getan habe.* Diese Leute haben bekannt, dass sie das Licht lieben, und trotzdem gehen sie weiter im Dunkeln herum.

Wenn Sie Christ sind, dann lebt Gottes Licht in Ihnen, und Sie erkennen die Dunkelheit um Sie herum, und sie ist für Sie unerträglich. Aber wenn Sie die Dunkelheit für Licht halten, dann stimmt irgendetwas nicht. Ich habe viele Menschen getroffen, denen es so ging. Manchmal nennt man sie „lauwarme Christen", andere bezeichnen sie als „abgefallen". Für mich sind sie „Christen mit einem Riesenproblem". Ich erlaube mir kein Urteil darüber, wo sie die Ewigkeit verbringen werden, aber selbst wenn sie gerettet werden, haben sie in *diesem* Leben riesige Probleme. Der Teufel ist ein strenger Lehrmeister. Er wird Sie ganz geschickt einwickeln, vielleicht sogar als ein Engel des Lichts verkleidet, aber sein Ziel besteht darin, Sie zu zerstören. Dunkelheit führt immer zur Zerstörung.

Wenn Sie Christ sind, dann wurden Sie aus der Dunkelheit *herausgerufen*, um in ein völlig neues Reich einzutreten. Wie dumm wäre es da, wenn Sie das Licht haben und trotzdem in der Dunkelheit, im Bann Ihres Todfeindes blieben, des Prinzen der Finsternis!

Wenn Sie Jesus lieben, folgen Sie ihm! Kommen Sie aus der Dunkelheit heraus! Lassen Sie die Finger von allen Werken des Feindes! Wenn Sie lange genug mit der Dunkelheit flirten, werden Sie durch sie in eine Welt voller Probleme, Leid und Verzweiflung hineingesogen.

Zu welchen dunklen Orten hat Satan Sie gelockt? Was hat er Ihnen versprochen? Ein sinnliches Erlebnis? Freunde? Popularität? Geld? Ich kann Ihnen versichern, dass er ein ganz besonderes Angebot parat hält, das genau auf Ihre Schwächen zugeschnitten ist.

Machen Sie sich seine Methoden bewusst. Werden Sie demütig vor Gott, und wenden Sie sich von der Dunkelheit ab, dann wird der Feind fliehen.

32 Folgen Sie dem wahren Jesus!

„Denn wenn ich die Gute Nachricht verkünde,
habe ich noch keinen Grund, mich zu rühmen.
Ich kann ja gar nicht anders –
weh mir, wenn ich sie nicht weitergebe!"

1. Korinther 9,16

Wer ist eigentlich dieser Jesus, dem wir nachfolgen? Heute begegnen wir meist einem Autoaufkleber-Jesus, einem Jesus, der uns Geld einbringt, wenn wir ihn auf unseren Produkten abbilden. Der Zahnbürsten-Jesus, der T-Shirt-Jesus - einer, den wir vermarkten und zu klingender Münze machen können –, der Jesus, der für den öffentlichen Konsum bestimmt ist.

Aber der wahre Jesus ist nicht sehr kommerziell. Der wahre Jesus war bei vielen Leuten nicht gerade beliebt. In manchen Städten forderte man ihn auf zu gehen. Das passiert auch Ihnen, wenn Sie Jesus Christus nachfolgen wollen. Der Apostel Paulus war auch nicht besonders beliebt. Er wurde von vielen Städten nicht noch einmal eingeladen - aber er ging trotzdem. Er musste die Nachricht verbreiten, dass Jesus der Messias ist, der gekommen ist, um Sünder von ihren Sünden zu erretten. Alle Jünger, außer Johannes, starben wegen ihres Glaubens einen grausamen Tod. Selbst Johannes erlitt Gefängnis und Folter. Meinen Sie, das lag daran, dass ihre Botschaft so beliebt war? Nein, es lag daran, dass diese Männer alles für Jesus gegeben haben. Das waren keine Einmal-die-Woche-Christen oder auch Zweimal-die-Woche-Christen. Sie waren als Christen *immer* im Dienst. Dabei wären sie sicher damit durchgekommen, wenn sie ihre Botschaft ein bisschen abgeschwächt hätten - wenn sie Jesus nur ein bisschen populärer gemacht hätten.

Schade eigentlich, dass sie nicht von uns lernen und unseren Kompromiss-Jesus anbieten konnten, einen kommerziellen Jesus, der auf allen Bildern attraktiv aussieht - mit echten Starqualitäten. Stattdessen finden wir im Buch Jesaja eine Beschreibung, die haargenau auf den echten Jesus zutrifft:

„Er war weder schön noch stattlich, wir fanden nichts Anziehendes an ihm. Alle verachteten und mieden ihn; denn er war von Schmerzen und Krankheit gezeichnet. Voller Abscheu wandten wir uns von ihm ab. Wir rechneten nicht mehr mit ihm“ (Jesaja 53,2–3).

Ist das der Jesus, den wir heute sehen? Normalerweise nicht. Stattdessen hat Jesus wallende Locken, ist sonnengebräunt, hat einen gepflegten Bart und natürlich die ultimative Radiostimme.

Wenn Sie diesem Jesus folgen, können Sie vielleicht tatsächlich Ihr Ansehen in der Welt behalten. Aber wenn Sie dem Jesus folgen, der gekreuzigt wurde, dem Jesus, der Sünder zur Umkehr aufrief, dem Jesus, der verlangt, dass man sich selbst aufgibt, um ihm zu folgen, dann können Sie Ihrer Beliebtheit in der Welt Lebewohl sagen. Wenn Sie Student sind, rechnen Sie lieber nicht mit einem Diplom im Christsein! Und wenn Sie Politiker sind, sollten Sie nicht davon ausgehen, dass Sie wieder gewählt werden. Wenn Sie diesem Jesus folgen, sind Sie vielleicht noch nicht mal in Ihrer Kirche besonders beliebt. Auch ich bin manchmal nicht gerade beliebt, weil man meine Botschaften für zu unbequem und engstirnig hält. „Komm schon, Keith“, sagen die Leute dann, „sei nicht so düster. Bring uns zum Lachen. Wir wollen lächeln. Sing deine fröhlichen Lieder für uns!“

Seien wir mal ehrlich: die Wahrheit ist nicht sehr gefragt. Die Leute ziehen eine Lüge vor, die es ihnen erlaubt, weiter in ihrer gemütlichen kleinen Welt zu leben. Natürlich ist es eigentlich gar keine *richtige* Lüge – eher so was wie ein kleiner Kompromiss. Und gegen Kompromisse hat Gott doch nichts, oder?

Aber wenn wir die Wahrheit verschönern, wie kann sie dann noch Wahrheit sein? Ein bisschen Hefe lässt den ganzen Teig aufgehen. Heute haben wir die Wahl, welchem Jesus wir folgen wollen. Und diese Wahl wird Auswirkungen auf die Ewigkeit haben.

33 Das Erbarmen triumphiert über das Gericht

„Redet und handelt als Menschen, die einst vor Gott nach dem Gesetz beurteilt werden sollen, das wahrhaft frei macht. Wer selbst kein Erbarmen gehabt hat, über den wird auch Gott erbarmungslos Gericht halten. Wenn aber jemand barmherzig war, dann gilt: Das Erbarmen triumphiert über das Gericht.“

Jakobus 2,12–13

Menschen werden uns immer wieder enttäuschen. Sie machen Fehler. Wenn mein Glaube auf der Unfehlbarkeit meines Pastors fußt, kann ich einpacken. Ich kann mich glücklich schätzen, dass Gott mir einen Pastor geschenkt hat, der mich in Gottes Wort anleitet und mich seelsorgerlich begleitet. Und ich wollte mit Sicherheit kein Christ sein, ohne einen Pastor zu haben. Aber ich weiß, dass er genauso ein Mensch ist, wie ich es bin.

Ich weiß, dass ich schnell desillusioniert und verletzt werde, wenn ich auf irgendeinen Menschen vertraue. Und wissen Sie was? Wenn jemand auf mich baut, dann hat er *wirklich* ein Problem. Ich bin so menschlich, dass es mir manchmal selbst Angst macht. Wir machen alle so viele Fehler – das gehört sozusagen zu unserer Arbeitsplatzbeschreibung als Menschen.

Am Anfang meines Christseins habe ich das nicht verstanden. Als ich das erste Mal als Christ in die Kirche ging, setzte ich mich hinten hin und sah mir das Ganze an. Zuerst staunte ich wirklich – Mensch, so viele Gläubige versammelten sich, um Gott anzubeten! Aber dann kam Satan und setzte sich neben mich. Er lehnte sich zu mir herüber und flüsterte: „Guck mal, die Kleine da drüben mit ihren gefärbten Haaren. Und das ganze Make-up! Die kann unmöglich gerettet sein.

Und was ist mit dem Typen in der ersten Reihe? Er hat den Arm um das Mädchen neben ihm gelegt. Weiß er nicht, dass das hier eine Kirche ist und man sich auf Gott konzentrieren soll?“

Nach ein paar Minuten machte der Teufel mich auf einen Mann aufmerksam, der etwas zu heftig in einer Bibel blätterte und dabei versehentlich eine Seite einriss. „Das ist schrecklich", sagte Satan. „Was ist das denn hier für eine Kirche?"

Der Teufel sitzt am liebsten neben Leuten, die gerade erst Christen geworden sind. Er gibt ihnen eine Menge Ratschläge und ist ganz erpicht darauf, dem Neuling zu zeigen, wie man andere in der Gemeinde verurteilt. Aber nach einer Weile, wenn du dich traust, dich ein paar Reihen weiter nach vorne zu setzen, drehst du dich um und merkst, dass der letzte Neuankömmling jetzt dich ansieht und auf Satans Urteile gegen *dich* hört. Dann musst du zugeben: „Tja, Satan, diesmal hast du allerdings Recht. Ich bin ein Mensch, der ständig Fehler macht und wahrscheinlich eine Menge Leute vor den Kopf stößt. Wenn Gott nicht so voller Gnade wäre, hätte ich ein echtes Problem."

Wenn Sie wirklich verstehen, wie groß die Gnade Gottes Ihnen gegenüber ist – dem schlimmsten aller Verbrecher –, dann werden Sie auch anderen in ihrer Menschlichkeit gnädig sein können. Hören Sie auf, andere zu verurteilen! Gewähren Sie ihnen so viel Barmherzigkeit, wie Sie von Gott erwarten.

34 Besser heiß als lauwarm

„Die Standhaftigkeit aber soll zum Tun des Rechten und Guten führen, damit ihr in jeder Hinsicht untadelig seid und euch zur Vollkommenheit nichts mehr fehlt. Wenn es aber unter euch welche gibt, die nicht wissen, was sie in einem bestimmten Fall tun müssen, sollen sie Gott um Weisheit bitten, und Gott wird sie ihnen geben."

Jakobus 1,4–5

Gleich nachdem ich Christ geworden war, habe ich ständig Menschen den Weg zu Jesus gezeigt. Und dann machte ich eine Kehrtwende und bin ihnen auf die Füße getreten. Ich war ungeheuer eifrig. Erst habe ich sie in Gottes Reich gezogen und dann bin ich auf ihnen herumgetrampelt.

Mein Pastor wusste nicht, was er mit mir anfangen sollte. Er rief seinen Seelsorger, Chuck Smith, an und sagte: „Ich habe keine Ahnung, was ich mit diesem Keith Green machen soll. Er bringt die Leute zu Jesus wie Fliegen zum Honig und dann beleidigt er sie andauernd."

Was Chuck meinem Pastor antwortete, erfuhr ich erst viel später, und es veränderte mein gesamtes Glaubensleben. Wahrscheinlich meint der eine oder andere jetzt, dass Chuck meinem Pastor riet, mich ein bisschen zu bremsen und meinen Eifer etwas zu dämpfen. Stattdessen sagte er: „Besser übereifrig für den Herrn als lauwarm. Lass ihn nur machen. Er wird sich schon noch weiterentwickeln." Und das tat ich auch.

Als ich im Glauben wuchs, verstand ich immer besser, was Gnade und Vergebung eigentlich bedeuten, und allmählich nahmen diese Erkenntnisse Einfluss auf mein Leben und meine Arbeit. Aber es war Gott, der das bewirkte. Die Veränderung kam nicht dadurch, dass ein Mensch mir sagte, ich solle mal einen Gang zurückschalten. Eifer für Gott ist gut. Legen Sie los und versuchen Sie es einfach! Wenn Sie versuchen, zehn Dinge für Gott zu tun, und machen dabei drei Fehler, haben Sie immerhin sieben Dinge richtig gemacht. Aber wenn Sie Angst vor diesen drei Fehlern haben, werden Sie gar nichts tun. Tun Sie die zehn Dinge, die Gott Ihnen zeigt. Gehen Sie das Risiko ein, dass drei oder sogar fünf oder mehr davon schief gehen. Gott wird Ihnen vergeben.

Aber achten Sie darauf, dass das, was Sie tun, der Bibel entspricht. Tun Sie nichts, von dem Sie wissen, dass es falsch ist, um es mit dem Mäntelchen des „Glaubenseifers“ zu bedecken. Wenn Sie für Gott Ihre Deckung verlassen, wird er Sie segnen, und dann werden Sie Ihre Fehler erkennen, aus ihnen lernen und schon bald weniger Fehler machen. Und Gott wird Sie beim Bau seines Reiches gebrauchen.

35 Da bleiben, wo Gott einen haben will

„Ihr seid das Licht für die Welt. Eine Stadt,
die auf einem Berg liegt, kann nicht verborgen bleiben.
Auch zündet niemand eine Lampe an,
um sie dann unter einen Topf zu stellen.
Im Gegenteil, man stellt sie auf den Lampenständer,
damit sie allen im Haus Licht gibt.
Genauso muss auch euer Licht vor den Menschen leuchten:
Sie sollen eure guten Taten sehen und euren Vater
im Himmel preisen."

Matthäus 5,14–16

Gott liebt radikalen Glauben. Lauwarmes Christsein dagegen macht ihn ganz krank. Paulus war ein radikaler Christ. Er ging dorthin, wo man ihn nicht haben wollte, und sagte das, was Gott ihm aufgetragen hatte, ohne Scheu. Er war fanatisch in seiner Liebe zu Gott, und das ging so weit, dass es ihm völlig egal war, was andere von ihm hielten. Er predigte eben „auf Gott komm raus". Mit seinem Verhalten setzte Paulus Maßstäbe für uns. Er fordert uns auf: „Nehmt mich zum Vorbild, so wie ich Christus zum Vorbild nehme!"

Als ich zum Glauben kam, arbeitete ich als Songschreiber für CBS Publishing. Ich fragte Gott, ob ich meinen Job aufgeben sollte, jetzt, wo ich an ihn glaubte. Ich war bereit, überallhin zu gehen, wo Gott mich haben wollte. Aber er wollte mich genau dort, wo ich war. Er sagte mir, ich solle mich nicht von der Stelle rühren. Später wurde mir klar, wie weise diese Entscheidung gewesen war, denn so konnte ich den Leuten bei CBS von meinem Glauben erzählen. Meine Kollegen erlebten, wie aus einem jungen, geldgeilen, selbstverliebten Typen, der um jeden Preis einen Hit landen wollte, ein Christ wurde, dem es vor allem darum ging, dass Gott der Platz eingeräumt wurde, der ihm gebührt.

Die Leute wussten nicht, was sie von mir halten sollten. Ich fing an, „Gott segne dich" zu sagen, wenn ich abends nach Hause ging. Eine Zeit lang dachten sie, ich wäre verrückt oder hätte irgendwelche

Drogen genommen. Aber dann saß ich immer öfter mit ihnen zusammen, sie erzählten mir von ihren Problemen, und ich bot an, für sie zu beten. Allmählich erkannten sie, dass die Veränderungen in meinem Leben echt waren – und *gut*.

Dann rief der Vorsitzende von CBS mich eines Tages zu sich. Er sagte: „Du hast da einen christlichen Song geschrieben, Keith, den würde Olivia Newton-John aufnehmen, wenn du ein paar Zeilen änderst. Das wird ein Riesenhit – garantiert 100 000 bis 200 000 Dollar im ersten Jahr und in den nächsten Jahren im Durchschnitt 25 000 bis 50 000."

Aber ich wusste, dass dieser Song Gott gehörte. Ich zuckte nicht mal mit der Wimper – Gott gab mir die Kühnheit und Gnade zu sagen: „Dieser Song gehört mir nicht. Ich habe nicht das Recht, den Text zu ändern." Sie verstanden, was ich meinte, aber sie konnten es nicht fassen. Jedenfalls machten sie sich danach nie wieder über meinen Glauben lustig.

Später wurde das ganze CBS-Personal mit Ausnahme der Autoren entlassen, und die Jungs riefen mich ab und zu an, und dann sagte ich, dass ich für sie beten würde. Sie dankten mir und erzählten, dass sie meine Gebete wirklich brauchen konnten. Ich blieb, wo Gott mich haben wollte, und das Ergebnis war ein Segen. Irgendwann würde er mich auffordern zu gehen, aber dann würde es seine Entscheidung sein und nicht meine.

Ob wir bleiben oder gehen sollen, das ist Gottes Sache, nicht unsere. Aber wie auch immer seine Entscheidung ausfällt, wir sollten ihr gehorchen. Wenn Sie Ihr Licht im Dunkeln leuchten lassen, wird es ein Segen sein – erst für Sie und dann für die Menschen in Ihrer Umgebung und auch für Gott selbst.

36 Merkt man bei Ihnen was?

„Wenn jemand nicht den Mut hat, sich zu mir und meiner Botschaft zu bekennen, dann wird auch der Menschensohn keinen Mut haben, sich zu ihm zu bekennen, wenn er in seiner Herrlichkeit kommt und in der Herrlichkeit des Vaters und der heiligen Engel."

Lukas 9,26

Es gibt eine Geschichte über einen kleinen Jungen, der eines Sonntags in der Kirche zum Glauben kam. Am nächsten Tag sollte er in die Sommerferien fahren, und er machte sich Sorgen, was die anderen Kinder wohl sagen würden, wenn sie erfuhren, dass er Christ geworden war.

Seine Mutter sagte zu ihm: „Lass einfach dein Licht leuchten und folge Jesus nach, dann kann dir nichts passieren." Dann fuhr der Junge los.

Eine Woche später kam er nach Hause, und seine Mutter fragte ihn, wie es gelaufen sei.

„Es war prima", antwortete der Junge. „Sie haben nichts gemerkt."

So ist es bei vielen Christen - wir versuchen, so zu leben, dass unsere nichtchristlichen Freunde, Kollegen oder Kommilitonen von unserem Glauben „nichts merken".

Wovor haben wir eigentlich Angst? Vor Ablehnung? Wenn sie uns wegen unseres Glaubens ablehnen, wird unser Lohn im Himmel groß sein. Und wenn sie uns ablehnen, wird unser himmlischer Vater uns annehmen.

Denken Sie mal darüber nach! Wessen Meinung schätzen Sie am meisten: die Ihrer Freunde? Oder die des Gottes, der Sie so sehr geliebt hat, dass er das Beste gab, um Sie zu erlösen?

37 Richtet nicht!

„Nehmt einmal an, ihr seid zum Gottesdienst versammelt, und es kommt ein Mann mit goldenen Ringen und in vornehmer Kleidung herein und ebenso ein Armer in Lumpen. Und ihr sagt zu dem gut gekleideten Mann respektvoll: ‚Bitte, hier ist noch ein bequemer Platz!‘
Aber zu dem Armen sagt ihr: ‚Du kannst dort hinten stehen‘, oder auch: ‚Setz dich hier neben meinen Stuhl auf den Boden!‘ Trefft ihr da nicht höchst fragwürdige Unterscheidungen und urteilt nach verwerflichen Maßstäben?“

Jakobus 2,2–4

Sie können es nicht jedem recht machen. Manchmal ist meine Musik den Hippies zu brav und manchmal ist sie den Normalbürgern zu ausgeflippt. Und Gott hat sie alle lieb – die Hippies wie die Normalos. Wir müssen vorsichtig sein, welches Urteil wir über andere fällen und was wir von ihnen erwarten, wenn sie das Evangelium hören. Natürlich würden Sie nicht nach Mexiko fahren und jedem dort Englisch beibringen, damit alle die Botschaft von Jesus hören können. Vielmehr geben Sie die Gute Nachricht in der Sprache weiter, die von den Menschen dort verstanden wird. Was die Musik betrifft, können wir nicht alle jungen Leute zu alten machen, damit sie die Botschaft hören. Erzählen wir ihnen doch von Jesus in einer Sprache, die sie verstehen!

John Michael Talbot ist ein guter Freund von mir. Als er Christ wurde, hatte er sehr lange Haare, die ihm fast bis zum Po gingen. Er ging durch die Kirche nach vorne, von Gott berührt und die Tränen liefen ihm dabei über das Gesicht und in seinen langen Bart. Kurz darauf ging er zu seinem Platz zurück und jeder dachte: *Gott sei Dank, der Hippie ist zum Glauben gekommen!* Und dann trat der Küster zu ihm und flüsterte: „Also, mein Junge, wegen deiner Haare ...“

Mal im Ernst! Das ist so, als würde ein Schwarzer nach vorne gehen und der Küster würde zu ihm sagen: „Also, mein Junge, wegen deiner Hautfarbe ...“, oder als ginge ein Armer in eine reiche Kirche und bekäme zu hören: „Also, mein Junge, wegen der Schrottlaube, die du da fährst ..."

Wir können Menschen nicht in Klassen stecken! Wir können doch nicht tolerieren, dass es bei uns einen Himmel der ersten, zweiten und dritten Klasse gibt! Was macht denn einen Christen aus? Wie man aussieht, wie man redet, wie viel Geld man verdient, was für ein Auto man fährt, wie hübsch man ist?

Die einzig wahre Feuerprobe für einen Christen lautet: „Wen kennst du?" Man muss jemanden in einer hohen Position kennen, um Christ zu sein – und ich spreche hier nicht von einer weltlichen Sichtweise von „hoch". Wenn also jemand sagt: „Ich bin Christ", und Sie Ihre Zweifel haben, fragen Sie ihn: „Wen kennst du?" Kümmern Sie sich nicht darum, wie er aussieht oder riecht. Wahrscheinlich war Jesus auch ein ziemlich verschwitzter Typ. Sein Bart war sicher ein bisschen strähnig, nachdem er auf den staubigen Straßen Israels herumgelaufen war. Wenn Jesus in Ihrer Kirche auftauchte, würden Sie vielleicht gar nicht neben ihm sitzen wollen. Aber die Frauen, die ihn liebten, dachten nur an eines: dass sie seine Füße mit ihren Tränen waschen wollten.

Vor kurzem hat Gott mir etwas sehr Wichtiges gezeigt. Er sagte: „Such dir den Menschen in deiner Gemeinde heraus, den du am wenigsten leiden kannst ... An ihm kannst du sehen, welche Liebe du für mich empfindest, Keith."

Ich antwortete: „Aber Herr, er ist so unausstehlich. Du bist doch nicht so."

Jesus erwiderte: „Ich bin für ihn gestorben. Ich habe mein Blut für *ihn* vergossen. Das, was ihn in deinen Augen so unausstehlich macht, wird in Flammen aufgehen, wenn er durch das Feuer geht. Du sollst ihn genauso lieben wie mich."

Also los, überlegen Sie mal! Wer ist es in Ihrer Gemeinde? Der Typ mit der affektierten Stimme, der in seinen langatmigen Gebeten immer „Halleluuuja" seufzt? Oder die Frau mit dem billigen Parfüm? Oder der Junge, der den ganzen Gottesdienst über Kaugummi kaut? Denken Sie an diese Person – oder diese Leute –, und fangen Sie an, sie mit den Augen Jesu zu sehen. Lieben Sie sie, wie Sie ihn lieben. Ich weiß, das ist schwierig. Aber für irgendjemanden in Ihrer Gemeinde sind *Sie* vielleicht dieser unausstehliche Mensch, und Sie sind es vielleicht, der so schwer zu lieben ist. Seien Sie mit den am wenigsten Liebenswerten am barmherzigsten, dann werden Sie die Barmherzigkeit erfahren, die Gott für Sie bereithält.

38 Überlassen Sie Jesus die Reinigung!

„Der Herr sagt: ‚Kommt her, lasst uns prüfen, wer von uns Recht hat, ihr oder ich! Eure Verbrechen sind rot wie Blut, und doch könnten sie weiß werden wie Schnee. Sie sind rot wie Purpur und doch könnten sie weiß werden wie reine Wolle.'"

Jesaja 1,18

Gott nimmt uns so an, wie wir sind. Für die Einladung in den Himmel gibt es keine Kleidervorschriften. Ich kenne Christen, die sich von Jesus abgewandt haben und sagen: „Irgendwann komme ich wieder, aber erst muss ich noch einige Sünden ausmerzen und ein paar Probleme in den Griff kriegen." Das ist so, als wollte man sich erst mal reinigen, bevor man ein Bad nimmt.

Ich dränge solche Menschen immer dazu, Gott ihre Probleme zu überlassen. Sie müssen nur seine Vergebung für ihre Sünden annehmen. Wenn sie warten, bis sie die Dinge selbst ins Reine gebracht haben, werden sie nie zurückkommen.

Wir vergessen immer wieder, dass Jesus zu den *Sündern* gekommen ist und nicht zu den Gerechten. Er zeigte der Frau, die beim Ehebruch ertappt worden war, gerade dann seine Liebe, als die gesetzlichen Pharisäer drauf und dran waren, sie für ihre Sünde zu steinigen. Gott liebt Versager. Er hat sogar besondere Freude daran, Versager zu *gebrauchen*. Mose war nicht gerade ein begnadeter Redner – manche Theologen sind sogar der Ansicht, dass er gestottert hat –, aber Gott gebrauchte ihn trotzdem. Er gebraucht auch mich – und es gibt eine ganze Reihe Leute, die meinen, er hätte eine wesentlich bessere Wahl treffen können, um andere für Christus zu gewinnen.

Wenn Sie sich von Gott entfernt haben oder von Ihren Fehlern gelähmt sind oder wenn Sie das Gefühl haben, Gott könnte so jemand Unbegabten wie Sie nicht gebrauchen, dann denken Sie noch einmal darüber nach. Gott sucht auf der ganzen Erde nach Menschen, deren Herz auf Grund ihrer Macken demütig ist. Das sind genau diejenigen, die Gott gebrauchen wird.

39 Licht über Goschen

„Auch wenn tausend neben dir sterben und zehntausend rings um dich fallen – dich selber wird es nicht treffen."

Psalm 91,7

Als Christen, die in der Endzeit leben, können wir nicht von Gott erwarten, dass er uns vor dem Leid schützt, das andere Menschen verursachen. Vielmehr bedeutet dies, dass wir wegen unseres Glaubens Verfolgung erleiden müssen. Allerdings wird uns auch versichert, dass Gott, wenn er seinen Zorn über die Erde ausgießt, seine Gemeinde verschonen wird.

Das tut er vielleicht, indem er uns während des Gerichts von der Erde nimmt – das hat er mit Lot gemacht. Oder er kann uns, wie in Noahs Fall, angesichts der Probleme um uns herum „obenauf" schwimmen lassen. In Goschen saßen die Kinder Israels inmitten all der Plagen, und Gott legte eine Art Schutzmantel über das Land, sodass keine der Plagen Goschen traf, was die Ägypter natürlich ungeheuer wütend machte. Obwohl es überall in Ägypten dunkel war, schien über Goschen ein Licht. Das Land war vor dem Gericht Gottes geschützt.

Gott will sein Volk beschützen und dazu zählt heute die gesamte Gemeinde Jesu. Er hält einen Schutzschild über die Kirche, um sie vor den Intrigen der Welt zu bewahren. Die Kirche ist die Braut Christi, und er wird nicht zulassen, dass seine Braut vom Teufel vergewaltigt wird.

Als Teil seiner Gemeinde können Sie vor dem Gericht und vor den Machenschaften des Teufels geschützt sein. Halten Sie sich nahe bei Gott und leben Sie unter seinem Schutzschild! Es gibt keinen Ort, der sicherer wäre. Dort können Sie zur Ruhe kommen.

40 Wenn Liebe im Spiel ist

„Als die Pharisäer erfuhren, dass Jesus die Sadduzäer zum Schweigen gebracht hatte, kamen sie bei Jesus zusammen. Einer von ihnen, ein Gesetzeslehrer, stellte Jesus eine Falle. Er fragte ihn: ‚Lehrer, welches ist das wichtigste Gebot des Gesetzes?' Jesus antwortete: ‚»Liebe den Herrn, deinen Gott, von ganzem Herzen, mit ganzem Willen und mit deinem ganzen Verstand!« Dies ist das größte und wichtigste Gebot. Aber gleich wichtig ist ein zweites:
»Liebe deinen Mitmenschen wie dich selbst!«
In diesen beiden Geboten ist alles zusammengefasst, was das Gesetz und die Propheten fordern.'"

Matthäus 22,34–40

Gott verlangt von uns zwei Dinge, aus denen sich alles andere ergibt. Er will, dass wir zuerst ihn lieben, und er möchte, dass wir uns gegenseitig lieben. Und wenn wir Letzteres tun, wird das der Beweis für Ersteres sein. Aus diesen beiden Geboten heraus ist das ganze Gesetz erfüllt. Diese beiden Gebote sind untrennbar miteinander verbunden. Es ist mir unmöglich, meinen Bruder zu lieben, ohne dass Gottes Heiliger Geist durch mich liebt, weil ich, um ehrlich zu sein, ziemlich selbstsüchtig bin – und Sie sind es auch.

Wenn ich meine Brüder nicht liebe, dann, so sagt Gott, ist das der Beweis dafür, dass ich ihn auch nicht liebe. Wenn ich andere liebe, zeige ich damit meine Liebe zu Jesus. Liebe ist die grundlegendste Anwendung unseres Glaubens. Wenn wir nicht lieben, kennen wir den nicht, der die Liebe *ist*.

Wir alle haben schon einmal die Redewendung von dem Kind gehört, „das nur das liebende Mutterauge schön finden kann". Sie ist darauf zurückzuführen, dass Mütter ihre Kinder von Natur aus lieben. Die Liebe liegt in ihrem Wesen als Mutter. Wenn Mütter ihre Kinder nicht lieben, dann läuft etwas furchtbar schief. Und wenn Christen nicht lieben, stimmt ganz eindeutig etwas nicht mit ihrem Glauben. Aber wenn sie lieben, kann ihr Glaube Berge versetzen.

Wenn Liebe im Spiel ist[6]

Nimm dir Zeit und mach aus einem Fremden einen Freund,
berühre eine Hand, streck deine einfach aus, es ist ungefährlich.
Wenn Liebe im Spiel ist, bewegen sich Berge,
die Blinden können sehen, und die Dinge werden besser.
Hab keine Angst anzufangen,
und sei der Erste, der den Samen sät,
und dann sieh einfach zu, wie er wächst.

Nimm dir Zeit und sage jemandem, dass du ihn liebst.
Gib ihm das Gefühl, dass über ihm ein Regenbogen steht.
Wenn Liebe im Spiel ist, wird der Sturm sich legen,
und die in Ketten liegen, werden frei.
Es gibt nichts, was Liebe nicht erreichen könnte,
aber es muss mit mir und dir anfangen,
und dann sieh einfach zu, wie sie wächst.

Wenn Liebe im Spiel ist, kannst du nicht verlieren,
du wirst immer wissen, welchen Weg du wählen sollst.
Es gibt nichts, was Liebe nicht erreichen könnte,
aber es muss mit mir und dir anfangen,
und dann sieh einfach zu, wie sie wächst.

Nimm dir Zeit und mach aus einem Fremden einen Freund.
Wenn Liebe im Spiel ist, berühre eine Hand,
streck deine einfach aus, es ist ungefährlich.
Wenn Liebe im Spiel ist, nimm dir Zeit,
und mach aus einem Fremden einen Freund.
Wenn Liebe im Spiel ist!

41 Heilung für geistlichen Krebs

„Dann sagte er zu ihnen: ‚Geht in die ganze Welt und verkündet die Gute Nachricht allen Menschen!'"

Markus 16,15

Viel zu viele Christen bleiben ihr Leben lang unentschlossen. Aber Gott fordert uns auf, eine Entscheidung zu fällen und uns an die Arbeit zu machen. Jeder Mensch hat eine Aufgabe, zu der Gott ihn berufen hat. Es dauert vielleicht eine Weile, bis man herausgefunden hat, welche das ist, aber wenn Sie sich einfach auf den Weg machen, wird Gott Ihnen schon die Richtung zeigen, in die Sie gehen sollen.

Unentschlossene oder Wischiwaschi-Christen können es nicht ausstehen, wenn ihre Freunde ganze Sache machen und sich so richtig für Gott begeistern. Es schüchtert sie ein, wenn sie sehen, dass jemand das tut, was sie selbst eigentlich tun sollten. „Mensch, musst du denn so ein Fanatiker sein?", fragen sie. „Kannst du das nicht für dich behalten?"

Nein, tut mir Leid, können wir nicht. Kommt nicht in die Tüte. Denn wenn wir schweigen, werden die Steine aufstehen und Gott anbeten.

Ob Sie es glauben oder nicht – ein *Pastor* hat einmal zu mir gesagt: „Meine Beziehung zu meiner Frau und meine Beziehung zu Gott sind etwas sehr Persönliches. Ich knutsche mit meiner Frau nicht auf offener Straße und ich laufe nicht durch die Gegend und rede über Jesus. Das ist Privatsache."

Ich vermute, dieser Mann hat die Worte Jesu von dem Licht, das man auf einen Leuchter stellen soll, damit alle es sehen, so verstanden, dass das eine Privatangelegenheit ist. Und als Jesus gesagt hat, dass man eine Stadt auf einem Berg nicht verstecken kann, hat er sicher auch von Privatsphäre geredet. Und wenn er uns aussendet, um die Gute Nachricht weiterzusagen, dann ist es in Wirklichkeit eine Aufforderung, sie für sich zu behalten. Wahrscheinlich haben wir es nur falsch übersetzt oder so.

Ich wette, derselbe Pastor würde nicht damit hinterm Berg halten, wenn er ein Heilmittel für Krebs entdeckt hätte. Wenn er auch nur ein Fünkchen Mitgefühl hätte, würde er versuchen, dieses Mittel so vielen Krebspatienten wie nur möglich zukommen zu lassen. Und dabei haben wir das Mittel gegen eine Krankheit, die viel schlimmer ist als körperlicher Krebs: Wir können den geistlichen Krebs heilen! Diesen geistlichen Krebs nennt man Sünde, und er ist eine Epidemie, die an niemandem spurlos vorübergeht und immer tödlich ausgeht, es sei denn, die Medizin, die wir dagegen bekommen haben – das Blut Jesus Christi –, wird auch anderen Menschen verabreicht.

Wissen Sie was? Jesus hat die Nase voll von Wischiwaschi-Christen. Er kann diejenigen, die nicht ganze Sache machen, und solche, die sich auf der Kirchenbank den Hintern platt sitzen, nicht mehr sehen. Er hält Ausschau nach Männern und Frauen, die für ihn Feuer und Flamme sind und nicht nur sagen, was sie glauben, sondern auch *tun*, was sie glauben.

Es wird Zeit – nein, es ist schon lange Zeit –, dass wir anfangen zu handeln. Wir schaffen das natürlich nicht ohne den Heiligen Geist, aber er steht schon bereit und wartet auf uns. Er sagt: „Kommt schon: Fragt mich! Bittet mich! Ich will euch doch helfen." Gott will durch *Sie* etwas Gutes bewirken und wartet nur darauf, dass er endlich loslegen kann.

Es gibt etwas Gutes, das Gott für heute zu Ihrer Aufgabe gemacht hat. Halten Sie die Augen danach offen und tun Sie es!

42 Glauben, ohne zu sehen

„Ihn liebt ihr, obwohl ihr ihn nie gesehen habt. Auf ihn setzt ihr euer Vertrauen, obwohl ihr ihn jetzt noch nicht sehen könnt. Und darum jubelt ihr mit unaussprechlicher und herrlicher Freude."

1. Petrus 1,8

Wir handeln uns Ärger ein, wenn wir darauf bestehen, erst sehen zu müssen, bevor wir glauben. Das ist nämlich der Grund, warum viele Menschen niemals das Reich Gottes sehen werden. Wir bringen ihnen die Gute Nachricht und sie sagen: „Ich glaube nur, was ich sehe. Gott kann ich nicht sehen, also glaube ich auch nicht an ihn."

Dieselben Leute haben aber kein Problem damit, ein Fernsehprogramm anzuschauen, das aus unsichtbaren Wellen besteht, die durch den Äther ausgestrahlt werden. Sie hören Radio, ohne dass sie gesehen hätten, wie die Radiowellen zu ihrem Empfänger gesendet wurden. Sie machen sich ihr Essen in der Mikrowelle warm und glauben, dass unsichtbare Mikrowellen in der Lage sind, ihre Nahrung zu erwärmen. Und überall um sie herum hat Gott eine wunderschöne Erde geschaffen, er hat uns Verstand und einen Körper gegeben, die kompliziertere Abläufe bewältigen als jede von Menschen erdachte Maschine, und obwohl sie diese Schöpfung „sehen", glauben sie nicht.

Ich habe einmal jemandem zu erklären versucht, dass Jesus nicht mit unseren fünf Sinnen zu erfassen ist. Unsere natürlichen Sinne können einer Täuschung unterliegen. So sehen wir mit den kleinen Bällen in unseren Augenhöhlen nur ein gewisses Spektrum an Licht. Mit den komisch geformten Ohren an unserem Kopf können wir nur bestimmte Frequenzen hören. Trotzdem gibt es Licht, das wir nicht sehen, und Klänge, die wir nicht hören – eine Hundepfeife zum Beispiel. Und obwohl wir sie nicht sehen, können wir daran glauben.

Und wenn wir Christen geworden sind, bekommen wir von Gott neue Augen und neue Ohren und ein neues Herz. Sie sind nicht *physisch*, aber deshalb nicht weniger real. Fleisch und Blut können niemals in Gottes Reich kommen. Unser irdischer Körper ist keine Hilfe, wenn es darum geht, Gott zu verstehen. Diejenigen, die Gott sehen müssen, bevor sie glauben, werden es niemals tun.

Und diejenigen von uns, die den Sieg sehen müssen, bevor sie ihn erlangen, werden nie siegen.

43 In Jesus verloren

„Vor allem haltet das Vertrauen auf Gott als Schild vor euch, mit dem ihr alle Brandpfeile des Satans abfangen könnt."
Epheser 6,16

Wenn Sie Christ werden, entdecken Sie schnell, dass Sie einen Feind haben. Aber viele gläubige Menschen sind so sehr damit beschäftigt, sich vor dem Teufel in Acht zu nehmen, dass sie ihren Blick auf ihn statt auf Jesus richten. Machen Sie sich Satans Strategien bewusst, aber geben Sie ihm nicht Macht über Ihren Verstand!

Wenn Sie sich einmal gründlich mit dem Teufel beschäftigt haben und Ihnen klar ist, wie grenzenlos bösartig er ist und wie sehr er Sie hasst, dann müssen Sie Ihren Blick auf den Sieg richten, den Jesus am Kreuz über ihn errungen hat. Stellen Sie den Sieger in den Mittelpunkt Ihrer Aufmerksamkeit und nicht den besiegten Feind.

Als Gläubige sind wir in Jesus Christus geborgen. Ganz und gar sicher und beschützt. Solange wir uns an ihn halten, brauchen wir keine Angst vor dem Teufel zu haben. Nicht die Spur. Seine Tricks stellen für uns keine Bedrohung dar, wenn wir in Christus geborgen bleiben. Als Kinder haben wir uns vor unseren Feinden versteckt und gerufen: „Nana nana naaaana – du kriegst mich nicht!" So ungefähr sollten wir auch auf Satan reagieren.

Als ich noch ein Kind war, gab es eine beliebte Fernsehsendung, die den Titel „Lost in Space" („Verloren im Weltall") trug. Es ging darin um die Familie Robinson, die durch einen Unfall in einem Raumschiff endete und auf der Suche nach dem Weg zur Erde war. Wenn sie von Meteoriten bedroht wurden, errichteten sie ein total cooles Kraftfeld, an dem die Meteoriten einfach abprallten. Die Robinsons waren sicher, weil das Kraftfeld sie beschützte. Wenn wir glauben, sind wir „in Jesus verloren". Und wenn wir in ihm bleiben, kann Satan zwar seine feurigen Pfeile in unsere Richtung schleudern – und Sie können sicher sein, dass er das tun wird! –, aber sie prallen an Gottes Kraftfeld ab, das uns beschützt.

Gott ist ungeheuer mächtig und Satan ein totaler Trottel. Manchmal verstehe ich nicht, warum er nicht einfach seine Sachen packt und aufgibt. Vielleicht liegt es daran, dass Gott ihn heute gebraucht, um die Schafe von den Böcken zu trennen. Vielleicht ist es so, damit wir Partei ergreifen und uns entscheiden müssen, wem wir dienen wollen.

In Eden hatte Gott den Baum der Erkenntnis des Guten und Bösen in die Mitte des Gartens gepflanzt, und Adam und Eva hatten die Wahl, ob sie gehorsam sein wollten oder nicht. Heute ist es fast so, als wäre Satan ein Baum des Guten und Bösen. Sie können von seinen Früchten essen und eine Zeit lang „weise“ werden und das Ansehen der Welt und vielleicht sogar Ruhm und Reichtum erlangen. Diese Köstlichkeiten kann Satan uns anbieten. Er hat sie sogar Jesus angeboten, als er ihm „alle Reiche der Welt“ zeigte und sagte: „Dies alles will ich dir geben, wenn du dich vor mir niederwirfst und mich anbetest.“ Jesus hat nicht abgestritten, dass der Teufel die Macht hatte, ihm diese Versuchungen anzubieten. Er hat nicht gesagt: „Satan, du bist ein Lügner. Es steht überhaupt nicht in deiner Macht, mir die Welt und ihre Reiche anzubieten.“ Seine Antwort war: „In den Heiligen Schriften heißt es: ‚Vor dem Herrn, deinem Gott, wirf dich nieder, ihn sollst du anbeten und niemand sonst.‘“ Letztendlich hat Jesus *einen qualvollen Tod am Kreuz* gewählt statt des weltlichen Ansehens, das man bekommt, wenn man Satan folgt.

Wir sind alle mit derselben Versuchung konfrontiert. Wir können ein bestimmtes Maß an Erfolg und Ansehen in dieser Welt genießen oder wir können Satans Angebot einer befristeten Behaglichkeit ablehnen und das Kreuz wählen. Wenn wir uns für das Kreuz entscheiden, bekommen wir auch die Macht, den Feind niederzutrampeln – die Macht, hinter dem Kraftfeld zu stehen, das die dummen Versuchungen und hässlichen Anschuldigungen abwehrt, die Satan uns entgegenschleudert.

Vergessen Sie niemals, dass Sie als Christ den Sieg Christi über den Teufel vor sich hertragen. Gottes Kraftfeld beschützt Sie vor allen Plänen des Feindes. Sie können sich also glücklich schätzen, denn Gott freut sich darüber, wenn Sie als Sieger aus dem Kampf hervorgehen!

44 Gut gemacht, mein Diener!

„Nehmt auf euch mein Joch und lernt von mir;
denn ich bin sanftmütig und von Herzen demütig;
so werdet ihr Ruhe finden für eure Seelen.
Denn mein Joch ist sanft, und meine Last ist leicht.“

Matthäus 11,29–30 (Luther)

Gott ist einfach toll. Nur er ist es wert, angebetet zu werden. Er ist der Schöpfer und Erhalter aller Dinge und in seinem Wesen völlig unabhängig. Und trotzdem – Wunder über Wunder – beschließt er, uns zu lieben, sich um uns zu bemühen und uns zu *gebrauchen.*

Gott braucht uns nicht. Er ist nicht auf uns angewiesen. Er kann mit allem Möglichen arbeiten – im Alten Testament wird beispielsweise berichtet, dass er Balaams Esel gebraucht hat, um mit dem Propheten Verbindung aufzunehmen. Aber er wählt *uns.* Gott liebt uns noch viel mehr als jeden Esel – wir haben eine lebendige, ewige Seele. Und eines Tages möchte Gott zu jedem einzelnen Menschen sagen: „Gut gemacht, mein treuer Diener, gut gemacht!“

Wir können heute etwas tun, damit wir diese Worte später im Himmel hören: nämlich für Jesus leben. Viele Christen lassen sich den Segen entgehen, der darin liegt, wenn man ganze Sache mit Jesus macht, *seinen* Sieg vor sich herträgt und *sein* Kreuz trägt. Stattdessen schleppen sie ihr eigenes Kreuz oder das Kreuz guter Werke mit sich herum. Ihr Leben steht unter dem Motto: „Was für eine schmerzhafte Last ich für Gott ertragen muss!“ Aber Jesus hat uns eingeladen, zu ihm zu kommen, weil sein Joch sanft und seine Last *leicht* ist.

Unser Fehler besteht darin, dass wir meinen, wir müssten wie Jesus gekreuzigt werden. Aber er will nicht, dass wir gekreuzigt werden – das hat er bereits erledigt. Unsere Aufgabe besteht darin, das, was *er* am Kreuz getan hat, anzunehmen und unser altes Ich hinter uns zu lassen und eine neue Person zu werden. Das ist eine ganz schöne Herausforderung, sicher, aber es ist garantiert nicht so schwierig, wie für die Sünden der ganzen Welt zu sterben. Auf Grund dessen, was Jesus getan hat, können wir beten: „Danke, Herr, dass du den Kampf für mich gewonnen hast. Ich weiß, dass die Dinge, gegen die ich täglich ankämpfe, meine eigene Natur und die kleinen Pfeile des Feindes sind, aber du, Jesus, musstest volle Kraft voraus gegen die Sünde der ganzen Welt antreten. Ich danke dir!"

Das Kreuz, das wir tragen müssen, kann uns Schmerzen zufügen, aber es bringt auch Segen mit sich. Das ist der Segen, der mit jedem großen Sieg Hand in Hand geht. Wenn es so aussieht, als wäre alles verloren, und wir scheinbar unter der Last zusammenbrechen - egal, ob die Last aus Sünde, unserem Ich oder irgendwelchen Umständen besteht -, dann müssen wir uns daran erinnern, dass Jesus Christus Sieger ist.

Er hat den Kampf gewonnen. Er hat den Krieg gewonnen.

Loben Sie ihn - Halleluja!

45 Holen Sie sich die Freude!

„Der heutige Tag ist ein Festtag zur Ehre des Herrn! Macht euch keine Sorgen, denn die Freude des Herrn umgibt euch wie eine schützende Mauer.“

Nehemia 8,10

Wissen Sie eigentlich, wie schön es ist, glücklich zu sein? Manchmal sind wir so mit unserem eigenen Leben beschäftigt, dass wir vergessen, wie viele unglückliche Menschen auf der Suche nach der Freude sind, die nur Christus schenken kann.

Manchmal treffe ich solche Leute, und sie ärgern sich darüber, dass wir uns so über unseren Herrn freuen. Sie sagen: „Diese Christen sind einfach zu glücklich. Sie erhalten eine Rechnung mit der Post und sagen: ‚Gelobt sei der Herr!‘ Sie stoßen sich den Zeh und sagen: ‚Halleluja!‘ Sie zahlen ihre Steuern und sagen: ‚Danke, Herr!‘ Diese Christen haben nicht mehr alle Tassen im Schrank! Warum können sie nicht so deprimiert sein wie der Rest der Welt?“

Klar, wir Christen haben Probleme wie alle anderen Menschen auch. Aber als Christ habe ich ein Geheimnis, das mich glücklich macht - egal, was passiert. Dieses Geheimnis ist, dass die *Freude*, die uns Gott anbietet, unsere Kraft ist.

Fühlen Sie sich schwach? Brauchen Sie Kraft? Dann wenden Sie sich an Gott, und holen Sie sich die Freude, die er zu bieten hat! Das schlechteste Zeugnis, das ich mir vorstellen kann, ist ein Christ, der vor Nichtchristen ein freudloses Leben führt. Was ist denn dann der Vorteil des Christseins? Was können wir einer verlorenen, verzweifelten Welt bieten, wenn nicht einen Grund zur Freude?

Das zweitschlechteste Zeugnis ist der Versuch, diese Freude vorzutäuschen. Dieses religiöse Plastiklächeln durchschaut jeder sofort, also geben Sie sich erst gar keine Mühe. Die Freude, die Gott uns schenken will, ist *echt* und kann nicht durch eigene Kraft oder Anstrengungen hervorgerufen werden. Seine Freude ist ein Geschenk, und wie alle Geschenke Gottes bekommen wir es, wenn wir es im Glauben für uns in Anspruch nehmen.

Geben Sie sich nicht mit einem Leben ohne Freude zufrieden! Dafür ist es zu kurz.

46 Komm bald, Herr Jesus!

„Amen, komm, Herr Jesus!“

Offenbarung 22,20

Jesus kommt bald. Er kommt mit einem Netz, mit dem er alle seine Auserwählten einsammelt. Und seine Auserwählten warten voller Vorfreude darauf und machen sich keine Sorgen über die Probleme in diesem Leben, sondern freuen sich geduldig auf das Erscheinen ihres Herrn.

Jeden Abend bete ich: „Jesus, komm schnell!“ Meine Seele sehnt sich danach, meinen Herrn zu sehen. Ich bin es leid, dass sich alle Welt über meinen Jesus lustig macht. Die Leute rufen seinen Namen, wenn sie fluchen, oder sie spotten über Gottes liebstes Eigentum: sein Volk.

In der Zwischenzeit führen die Kinder Gottes ruhig ihr Leben mit Jesus, widmen sich ihrem Alltag, sehen dabei aber immer wieder hinauf zum Himmel und beten: „Maranatha - komm bald, Herr Jesus, komm bald!“ Diese Menschen leben für Gottes Reich. Sie geben ihr Geld für die Armen und für Gottes Sache, ohne dass es ihnen Leid tut. Sie vollbringen gute Werke im Namen Christi. Sie geben das Evangelium offen an diejenigen weiter, die Gott zu ihnen schickt. Sie ertragen gerne den Spott von Hollywood und den Mächtigen dieser Welt, die sich über die Unschuld der Christen ärgern. Diese stillen Christen erziehen ihre Kinder im Glauben; sie dienen ihren Brüdern und Schwestern in der Gemeinde; sie loben ihren Gott in allen Dingen; sie halten sich vom Geist der Welt fern.

Diese Menschen sind Gottes Volk. Die Auserwählten. Das Netz wird schon heruntergelassen, um sie in ihre ewige Heimat zu holen - die Heimat, die Jesus allen versprochen hat, die an ihn glauben.

47 Herberge für Engel

„Seid fröhlich als Menschen der Hoffnung, bleibt standhaft in aller Bedrängnis, lasst nicht nach im Gebet. Sorgt für alle in der Gemeinde, die Not leiden, und wetteifert in der Gastfreundschaft.“

Römer 12,12–13

Falls Sie ein Haus besitzen – wie offen ist es? In welchem Maße steht es für Gottes Zwecke zur Verfügung? Würden Sie Gastgeber für einen Bibelkreis sein? Wenn Sie einen Anhalter, den Sie mitgenommen haben, zu Jesus geführt hätten, würden Sie ihn ein paar Tage lang aufnehmen, um ihm bei den ersten Glaubensschritten zu helfen? Würden Sie die Gute Nachricht weitergeben, aber Ihr Sofa, Ihr Essen und Ihr Badezimmer für sich behalten?

Ich höre schon, wie Sie sagen: „Das ist nicht der Dienst, zu dem ich berufen bin!“

Kommen Sie, ich verlange ja nicht, dass Sie ein Obdachlosenasyl aufmachen und 20 bis 30 Leute beherbergen. Es gibt Menschen, die zu so etwas berufen sind, aber davon rede ich nicht. Ich möchte nur, dass Sie mal darüber nachdenken, welche Verantwortung Sie mit Ihrem Haus übernommen haben. Viele Christen geben gerne von ihrem Geld, ihrer Zeit und auch ihren Begabungen, aber ihr Haus ist tabu. Dabei beherbergen wir unbewusst oft Engel, wenn wir unser Haus öffnen.

Ich habe mir darüber meine Meinung gebildet, als Melody und ich unser Haus für die Menschen öffneten, die Gott zu uns sandte. Diese Menschen kamen normalerweise durch einen Anruf unserer Gemeindeleitung zu uns, die uns fragte, ob wir noch jemanden aufnehmen könnten. Solche Anrufe bekamen wir selbst dann noch, wenn wir schon zehn Leute auf drei Schlafzimmer verteilt hatten. Irgendwann bekam ich jedenfalls einen Anfall von etwas, das manche Leute als „gerechten Zorn“ bezeichnen würden. Ich rief unseren Pastor an und sagte: „Unsere Gemeinde hat 700 Mitglieder – kann nicht mal jemand von denen sein Haus zur Verfügung stellen? Warum predigst du nicht mal über dieses Thema?" Das tat er. Und es war eine gute Predigt. Er machte darin deutlich: „Wir brauchen kein spezielles christliches Haus für Leute, die ein Dach über dem Kopf suchen. Was wir wollen, sind 100 christliche Häuser. Für einen Christen ist es schwierig, sich gleichzeitig um 20 andere zu kümmern. Es ist viel besser, wenn es 20 Menschen gibt, die jeweils einen bei sich aufnehmen." Am Ende der Predigt bat er die Gottesdienstbesucher, ihre Häuser zu öffnen, wenn es Bedarf gab.

Eine Woche später rief man mich wieder an, ob ich noch jemanden aufnehmen könne. Wie es aussah, hatten sich keine Freiwilligen gemeldet. Nicht einer. Also schlug ich vor, der Pastor solle doch die Liste der Mitglieder einfach von oben bis unten durchgehen, die Leute nacheinander anrufen und sie geradeheraus fragen: „Bist du bereit, jemanden bei dir aufzunehmen?" Auch diesem Vorschlag folgte er und die Telefonaktion war mit großem Erfolg gesegnet. Keiner konnte dem Pastor seine Bitte abschlagen, sodass alle untergebracht werden konnten. Das Traurige ist, dass eine persönliche Aufforderung nötig war, um Christen dazu zu veranlassen, die Gabe der Gastfreundschaft mit anderen zu teilen.

Gastfreundschaft ist in der Bibel ein absolutes Muss, kein Vorschlag. Wenn Ihr Zuhause bisher für andere nicht offen war, fangen Sie jetzt damit an! Nehmen Sie nur *einen* Menschen auf. Erzählen Sie ihm von Jesus und begleiten Sie ihn auf seinem Weg!

Jeder sollte genügend Zeit und Platz auf seinem Sofa haben, um Nächstenliebe zu üben. Dieses Unternehmen wird zweifellos gesegnet werden. Ein verschlossenes Haus bedeutet, dass man sich auch einem bestimmten Segen verschließt, der nur dann zu fließen beginnt, wenn die Tür für die Menschen geöffnet wird, die Gott uns schickt.

Wenn Sie Ihr Herz öffnen, muss das Haus folgen.

48 Jesus hat uns gerne um sich

„Von Gottes Güte kommt es, dass wir noch leben. Sein Erbarmen ist noch nicht zu Ende, seine Liebe ist jeden Morgen neu und seine Treue unfassbar groß."

Klagelieder 3,22–23

In meinem Dienst geht es darum, wie sehr Jesus uns liebt. Er will niemanden quälen, und er will nicht, dass jemand sich selbst quält. Er steht nicht mit einem Knüppel da und wartet darauf, dass er ein paar Schädel einschlagen kann. Stattdessen lädt er Sünder immer wieder ein, zu ihm zu kommen und seine Bezahlung für ihre Sünden anzunehmen. Er sagt zu jedem Menschen: „Komm her zu mir – ich warte auf dich. Ich halte die Uhr an. Es ist eine Minute vor zwölf, aber jedes Mal, wenn der Zeiger einen Strich weiterrücken will, schiebe ich ihn wieder zurück. Ich warte immer darauf, dass noch einer kommt. Und noch einer und noch einer und noch einer. Worauf wartest du? Ich bin für dich gestorben. Genau genommen sterbe ich immer noch für dich. Ich sitze vor dem Thron meines Vaters und weine um dich. Komm her zu mir. In dieser Welt gibt es für dich nichts mehr. Alles wird zu Staub werden."

Wir wissen alle instinktiv, dass das, was Jesus sagt, stimmt. Hier gibt es für uns nichts von echtem, bleibendem Wert. Wenn wir uns heute voll laufen lassen, ist das Erwachen morgen umso schlimmer. Wenn wir heute viel Geld scheffeln, verlieren wir es morgen wieder. Wenn wir uns heute Nacht einem neuen Menschen hingeben, wird dieser uns morgen enttäuschen. Wenn unser Geschäft dieses Jahr erfolgreich läuft, werden wir im nächsten Jahr Konkurs anmelden. Die Wirtschaft wird eine Zeit lang florieren und dann bricht sie wieder ein. Wohin wir in dieser Welt auch blicken – alles verändert sich. Aber Jesus ist beständig. Er ändert sich nie – er ist immer *für* uns. Er hat immer das Beste für uns im Sinn.

Kommen Sie immer wieder zu ihm! Er wird es nie müde, uns um sich zu haben. Oder sind wir es leid, ihn um uns zu haben?

49 Sich als Christ weiterentwickeln

„Deshalb wollen wir jetzt die Anfangslektionen der christlichen Botschaft hinter uns lassen und uns dem zuwenden, was für die im Glauben Erwachsenen bestimmt ist."

Hebräer 6,1a

Manche Christen scheinen niemals das Säuglingsalter zu verlassen. Sie gehen zu allen angesagten Lobpreisgottesdiensten und wollen alle Top-Prediger hören, aber nach zwei, drei, vier oder fünf Jahren sitzen sie immer noch in ihrem Laufstall und wollen gefüttert werden und dass man ihnen die Windeln wechselt. Sie haben sich in einer Art geistlichem *Phantasialand* eingenistet und wollen es nicht verlassen. Währenddessen sagt Gott: „Hör mal zu, Junge: Da draußen gibt es eine Welt voller Menschen, die danach hungern, mein Wort zu hören. Wen kann ich losschicken?"

Wir *erwarten*, dass in einem Laufstall ein Baby sitzt, das um Aufmerksamkeit bettelt, aber wenn das „Baby" 90 Kilo wiegt und erwachsen ist, sieht das ziemlich albern aus. Gott sagt: „Guck mal, hier ist ein Steak. Du brauchst *Fleisch*." Aber das Baby antwortet: „Milch! Will mehr Milch! Milch haben!!!" Schließlich ist Milch leicht zu verdauen. Für das Fleisch muss man Energie in den Aufbau von Muskeln und Knochen investieren.

Gott fordert die geistlichen Kleinkinder immer wieder auf, laufen zu lernen, aus dem Laufstall zu klettern und sich langsam, aber sicher um die Bedürfnisse anderer zu kümmern, anstatt nur darauf bedacht zu sein, dass die eigenen kindlichen Bedürfnisse befriedigt werden. Gott fordert uns auf, uns in Bewegung zu setzen. Manche von denen, die immer noch auf Milchdiät sind, sollten eigentlich draußen auf dem Feld bei der Arbeit für Gott sein.

Paulus hatte in Korinth dasselbe Problem. Er warf den dortigen Gemeindemitgliedern vor, dass sie sich immer noch von Milch ernährten, wo sie doch eigentlich längst Fleisch hätten essen sollen.

Ich kann Ihnen sagen: In Korinth gab es eine Menge zu tun.

Sexuelle Zügellosigkeit machte der Kirche zu schaffen. Es gab Spaltungen unter den Geschwistern. Dort, wo Paulus Reife sehen wollte, fand er einen Kindergarten vor. Und heute ist es dasselbe: Es gibt viel Arbeit, aber wenige packen mit an. Das heißt nicht, dass wir unvorbereitet losrennen und etwas anfangen sollen, nur um irgendwas zu tun - aber selbst *das* wäre besser, als gar nichts zu tun.

Eigentlich ist es gar nicht so schwer, glücklich zu sein. Erst müssen wir als Christen erwachsen werden. Als Nächstes gilt es, herauszufinden, welche Arbeit uns Gott zugedacht hat. Und dann müssen wir sie *erledigen*.

50 Wir können Gott nicht täuschen

„Handelt nicht aus Selbstsucht oder Eitelkeit! Seid bescheiden und achtet den Bruder oder die Schwester mehr als euch selbst.“

Philipper 2,3

Ob wir einander lieben oder nicht, stellt für uns Christen den ultimativen Test dar. Von unserer Natur her können wir einander *mögen*. Wir können einem Freund Geld leihen, mit ihm ins Kino gehen, ihn im Auto mitnehmen, ihm ein Geburtstagsgeschenk kaufen – das alles können wir aus uns selbst heraus tun –, aber das ist nicht die Liebe, die unser Christsein unter Beweis stellt. Nein, die Liebe, die Gott von uns erwartet, ist eine Liebe, die das eigene Leben für den anderen Menschen opfert. Eine Liebe, die bereit ist zu *sterben*, damit der andere leben kann.

Eine solche Liebe widerspricht der menschlichen Natur und ist nur auf übermenschliche Weise zu erreichen. Es gibt sie nur, wenn der Heilige Geist in uns wohnt. Wir alle sind uns darüber im Klaren. Egoismus braucht man nicht zu lernen, er ist angeboren. Selbstlosigkeit dagegen muss man lernen. Wir werden als selbstsüchtige Geschöpfe geboren. Wir wollen unsere Flasche Milch *auf der Stelle* haben. Wir wollen unsere Rassel *jetzt*. Es ist uns egal, ob Mama müde ist oder gerade ein Nickerchen macht – wir wollen, dass sie uns *sofort* bedient.

Setzen Sie mal zwei Zweijährige mit einer Kinderschokolade in ein Zimmer, und beobachten Sie, was passiert. Oder denken Sie an die Zeiten zurück, als Ihre Mutter Ihnen zwei frisch gebackene Schokoladenkekse gegeben hat mit der Anweisung, einen davon Ihrem Bruder zu geben. Einer dieser Kekse war größer als der andere und enthielt bestimmt doppelt so viele Schokostückchen. Also nahmen Sie auf dem Weg zu Ihrem Bruder die Kekse unter die Lupe und das Wasser lief Ihnen schon im Mund zusammen. Sie *liebten* Schokoladenkekse. Allerdings waren Sie schon damals Christ und gingen jede Woche in die Sonntagsschule. Und Gott sagte zu Ihnen: „Gib deinem

Bruder den größeren Keks." Sie wandten jedoch ein: „Aber Schokoladenkekse sind doch meine Lieblingskekse!"

Heute sind wir zwar erwachsen, aber wir kämpfen immer noch mit unserem Egoismus - wenn wir so ehrlich sind, es zuzugeben. Wir wollen das, was wir wollen, haben, und zwar so schnell wie möglich. Manchmal finden wir sogar eine Methode, um unseren selbstsüchtigen Wünschen einen religiösen Anschein zu verleihen. „Ähm, Gott, ich bin sicher, dass ich zu dieser Party gehen sollte. Vielleicht kann ich den Nichtchristen dort die Gute Nachricht weitersagen oder ihnen zeigen, dass es viel besser ist, Christ zu sein, als sich ständig voll laufen zu lassen."

Es gibt viele Strategien, mit denen wir versuchen, Dinge zu rechtfertigen, die wir gerne tun wollen, indem wir ihnen ein christliches Etikett verpassen. Aber Gott lässt sich nicht täuschen. Er kannte die wahren Beweggründe von Petrus, *bevor* dieser aus reinem Eigennutz Jesus dreimal verleugnete. Und er weiß auch von unseren Versuchen, unsere Sünden mit Religiosität zu überdecken oder weiß zu waschen. Er weiß, dass wir alle einen Universitätsabschluss in Egoismus haben. Trotzdem hat er mit uns Geduld. Er hält uns immer wieder unsere selbstsüchtigen Einstellungen vor Augen, während er uns gleichzeitig die Kraft des Heiligen Geistes anbietet, so zu lieben, wie wir es tun sollten. Er weiß, dass man nur durch den Heiligen Geist für andere Menschen leben kann.

Er weiß es und lässt es auch uns immer wieder wissen.

51 Lassen Sie sich vom Heiligen Geist erfüllen!

„Als sie geendet hatten, bebte die Erde an ihrem Versammlungsort. Alle wurden vom Heiligen Geist erfüllt und verkündeten die Botschaft Gottes ohne Furcht.“

Apostelgeschichte 4,31

Erinnern Sie sich noch an die Geschichte, als Petrus in dem Boot war und Jesus draußen über das Wasser ging? Petrus rief: „Herr, bist du das? Wenn du es wirklich bist, dann sag mir, dass ich rauskommen und auch auf dem Wasser gehen soll!“

Jesus antwortete: „Ja, Petrus, ich bin es. Komm raus aufs Wasser!“

Also stieg Petrus aus dem Boot und alle Jünger dachten: *Mensch, warum hab ich das nicht gemacht?* Er fing also an, über das Wasser zu gehen, und dann, als er seinen Blick nicht mehr auf Jesus richtete, sondern ins Wasser guckte – gluck, gluck, gluck. Und alle Jünger dachten: *Mensch, wie gut, dass ich das nicht gemacht habe!*

Armer alter Petrus! Später versicherte er Jesus, dass er für ihn sterben würde. Er schlug sogar dem Sklaven des Hohenpriesters das Ohr ab, als diese Jesus festnehmen wollten. Petrus war der größte Verfechter seines Herrn – bis sie Jesus wegführten. Dann kam der wahre Charakter von Petrus zum Vorschein: Er war nämlich ein jämmerlicher Feigling. Nicht nur, dass er seinen Herrn verleugnete. Nein, er verfluchte ihn sogar. „Keine Ahnung, wer dieser Typ da ist.“ Natürlich sagte er es mit etwas anderen Worten.

Dann warf er einen Blick hinüber und sah, wie Jesus mit den Wachen hereinkam, und der Hahn krähte drei Mal. Erst da wurde Petrus klar, wer er ohne Jesus war. Ihm wurde bewusst, dass er aus eigener Kraft niemals der Mensch sein würde, der er eigentlich sein sollte. Er war genau wie alle anderen – und hatte nur ein Ziel: ganz nach oben zu kommen.

Die Evangelien heben Petrus wegen seines Verrats hervor, aber was ist mit den anderen Jüngern? Sie haben sich doch auch nicht gerade überschlagen, als es darum ging, Jesus zu verteidigen. Wo waren sie denn? Warum haben sie nicht den Mund aufgemacht? Weil sie auch

Feiglinge waren, als sie Jesus nicht mehr hatten. Und dann haben sie wahrscheinlich alle voller Entsetzen zugesehen, wie Jesus verspottet, verurteilt und wie ein Krimineller hingerichtet wurde. Die waren bestimmt am Boden zerstört. Was hatten die drei Jahre dann eigentlich für einen Wert?

Aber halt! Die Geschichte ist damit noch nicht zu Ende. Jesus besiegte den Tod und „zeigte sich den elf". Sie hatten ihn vielleicht aufgegeben, aber Jesus liebte sie trotz ihrer Feigheit immer noch. Dann versprach er ihnen den Heiligen Geist, segnete sie und sagte ihnen, sie sollten in Jerusalem warten, bis sie mit der Kraft von oben gestärkt würden. Dann wurde er zum Himmel emporgehoben.

Also versammelten die Jünger und ein paar andere Anhänger von Jesus sich im Obergeschoss, schlossen die Tür ab und jammerten zitternd und ängstlich: „Wir sind geliefert. Die machen Hackfleisch aus uns!" Und dann wird beschrieben, wie plötzlich der Raum von einem mächtig rauschenden Wind erfüllt wurde, und „alle wurden vom Heiligen Geist erfüllt".

Und was geschah dann? Dieselben Jammerlappen verließen das Haus, gingen auf die Straße und predigten mutig wie Löwen die Gute Nachricht. Alleine an diesem Tag wurden 3 000 Seelen gerettet! Am Morgen gab es gerade mal 500 Gläubige, und am Abend waren es schon 3 500!

Merken Sie, was passiert, wenn der Heilige Geist die Menschen erfüllt und anfängt zu wirken? Christen werden verändert und Nichtchristen gerettet. Seit diesem ersten Pfingsten sind 2 000 Jahre vergangen, aber der Heilige Geist ist immer noch hier und macht aus winselnden Feiglingen brüllende Löwen, die für das Evangelium einstehen.

Es ist fantastisch, mit Jesus zu leben. Aber wenn wir wirklich seine Jünger sein wollen, dann sollten wir uns vom Heiligen Geist erfüllen lassen und ihn nicht mehr rauslassen. Glauben wir Gott doch ruhig, wenn er sagt, dass er mit Leuten wie uns etwas anfangen kann – mit armen, hoffnungslosen Nichtsnutzen, die immer tiefer im Wasser versinken und sich immer weiter von Jesus entfernen.

52 Unser himmlisches Zuhause

„Aber unsere Heimat ist der Himmel,
wo Jesus Christus, der Herr, lebt."

Philipper 3,20 (Neues Leben)

Haben Sie sich schon mal überlegt, wie viel Jesus für uns aufgegeben hat? Er hat nicht nur sein Leben geopfert, sondern er hat auf 33 Jahre im Himmel verzichtet, um auf die Erde zu kommen und uns zu retten. Das beeindruckt uns vielleicht gar nicht besonders, weil wir nicht wissen, wie es im Himmel ist, aber eines Tages werden wir es wissen. Irgendwann werden wir staunen: „Mensch, Jesus, *das* hast du alles aufgegeben, um für *mich* auf die Erde zu kommen?"

Und dann wird uns klar werden, dass dieser wundervolle Ort – der Himmel, Gottes Zuhause – für den Rest der Ewigkeit auch unser Zuhause sein wird. Wenn wir erst einmal dort sind, brauchen wir den Himmel nie wieder zu verlassen. Und weil Jesus einmal für alle Sünden gestorben ist, wird er immer bei uns bleiben.

Obwohl wir den Himmel wie durch eine Milchglasscheibe nur undeutlich erkennen können, weil wir noch in unserem irdischen Körper stecken, so sagt Paulus uns, dass wir bereits Bürger des Himmels sind. Wegen des Versprechens, das Jesus uns gegeben hat, sind wir schon jetzt dort. Wir müssen an unserer menschlichen Natur, die uns so oft enttäuscht, vorbei und auf unser Zuhause im Himmel blicken. Wir müssen einen Blick auf das Buch des Lebens werfen, in das unser Name *schon eingetragen* ist. Durch einen winzigen Ausblick auf das, was wir einmal erleben dürfen, werden wir mit allem Müll fertig, den Satan uns entgegenschleudern kann.

Gott sei Dank – der Himmel ist mein Zuhause!

53 Wir haben alle Probleme

„Menschen, die ihre Verfehlungen verheimlichen, haben keinen Erfolg im Leben; aber alle, die ihr Unrecht bekennen und aufgeben, finden Gottes Erbarmen."

Sprichwörter 28,13

Gott will, dass wir echt sind. Für Scheinheiligkeit ist im Leben eines Christen kein Platz. Bitte kein aufgeklebtes Lächeln! Keine Leugnung oder Verdrängung, wenn man ein ernsthaftes Problem hat. Zu viele von uns haben Geheimnisse – auch vor Gott, wenn das überhaupt möglich wäre. Wir stellen uns nicht gerne der Tatsache, dass wir nicht die perfekte christliche Werbeveranstaltung abliefern oder dass wir eine schwere Zeit durchmachen und es peinlich fänden, wenn andere davon wüssten. Deshalb lernen wir, eine fromme Fassade aufzubauen. Aber die ganze Zeit über bedrücken uns die Geheimnisse. Sie beginnen, in uns zu eitern, und können schließlich unseren Glauben ruinieren oder zumindest unsere Gesundheit.

Wenn Sie versuchen, Ihre Probleme zu verbergen, ist das so, als wollten Sie einen kleinen Hund ins Flugzeug schmuggeln, indem Sie ihn unter Ihrem Mantel verstecken. Die ganze Zeit über haben Sie Angst, dass der kleine Kerl zu bellen anfangen und das Geheimnis verraten könnte oder Sie ihn so fest an sich drücken, dass er erstickt. Oder stellen Sie sich vor, Sie betreten einen dunklen Raum und tun so, als sei dieser hell erleuchtet. Sie können sich das so oft einreden, wie Sie wollen, aber irgendwann werden Sie gegen etwas stoßen und es umwerfen. Das Geheimnis wird herauskommen.

Die einzige Möglichkeit, mit unserem Problem klarzukommen – und wir haben alle welche, also sollten wir damit aufhören, uns etwas vorzumachen –, besteht darin, das Problem offen vor Gott auszubreiten. Gestehen Sie Gott, dass Sie machtlos sind und für dieses Problem keine Lösung haben. Bitten Sie dann jemanden um Hilfe, der ihnen helfen kann. Das kann ein Pastor sein, muss aber nicht. Es kann auch eine Gruppe sein, die sich speziell Menschen mit Ihrem Problem widmet. Gott ist barmherzig und ruft heutzutage viele

Gruppen ins Leben und befähigt Menschen, jedes nur erdenkliche Problem oder heimliche Fehlverhalten anzusprechen. Sie *können* Befreiung und Heilung finden.

Egal, welches Problem Sie haben: Bemühen Sie sich um Hilfe, bis Sie sie bekommen! Und wenn Sie die Sache durchgestanden haben – wiederhergestellt, gesund und gestärkt sind –, dann wundern Sie sich nicht, falls Gott Sie gebraucht, um andere zu trösten, die dasselbe Problem haben.

54 Jesus allein ist würdig

„Christus hat für euch bezahlt und euch freigekauft, sodass ihr jetzt ihm gehört. Darum macht euch nicht zu Sklaven menschlicher Maßstäbe!“

1. Korinther 7,23

Der Sänger Andraé Crouch hat mir einmal erzählt, dass er nicht mehr zur Kirche gehen konnte. Als ich ihn fragte, warum nicht, sagte er, dass er in seiner Gemeinde einfach nur auftanken und Gott anbeten wolle. Stattdessen müsse er aber Autogramme geben oder sich anhören, dass Leute ihm von ihren eigenen Songs erzählten, und manche wollten einfach nur in seiner Nähe sein. Wenn er zur Kirche ging, musste er sich in die letzte Reihe setzen und sofort rausschlüpfen, wenn der Gottesdienst zu Ende war. Das war für ihn unerträglich geworden, und so fing er an, bei sich zu Hause Gottesdienste zu feiern, indem er einige Freunde einlud, die Jesus wirklich liebten und einfach mit ihm zusammen Gott anbeten wollten.

Dieses Gespräch fiel mir wieder ein, als ich einen Brief von einem jungen Mann erhielt, der mich auf einem christlichen Rockfestival in Pennsylvania gehört hatte. Es waren ungefähr 40 000 Leute dort gewesen und diverse Interpreten. Der Brief dieses jungen Mannes berührte mich sehr. Er schrieb: „Bevor ich Jesus kennen lernte, hatte ich Idole. Ich vergötterte ‚KISS‘, Olivia Newton-John, John Denver und andere Stars. Meine Wände waren zugeklebt mit Postern von ihnen; ich habe alle ihre Platten gekauft und sie waren meine Helden, die ich wie Superstars verehrte. Als ich Christ wurde, tauschte ich die Idole einfach nur aus. Ich hatte immer noch Poster an der Wand, aber jetzt waren es Poster von B. J. Thomas, Chuck Girard, Barry McGuire und ‚The 2nd Chapter of Acts‘. Eigentlich war die Verehrung dieselbe. Niemand sagte mir, dass es eigentlich anders sein sollte.“

Der Grund, warum dieser Junge mir schrieb, waren Ereignisse in Pennsylvania. Ich betrat die Bühne, um meine Musik zu machen, und sah, dass Menschen sich in den Gängen wälzten und vor Begeisterung schrien – aber nicht über Jesus, sondern wegen der Künstler. Sie waren wie Groupies. Ich begann zu spielen, und ich spürte, dass Gott zu mir sagte: „Junge, ich kenne alle deine Songs. Warum betest du mich nicht an? Die Leute da unten müssen erfahren, wie sie mich anbeten können." Also verbrachte ich die nächste Stunde damit, eine gigantische Anbetungszeit zu leiten. Es war bewegend: 35 000 Paar Hände in der Luft – 70 000 Hände insgesamt –, erhoben zur Ehre Gottes. Der Geist Gottes fing an zu wirken, während wir ihn lobten. Dieses Konzert werde ich niemals vergessen.

Der Brief ging folgendermaßen weiter: „Du hast an diesem Abend davon gesprochen, dass Jesus der Star ist. Deshalb habe ich alle Poster von den Wänden gerissen, als ich nach Hause kam, und beschlossen, Gott den Platz einzuräumen, der ihm zusteht. Aber Keith: Wenn du das nicht gesagt hättest, würde dein Poster jetzt wahrscheinlich neben den anderen hängen."

Wir müssen uns eines klar machen: Gott interessiert sich nicht dafür, was ein Mensch darstellt. Er liebt den Besoffenen in der Gosse genauso, wie er Billy Graham oder Barry McGuire oder Andraé Crouch liebt – oder irgendjemanden sonst. Wir sind alle seine Lieblingssöhne und -töchter, und er rettet uns alle. Er will nicht, dass irgendeiner von uns verloren geht.

Wir sollten niemals *Menschen* auf ein Podest stellen. Zum einen werden sie uns irgendwann enttäuschen. Zum anderen vermasseln wir es garantiert. Wir erhöhen völlig unsinnigerweise einen Versager wie Keith Green und ignorieren die alte Dame in der Suppenküche drei Städte weiter, die seit Jahren den Armen etwas zu essen gibt.

Überlassen wir es doch Gott, diejenigen zu erhöhen, die er herausstellen will. Denn wenn Gott einen Menschen erhebt, wird im Grunde Gott erhöht. Er allein ist würdig.

55 Fürchte dich nicht!

„Fürchte dich nicht, ich stehe dir bei!
Hab keine Angst, ich bin dein Gott!
Ich mache dich stark, ich helfe dir,
ich schütze dich mit meiner siegreichen Hand!"

Jesaja 41,10

Es ist schon ein komisches Gefühl, wenn man manchmal wochenlang unterwegs ist. Es gibt jede Menge zu tun, und man weiß nie, was dabei herauskommt. Ich habe gerade eine neunwöchige Konzerttournee hinter mir, die mich kreuz und quer durchs ganze Land führte, und bin ziemlich müde. Aber das Interessante an dieser Reise war, dass ich in Gegenden kam, wo man noch nie von mir gehört hatte und das Publikum manchmal nur aus 20 Leuten bestand. Und dann wieder kam ich in Städte, wo eine Menge Menschen sich darauf gefreut hatte, dass ich kam. Am Ende des Konzerts kam manchmal nur einer nach vorne, wenn ich die Zuhörer dazu aufforderte, Jesus in ihr Leben zu lassen, manchmal waren es auch eine ganze Reihe. Aber die Zahlen waren nicht so wichtig.

Ich erinnere mich an eines der kleineren Konzerte, bei dem nur ein Mädchen nach vorne kam. Als ich am Rand der Bühne saß und mit ihr sprach, sagte ich: „Du alleine bist der Grund, warum ich in diese Stadt gekommen bin." Und das stimmte. Gott wollte, dass sie gerettet wurde. Und es war ein Segen, dass ich ihr die Gute Nachricht sagen und mit ihr beten konnte. Auch wenn nur *ein* Mensch verändert wird, ist das die ganze Tournee wert, denn Jesus hätte die Schmerzen am Kreuz auch für einen einzigen Menschen erlitten.

Kurz darauf spielte ich in Fort Leonard Wood, einer Militärbasis in Missouri. Ungefähr 500 Rekruten waren gekommen, alle etwa 18 Jahre alt. Sie hatten extrem kurz geschnittene Haare und waren noch ziemlich aufgeregt, weil sie jetzt in der Armee waren. Im Stillen dachten sie vermutlich alle: *Ich will zu meiner Mami!*

Nach dem Konzert forderte ich die Zuhörer auf, eine Entscheidung für Jesus zu treffen, und 350 von ihnen kamen nach vorne, um

Christus als ihren Herrn und Erlöser anzunehmen. Sie sagten zu mir: „Mann, ich brauche wirklich etwas, das mich hier durchbringt." Ich wusste, was sie meinten. Sie absolvierten gerade die Grundausbildung und das war ganz schön heftig für sie. Aber das Training beim Militär ist dem wirklichen Leben gar nicht so unähnlich. Wir werden alle durch den Schlamm gescheucht, und manchmal machen wir Erfahrungen, bei denen wir am liebsten rufen würden: „Ich will zu meiner Mami!" Jeden Tag müssen wir den Hindernisparcours bestehen, der vor uns aufgebaut ist. Wir müssen den Geschossen des Feindes ausweichen und uns den Sieg durch Wachsamkeit sichern.

Aber keine Sorge – Papa ist da. Unser Vater kennt das Trainingslager, in dem wir uns abstrampeln. Er ist der Oberbefehlshaber, und nichts geschieht, das er nicht steuern könnte. Vielleicht stehen Sie ja sogar in diesem Augenblick unter Beschuss, aber das ist in Ordnung – wir sind Soldaten, die auf der Seite des Siegers stehen.

56 Gottes Liebe widerspiegeln

„Gott ist Licht, in ihm gibt es keine Spur von Finsternis.
Wenn wir behaupten: ‚Wir haben Gemeinschaft mit Gott',
und gleichzeitig im Dunkeln leben,
dann lügen wir und gehorchen nicht der Wahrheit."

1. Johannes 1,5–6

Wenn Sie jemals in einer gotischen Kirche waren, haben Sie sicherlich die Schönheit der Bleiglasfenster bemerkt. Am besten sehen diese jedoch aus, wenn es draußen hell ist und das Licht durch die Fenster auf den Altar fallen kann. Dann leuchten die Farben am intensivsten und die Botschaft der Fenster kommt am besten zur Geltung.

Aber später am Tag, wenn die Sonne untergeht und die Dunkelheit hereinbricht, werden das wunderschöne tiefe Grün und Blau zu rötlichen Grün- und Blautönen. Je dunkler es wird, desto mehr verwandelt sich das Glas, das nur wenige Stunden zuvor so schön war, in eine schwarze Scheibe.

Mit uns ist es genauso. Wir sind wie Gottes Bleiglasfenster – wunderbar anzuschauen, wenn sein Licht durch uns scheint –, ein wahres Kunstwerk des Schöpfers. Aber wenn wir zulassen, dass Dunkelheit durch uns hindurchströmt, lässt Gottes Licht nach, und wir werden trüb und dunkel. Die Schönheit, die in uns liegt, ist immer noch da, aber keiner kann sie sehen.

Es gibt so viel Dunkelheit um uns herum, aber wir müssen uns von ihr nicht anstecken lassen. Gottes Licht umgibt uns auch die ganze Zeit, und es liegt an uns, ob wir ihn mit seinem Licht seine Schöpfung ausleuchten lassen. Im Leben eines Christen braucht die Sonne nie unterzugehen.

Wie buntes Fensterglas[7]

Wir sind wie Fenster,
bunt in den Farben des Regenbogens
in einem verdunkelten Raum,
bis der Bräutigam kommt, um durch uns hindurchzuleuchten –
dann fallen die Farben vor unsere Füße
auf die Menschen, denen wir begegnen,
und bedecken alles Grau, das um uns ist –
Regenbogenfarben bunt gemischt.
Komm und tausche deinen Kummer
gegen seine Liebe, die du durch mich siehst.

Wir sind seine Töchter und Söhne,
wir sind die Bunten,
wir sind die Kinder des Königs –
freut euch über alles!

Meine Farben werden so matt,
wenn ich mich von ihm entferne.
Aber dann kommt ein starker Wind,
den er schickt, um mich zurückzuwehen
in seine Arme.

Und die Farben fallen vor meine Füße
auf die Menschen, denen ich begegne,
und verwandeln alles Grau um mich herum –
Regenbogenfarben des auferstandenen Sohnes,
die den Einen widerspiegeln,
den Einen, der uns frei gemacht hat.

Wir sind wie Fenster,
bunt in den Farben des Regenbogens,
nicht länger in einem verdunkelten Raum,
weil der Bräutigam durch dich hindurchleuchten will,
nicht länger in einem verdunkelten Raum,
weil der Bräutigam durch dich hindurchleuchten will.

57 Agape

„Schließlich kam ein Reisender aus Samarien. Als er den Überfallenen sah, ergriff ihn das Mitleid. Er ging zu ihm hin, behandelte seine Wunden mit Öl und Wein und verband sie. Dann setzte er ihn auf sein eigenes Reittier und brachte ihn in das nächste Gasthaus, wo er sich weiter um ihn kümmerte.“

Lukas 10,33–34

In letzter Zeit habe ich mich viel mit *agape* beschäftigt – der Art von Liebe also, die von Gott kommt –, auch während ich Konzerte in vielen verschiedenen Gemeinden im ganzen Land gab. Dabei ist mir aufgefallen, dass diese übernatürliche *agape* in den meisten Gemeinden fehlt – auch in meiner eigenen. Es gibt natürlich immer einige Menschen, die diese Liebe an den Tag legen, aber es sind nicht genug, dass die Gemeinde Jesu das bewirken könnte, was sie bewirken sollte.

Unsere Liebe ist zu seicht. Wir klopfen uns gegenseitig auf den Rücken, umarmen uns vielleicht und sagen: „Gelobt sei der Herr, Bruder!“, aber weiter scheinen wir nicht zu kommen. Und wenn wir unsere Gemeinde betreten und jemanden da sitzen sehen, der unglücklich aussieht, denken wir: *Neben dem will ich aber nicht sitzen*, und gehen weiter. Dann halten wir nach jemandem Ausschau, den alle gerne mögen, um uns neben ihn zu setzen, weil er glücklich ist und vielleicht sogar gut aussieht. In der Zwischenzeit bleiben die unschönen Gemeindeglieder – die Unattraktiven, Übergewichtigen, Deprimierten, Einsamen – auf der Strecke. Und ihre Einsamkeit führt zu noch mehr Einsamkeit. Und Depression bringt noch mehr Depression hervor.

Die *agape*-Liebe geht auf die Verletzten zu. Sie hat sich uns zugewandt, als wir Gott um Hilfe anflehten. Und als Gott uns gerettet hat, pflanzte er seine Liebe wie einen Samen in unser Herz. Aber wir lassen diese Saat nicht wachsen. Wir sind zu sehr mit der oberflächlichen Liebe beschäftigt, die freundlich zu anderen ist, aber ganz enge Grenzen hat – Grenzen der Bequemlichkeit. Gleichzeitig versucht die *agape*-Saat, den Beton in unserem Herzen zu durchbrechen. Sie will so sehr Teil unseres Lebens sein, dass wir auf die Leidenden zugehen und Gottes Liebe auf ihre Wunden gießen, wie Maria Magdalena das kostbare Parfüm über Jesus ausgegossen hat.

Lassen wir doch zu, dass Gottes *agape* uns verzehrt. Verabschieden wir uns von der oberflächlichen religiösen Liebe, die sich nur um die Attraktiven, Glücklichen und Zufriedenen dreht!

58 Zeit für die Früchte-Inspektion

„Unmöglich kann ein gesunder Baum schlechte Früchte tragen und ein kranker gute. Jeder Baum, der keine guten Früchte trägt, wird umgehauen und verbrannt werden. An ihren Taten also könnt ihr die falschen Propheten erkennen."

Matthäus 7,18–20

Egal, wie viele gute Werke Sie von heute bis zum jüngsten Gericht noch vollbringen können – sie alle zählen nichts, wenn sie nicht im Namen Jesu getan werden. Sie können Obdachlosenheime und Suppenküchen aufmachen, Gefängnisse besuchen und allein erziehenden Müttern helfen – aber wenn es nicht Jesus ist, der durch Sie am Werk ist, ist all das in Gottes Augen nichts wert.

In den Himmel kommen Sie nicht durch viel Arbeit und gute Werke, aber wenn Sie Jesus erst einmal begegnet sind, können Sie nicht Christ sein, ohne anderen zu dienen. Wenn Sie einen Pfirsichbaum pflanzen, erwarten Sie natürlich nicht, dass er am nächsten Tag Pfirsiche trägt. Sie pflanzen den Baum, wenn er nicht viel mehr als ein kleiner Stock mit einem Knäuel Wurzeln ist. Sie pflanzen ihn, klopfen die Erde rundherum fest, gießen ihn, zupfen das Unkraut aus und beschneiden das Bäumchen. Sie sehen zu, wie es wächst, und nach ungefähr drei Jahren rechnen Sie mit den ersten Pfirsichen.

Vielleicht sehen Sie im Frühling, wie sich an dem Baum Knospen bilden, und Sie denken: *Hey, jetzt gibt es bald Pfirsiche.* Aber dann fallen die Knospen ab. Also warten Sie bis zum nächsten Jahr, aber wieder passiert dasselbe. Langsam werden Sie sauer. Sie kramen das kleine Stück Pappe hervor, das an dem Bäumchen befestigt war, als Sie es einpflanzten. Vielleicht haben Sie ja etwas falsch gemacht? Nein, alles genau nach Anleitung. Also kann etwas mit dem Baum nicht stimmen.

So geht es Jesus mit uns. Er hat Geduld mit uns, aber nach einer Weile möchte er Pfirsiche sehen – Früchte.

Überlegen Sie einmal, wie das in Ihrem Leben ist. Wie fruchtbar sind Sie? Gibt es schon Pfirsiche am Baum? Bringen Sie anderen die Gute Nachricht von Jesus? Dienen Sie anderen auf irgendeine Art und Weise?

Manche Christen denken fälschlicherweise, es sei die Aufgabe des Pastors, Menschen zu Gott zu führen. Aber ein Pastor ist wie ein Hirte. Die Schafe sind diejenigen, die neue Schafe hervorbringen, nicht der Hirte. Wenn Sie eine Herde Schafe gekauft hätten, und nach drei Jahren wäre die Herde noch genauso groß wie vorher, würden Sie die Tiere doch verkaufen oder in Lammkoteletts verwandeln, weil sie keinen Nachwuchs produzieren und damit die Herde vergrößern.

Wie haben Sie Jesus kennen gelernt? Gab es jemanden, dem Sie so wichtig waren, dass er Ihnen von seinem Glauben erzählt oder Sie in seine Gemeinde eingeladen hat? Hat Ihnen jemand Mut gemacht und Ihnen gezeigt, was es heißt, Christ zu sein?

Nehmen Sie sich heute einmal die Zeit, eine Früchte-Inspektion Ihres eigenen Lebens zu machen. Wenn Sie keine Pfirsiche sehen, überlegen Sie, woran das liegen könnte, und setzen Sie alles daran, für Gott brauchbar zu sein!

59 Der Weg ist oft holprig

„Ich bin der geringste unter den Aposteln, ich verdiene es überhaupt nicht, Apostel zu sein; denn ich habe die Gemeinde Gottes verfolgt. Aber durch Gottes Gnade bin ich es dennoch geworden, und sein gnädiges Eingreifen ist nicht vergeblich gewesen."

1. Korinther 15,9–10a

Lassen Sie sich von niemandem einreden, alle Ihre Probleme würden sich in Luft auflösen, sobald Sie Christ geworden sind. Manche Probleme sind mit Sicherheit weg. Schuldgefühle und fehlender innerer Friede sollten im Leben eines Christen nicht mehr auftauchen. Aber stattdessen ergeben sich andere Probleme, wobei einer der häufigsten der Druck von Seiten der Familie und von Freunden ist.

Manche Probleme, die Sie hatten, bevor Sie Jesus kennen lernten, werden Ihnen vielleicht noch eine Weile erhalten bleiben – unter Umständen auch für immer. Wenn die Ehe Ihrer Eltern oder Ihre Familie zerrüttet war, wird das nicht plötzlich anders sein, nur weil Sie Christ geworden sind. Eventuell werden Ihre familiären Probleme sogar noch größer, es sei denn, auch Ihre Angehörigen kommen zum Glauben.

Wenn Jesus in Ihr Leben kommt, ist das erst der Anfang des Weges. Es ist ein klasse Weg mit einem fantastischen Ziel, aber unterwegs gibt es auch hin und wieder Schlaglöcher und ein paar Steigungen und Kurven. Der Weg ist nicht immer eben und bequem. Erwarten Sie das also erst gar nicht. Aber Sie werden auf Ihrer Reise auch immer wieder für die Unannehmlichkeiten entschädigt. Sie haben Jesus an Ihrer Seite und eine Menge Brüder und Schwestern, die Sie ermutigen. Einige von ihnen haben die gleiche Haarnadelkurve schon hinter sich und werden Ihnen helfen.

Zu viele, die gerade erst Christen geworden sind, wenden sich wieder ab, wenn es Schwierigkeiten gibt, weil man ihnen erzählt hat, dass Christsein ein Kinderspiel sei und alle Probleme sich in Luft auflösen würden. Stattdessen hätte man ihnen sagen sollen, dass Christen siegreich sein werden, während sie ihre Probleme *durchleben.* Man sollte ihnen sagen, dass es eine Weile dauert, bis man als Christ herangereift ist. *So etwas wie „Instant-Reife" für Christen gibt es nicht.*

Der Grund, aus dem Sie Christ werden, ist nicht der, dass sich dadurch Ihre Probleme lösen. Christ werden Sie, weil Sie erkennen, dass *Sie selbst* Ihr größtes Problem sind. Sie haben es nicht geschafft, so zu sein, wie Gott es möchte. Sie hungern nach einer Beziehung zu Gott, die es Ihnen möglich macht, zu werden wie er. Um ehrlich zu sein, ich bin Christ geworden, weil ich Keith Green ohne Gott nicht ertragen konnte.

Wenn Sie mit dieser Einstellung zu Gott kommen, kommt es auf die anderen Probleme nicht mehr so an, weil Ihr größtes Problem gelöst ist – *Sie selbst.*

60 Die Angewohnheiten des Himmels

„Himmel und Erde sind meine Zeugen: Ich habe euch heute Segen und Fluch, Leben und Tod vor Augen gestellt. Wählt das Leben, damit ihr am Leben bleibt, ihr und eure Nachkommen!“

Deuteronomium 30,19

Beim christlichen Glauben handelt es sich nicht um eine Ansammlung von Verboten. An Jesus zu glauben bedeutet nicht, dass Sie eine ganze Liste von Dingen aufgeben müssen. Zweifellos gibt es bestimmte Dinge, die Sie aufgeben *werden*, wenn Sie wirklich ein neues Leben mit Gott begonnen haben, aber das ist dann eine Folge des Erlöstseins und nicht eine Methode, um sich dieses zu verdienen.

Eine Sache, die Sie aufgeben werden, ist die Hölle. Wenn Sie gerettet sind, kann die Hölle keinen Anspruch mehr gegen Sie geltend machen. Sie ist nicht mehr Ihr Ziel für die Ewigkeit, und der Teufel, der Ihr Vater war, als Sie noch nicht gerettet waren, ist nicht mehr mit Ihnen verwandt. Jetzt ist Gott Ihr Vater und der Himmel ist Ihr Zuhause.

Wenn Sie der Macht der Hölle über Ihr Leben entkommen, werden Sie auch Depression, Verzweiflung, Einsamkeit und Bitterkeit hinter sich lassen – diesen ganzen Müll, den der Teufel Ihnen all die Jahre aufgebürdet hat. Während diese Dinge von Ihnen abfallen, legen Sie sich die Angewohnheiten des Himmels zu – beispielsweise Freude, Frieden, Sinn und die Kraft, richtig zu leben.

Merken Sie, wie schwierig es ist, Christ zu sein? Sie tauschen das ganze Zeug, das Sie fertig macht, gegen jede Menge guter Dinge ein, die ein Segen für Sie sind. Das ist echt eine Herausforderung, oder?

Für manche Menschen ist es das offensichtlich. Sie wollen Christus und seinen Frieden nicht annehmen. Sie fühlen sich tatsächlich lieber schlecht. Es ist wie eine Sucht. Sie tragen ihre Wut, ihre Depression und Bitterkeit schon so lange mit sich herum, dass sie sie eigentlich gar nicht mehr aufgeben wollen. Wenn ein Mensch so weit ist, ist das wirklich eine Tragödie. Welche Hoffnung gibt es für jemanden, der sein Elend hegt und pflegt?

Leider sind manche Christen genauso. Sie bringen das alte Elend ihrer menschlichen Natur mit in ihr neues Leben. Manchmal liegt es daran, dass sie eine Menge Aufmerksamkeit bekommen, wenn es ihnen schlecht geht. Freunde bemitleiden sie, und man findet immer eine Schulter, an der man sich ausweinen kann, und das wollen sie nicht aufgeben.

Das Problem ist nur, dass Gott ihnen die Wahl lässt, ob sie weiter in der Hölle leben wollen. Gott zerrt niemanden in den Himmel, nach dem Motto: „Nun komm schon! Du wirst gerettet, ob du willst oder nicht. Jetzt sieh zu, dass du hier reinkommst und nimm dir eine Harfe!" Und genauso wenig wirft Gott jemanden in die Hölle. Jeder, der dort ist, hat es sich selbst ausgesucht.

Wir haben den Himmel gewählt, also sollten wir dem Himmel auch die Führung über unser Leben hier auf der Erde überlassen. Legen Sie Ihre Depressionen ab und ziehen Sie ein Gewand aus Lobpreis an! Verabschieden Sie sich von aller Bitterkeit und wählen Sie stattdessen die Freude. Tauschen Sie Ihre Wut gegen Segen ein. Leben Sie mit dem, was der Himmel Ihnen schenkt!

61 Gott sieht alles

„Urteilt also nicht vorzeitig, bevor Christus kommt, der das Verborgene ans Licht bringen und die geheimsten Gedanken enthüllen wird. Dann wird Gott das Lob austeilen, so wie jeder und jede es verdient hat.“

1. Korinther 4,5

Eines Tages werden wir nicht mehr wählen können, wo wir die Ewigkeit verbringen werden. Das ist der Tag, an dem alle Entscheidungen endgültig sein werden. Und jedes Ticken der Uhr bringt uns diesem Tag eine Sekunde näher. An jedem Tag, der vergeht, in jeder Stunde, die verrinnt, beobachtet Gott, was auf der Erde vor sich geht. Und irgendwann wird Gott die Nase voll haben von dem Gestank unserer Pornografie und Gewalt und all der schrecklichen Taten, die ihn anwidern.

Gottes Augen sind überall zur gleichen Zeit. Nichts ist vor ihm verborgen. Seine Augen sehen jedes einzelne Pornoheft, das gedruckt wird. Er sieht jeden Pornofilm, der in diesem Augenblick irgendwo läuft. Er sieht jedes Mädchen, das gerade vergewaltigt wird, jeden Jungen, der sexuell belästigt wird. Er sieht jeden Mord, der geschieht.

Das finden Sie schockierend? Dreht sich Ihnen bei diesem Gedanken der Magen um? Was meinen Sie dann, wie Gott sich fühlt? Glauben Sie etwa, er hätte keine Gefühle? Wenn Gott sogar bemerkt, dass ein Spatz zu Boden fällt, meinen Sie, ein missbrauchtes Kind wäre ihm dann egal? Unser Gott ist nicht der abgehobene, weit entfernte Gott der Weltreligionen, der unbeteiligt zusieht, wenn Tragödien geschehen. Unser Gott ist kein heidnischer Gott, der aus Felsen oder Stein gehauen ist.

Gott lässt Sünde nicht kalt und deshalb sollte sie auch uns nicht kalt lassen. Das Evangelium, an das wir glauben, muss uns in diese Welt senden, die immer sündhafter und gesetzloser wird. Der belästigte Junge, das vergewaltigte Mädchen, der Porno-Abhängige – sie alle werden vom Feind gefangen gehalten. Sie *und ihre Peiniger* haben noch ein wenig Zeit, bevor sich die Tür für immer schließt. Wir haben die Botschaft des Lebens, der Heilung und des Friedens. Aber lassen Sie uns diese Zeit wirklich nutzen, denn wir sind von Bösem umgeben und uns bleibt nicht mehr viel Zeit!

62 Meine Augen sind trocken

„Aber etwas habe ich an euch auszusetzen:
Eure Liebe ist nicht mehr so wie am Anfang.“
Offenbarung 2,4

Gott hat mir einmal einen Blick in den Abgrund meines Herzens gestattet, damit ich sehe, wie es darin wirklich aussieht. Was ich sah, war abstoßend. Ich war seit ein, zwei Jahren Christ, hatte alle Anbetungslieder gelernt, kannte die offiziellen frommen Ausdrücke und die richtigen Leute – ich hatte sogar einen Nummer-1-Hit veröffentlicht. Aber trotz meines Wissens, meiner Freunde und meines Erfolges verriet mir ein Blick in mein Herz, dass ich ein Pharisäer war.

Meine äußere Hülle belegte nach außen hin mein Christsein, aber im Inneren war ich ein kleiner Junge, der Angst hatte. Gott wusste das und nun wusste ich es auch. Es passiert schnell, dass man als frisch gebackener Christ einer religiösen Show verfällt. Was als fröhliche Umkehr zu Christus begonnen hat, verwandelt sich bald in ein fruchtloses Christsein. Mit einigen Problemen, die ich schon vor Jahren hatte, schlug ich mich immer noch herum. Augen, die um die Verlorenen geweint hatten, waren jetzt trocken. Was war passiert? *Warum* war es geschehen?

So geht es vielen Christen: Wir entfernen uns von der Liebe, die wir am Anfang hatten. Dinge, die wir mit Freude taten, als wir zum Glauben kamen, werden zur Gewohnheit. Unsere Gebete, die wir früher aus vollem Herzen gesprochen haben, werden zu leblosen Übungen voller Zweifel.

Gott ist so barmherzig, uns zu zeigen, wo wir auf Abwege geraten. Er wirbt ständig um uns, damit wir wieder diese Liebesbeziehung erfahren, die wir am Anfang zu ihm hatten. Wenn wir erkennen, dass die trockenen Augen ihre Ursache in einem noch trockeneren Herzen haben, können wir uns freuen, dass Gott uns zu sich zurückruft.

Er lässt nicht zu, dass wir uns mit toter Religion zufrieden geben.

Meine Augen sind trocken[8]

Meine Augen sind trocken,
mein Glaube ist alt,
mein Herz ist verhärtet,
meine Gebete sind kalt.
Und ich weiß,
wie ich sein sollte,
lebendig für dich,
und tot für mich.

Ach, was kann man nur machen
mit einem alten Herzen wie dem meinen?
Weiche es ein
in Öl und Wein.
Das Öl bist du,
der Geist der Liebe.
Bitte wasche mich rein
im Wein deines Blutes.

Meine Augen sind trocken,
mein Glaube ist alt,
mein Herz ist verhärtet,
meine Gebete sind kalt.
Und ich weiß,
wie ich sein sollte,
lebendig für dich,
und tot für mich.

63 Nicht umdrehen!

„Dann kam eine arme Witwe und steckte zwei kleine Kupfermünzen hinein – zusammen so viel wie ein Groschen. Da rief Jesus seine Jünger zu sich heran und sagte zu ihnen: ‚Ich versichere euch: Diese arme Witwe hat mehr gegeben als alle anderen.'"

Markus 12,42–43

In unserer Gesellschaft gibt es viele hungernde Menschen. Manche hungern nach einem geistlichen Leben mit Jesus, andere hungern im konkreten Sinne, weil sie nicht genug zu essen haben. In den heruntergekommenen Vierteln unserer Städte leben Kinder, die abends hungrig ins Bett gehen. Es gibt Babys, deren alkoholkranke Väter das bisschen Geld, das sie haben, für Spirituosen ausgeben. Und manche Mutter würde alles für einen „Big Mac" geben.

Wir sehen Werbespots für Organisationen, die sich um die Hungernden kümmern. Sie zeigen uns niedliche Kinder mit aufgeblähten Bäuchen und dann schütteln wir den Kopf und sagen: „Ohhhh, das ist schrecklich! Gib mir bitte mal die Chips rüber."

Dann werden wir in diesen Werbesendungen aufgefordert, Geld zu spenden und auf diese Weise dabei zu helfen, dass die Kinder etwas zu essen bekommen. Vielleicht rechnen wir dann sogar im Kopf durch, ob wir von dem, was wir übrig haben, etwas abzweigen könnten. Aber Gott gibt uns das, was wir haben, damit wir es ihm zurückgeben, also geben wir ihm sowieso nur, was ihm gehört, wenn wir etwas davon spenden. Wenn Sie ein *echtes* Opfer bringen wollen, versuchen Sie mal, etwas von Ihrer Existenzgrundlage zu spenden, nachdem Sie das, was übrig war, Gott bereits wiedergegeben haben.

Überlegen Sie mal, wie viel Geld Sie im letzten Jahr für Konzerte, Platten und andere Unterhaltungsmedien ausgegeben haben, und dann vergleichen Sie es mit dem, was Sie für die Armen getan haben. Vermutlich nehmen Sie sofort eine Abwehrhaltung ein: *Es muss doch eine gute Ausrede geben, irgendwie kann ich das doch sicher rechtfertigen.* Also blättern Sie in der Bibel und stoßen auf den Vers: „Arme wird es immer bei euch geben“ (Matthäus 26,11). *Na also, da steht es doch: Die Armen werden wir immer bei uns haben. Das kann ich sowieso nicht ändern.*

Währenddessen sieht Gott auf die Christen in unserem Land herab, mit all ihrem Wohlstand und ihrem ständigen Gerede von Geld und Börse und Wirtschaft, und dann denkt er sich: *Von allen Christen, die es bislang gegeben hat, habt ihr die Macht, einige meiner Kinder vor dem Hungertod zu retten, und stattdessen geht ihr in die Stadt und guckt euch größere Fernseher an.*

Die große Prüfung für einen Christen besteht darin, ob er Gott gehorcht. Wir können tausend Mal das Schuldbekenntnis sprechen – wenn die Dinge, die Gott das Herz brechen, nicht auch uns das Herz brechen, wie können wir dann gerettet werden? Manchmal gehe ich in eine christliche Buchhandlung und erwarte, dort als Bestseller ein Buch zu finden, das den Titel trägt: „Wie man sein eigenes Ding durchzieht und genau Gottes Willen tut“, von Chris T. Lau. Wenn es ein solches Buch gäbe, wäre es ein Märchenbuch, denn es ist unmöglich, gleichzeitig die eigene und Gottes Sache auf seine Fahnen zu schreiben.

Christ zu werden bedeutet, die eigenen Wünsche gegen Gottes Wünsche einzutauschen. Es bedeutet, die Armen, Hungrigen und Leidenden mit seinen Augen zu sehen. Es bedeutet, Gott die eigenen Besitztümer zur Verfügung zu stellen, damit er sie so investieren kann, wie er es für richtig hält. Wir sollten nicht fragen: „Wie viel muss ich Gott diesen Monat geben?“, sondern: „Wie viel sollte ich diesen Monat für meine eigenen Bedürfnisse behalten?“

Wenn Gott nicht unsere Brieftasche bekommt, hat er auch unser Herz nicht.

Eine Milliarde verhungernder Menschen [9]

Es fällt mir schwer, mich abzuwenden:
eine Milliarde verhungernder Menschen.
Aber was kann man schon tun,
höre ich dich sagen.
Du kannst jemandem das Leben retten.

Ich möchte heute ein Leben retten,
ich möchte jemanden näher zu meinem Vater bringen
und ihm vom Brot des Lebens geben.
Ich möchte jemandem helfen, stärker zu werden
und länger zu leben,
und ich möchte ihm die Chance geben, Jesus zu begegnen.

Es fällt mir schwer, das ungeborene Kind,
das getötet wird, einfach zu ignorieren.
Ja, die Zeiten haben sich geändert, aber Gott warnt uns immer noch:
Du sollst nicht töten.

Ich möchte heute ein Leben retten,
ich möchte jemanden für meinen Vater am Leben erhalten,
der das Blut der Schwachen und Hilflosen
eines Tages rächen wird.
Ihr Leben wird vergossen wie Wasser,
Lämmer im Schlachthof,
und jedes von ihnen wurde von Jesus selbst geschaffen.

Es fällt mir schwer mich abzuwenden:
eine Milliarde verhungernder Menschen.
Eine Milliarde verhungernder Menschen.

64 Der richtige Schatz

„Als Jesus weitergehen wollte, kam ein Mann zu ihm gelaufen, warf sich vor ihm auf die Knie und fragte: ‚Guter Lehrer, was muss ich tun, um das ewige Leben zu bekommen?'"

Markus 10,17

Es sprach eine Menge für den reichen jungen Mann: Er kam zu Jesus, weil er sich dafür interessierte, ewiges Leben zu erlangen. Er kam am helllichten Tag, nicht wie Nikodemus, der heimlich in der Nacht kam, damit man ihn ja nicht sah. Der reiche Typ kniete vor Jesus nieder und bat ihn um ewiges Leben.

Nicht schlecht. Das ist ziemlich cool. Reich, jung, wahrscheinlich gut aussehend und ein Mann mit moralischen Prinzipien – er hatte die Gebote seit seiner Jugend gehalten. Hey, der Kerl ist das perfekte Mitglied für so ziemlich jede Gemeinde der Welt. Der wäre doch eine prima Trophäe für Christus, oder?

Ich wette, die meisten Evangelisten würden heute sofort einen Bibelleseplan aus der Tasche ziehen und mit dem jungen Mann zusammen beten. Und der reiche Typ würde höchstwahrscheinlich mitmachen. Fünf Minuten später wäre er in die Gemeinschaft aller Christen aufgenommen und – *zack!* – ist der Kerl gerettet. Dann bekommt er noch die Kontonummer für seinen Gemeindebeitrag in Höhe des Zehnten und schon können die ersten Pläne für das neue Gemeindehaus in Auftrag gegeben werden.

Aber Jesus hatte offenbar nicht richtig raus, wie man einen Nichtchristen bekehrt. Fragt er den Typen doch ausgerechnet danach, ob er die Gesetze einhält! Und als der junge Mann antwortet, dass er sie alle gehalten hat, sagt Jesus ihm, dass er nur noch eine weitere Sache tun muss, um das ewige Leben zu empfangen: „Geh, verkauf alles, was du hast, und gib das Geld den Armen, so wirst du bei Gott einen unverlierbaren Besitz haben. Und dann komm und folge mir!"

Autsch.

Nach diesen Worten ging der reiche junge Mann *traurig* weg, weil er viel besaß. Ich glaube, er wusste genau, was Jesus da von ihm verlangte. Und er *glaubte* Jesus. Warum sollte er wohl sonst „traurig" weggehen? Wenn er nicht geglaubt hätte, dass Jesus die Wahrheit sagte, hätte er sich ja nicht aufzuregen brauchen. Er hätte weggehen und sich sagen können, dass dieser Jesus anscheinend nicht ganz richtig tickte. Doch das war nicht der Fall - der Typ hatte sein *Urteil* gehört.

Aber Jesus lief ihm nicht nach. Er ließ sich den „dicken Fisch" durch die Lappen gehen. Er ließ nicht mit sich handeln. Für den reichen jungen Mann ging es um alles oder nichts. Jesus wollte den ganzen Menschen. Er hatte ihn nicht abgelehnt. Er lud ihn ein, mit ihm zu kommen. Es zeigte sich lediglich, dass Jesus zu viel verlangte - nämlich alles. Das will er von uns: *alles*.

Jesus sagt zu jedem von uns: „Gib mir alles oder nichts. Ich will dein ganzes Leben oder wir können die Sache gleich vergessen." Aber wenn wir die Entscheidung treffen, ihm aus ganzem Herzen nachzufolgen, erhalten wir eine Entschädigung, die alles weit übertrifft, was wir jemals aufgegeben haben.

Schade, dass der reiche junge Mann das nicht verstanden hat.

65 Das Wörtchen „tun“

„Dann wird der König antworten: ‚Ich versichere euch: Was ihr für einen meiner geringsten Brüder oder für eine meiner geringsten Schwestern getan habt, das habt ihr für mich getan.‘“

Matthäus 25,40

Ich habe neulich im Radio ein Interview mit der Sängerin Amy Grant gehört. Während des Gesprächs erzählte sie von einem Traum, den sie vor kurzem hatte. Darin befand sie sich im Himmel und stand vor Jesus, der sie fragte: „Amy, mein Kind, was tust du auf der Erde für mich?“ Amy erzählte, wie sie im Traum ihr neuestes Album hervorzog, eine flache runde Plastikscheibe, und sagte: „Hier, sieh mal, Jesus!“ Und dann merkte sie, dass die Platte in ihrer Hand schmolz und über ihren Arm lief. Ich bin sicher, jeder christliche Musiker versteht diesen Traum und hat genau davor Angst.

Ich wusste jedenfalls genau, was sie meinte. Meine ganze Musik ist nur ein Werkzeug. Sie selbst hat keinen Ewigkeitswert und wird eines Tages zu Asche zerfallen. Unser Körper ist auch ein Werkzeug, das uns gegeben wurde, um es zum Dienst für Gott einzusetzen. Aber oft erschöpfen wir unseren Körper, indem wir ihn vor dem Fernseher ausstrecken, anstatt aktiv zu dienen – in der Mission, in der Suppenküche oder auf den rauen Straßen unserer Städte. Wir geben unserem Körper mehr zu essen, als wir beim Arbeiten verbrennen, deshalb werden wir fett. Wir werden buchstäblich von unserem irdischen Appetit heruntergezogen. Und gleichzeitig tun wir nichts für Gott.

Das Wort „tun“ ist ungeheuer wichtig. Überlegen Sie einmal, wie die Bibel ohne das Wörtchen „tun“ aussähe. Jesus fand, dass „tun“ ein ziemlich wichtiges Wort war. Er fragt uns: „Was nennt ihr mich immerzu ‚Herr‘, wenn ihr doch nicht tut, was ich sage?“

Wenn es um das Tun geht, ist die Bibelstelle in Matthäus 25, Verse 31 bis 46 vermutlich der beste Text dazu. Sie kennen vermutlich alle die Schilderung vom Weltgericht. Lesen Sie den Text heute noch einmal nach! Überlegen Sie, welche „schwarze Platte aus Kunststoff“

es in Ihrem Leben gibt, die Sie Jesus anbieten – und die dann schmilzt und nichts mehr wert ist.

Setzen Sie sich für Dinge ein, die ewig Bestand haben, und nicht für etwas, das vergänglich ist!

66 Mund auf für Jesus

„Wenn ich die Sprachen aller Menschen spreche und sogar die Sprache der Engel, aber ich habe keine Liebe – dann bin ich doch nur ein dröhnender Gong oder eine lärmende Trommel."

1. Korinther 13,1

Es gibt vier Dinge, die Sie benötigen werden, wenn Sie Jesus nachfolgen wollen. Erstens brauchen Sie *Gemeinschaft*. Und damit meine ich nicht nur, dass Sie sonntags in die Kirche gehen. Es muss mehr sein als das. In der Armee stecken sie einen zusammen mit anderen Soldaten in die Grundausbildung. Und wenn man irgendwo stationiert wird, dann gemeinsam mit anderen Armeeangehörigen. Können Sie sich vorstellen, wie ineffektiv die Armee wäre, wenn man jeden Soldaten mit einem Zivilisten zusammentäte? Schon nach kurzer Zeit wäre der Zusammenhalt zwischen den Soldaten, der für den Erfolg des Militärs so wichtig ist, dahin. Auch Christen haben einen Zusammenhalt. Er ist für das geistliche Wohl wichtig, und deshalb rate ich Ihnen, mit anderen Christen zusammenzuleben, Ihre Freizeit mit ihnen zu verbringen und zu arbeiten - auch wenn die Arbeit schlechter bezahlt ist als ein Job, bei dem es nur Nichtchristen gibt.

Zweitens brauchen Sie *die Bibel*. Sie ist Ihre Nahrung. Das Bibellesen ist keine Pflicht, sondern eine Stärkung. Stellen Sie sich einmal vor, Sie nähmen Ihre Mahlzeiten nur aus Pflichtgefühl ein: „Na gut, ich zwinge mich wohl besser, mich hinzusetzen und dieses Steak und das Gemüse zu essen und das Schokoladeneis zum Nachtisch."

Warum sagen wir uns aber dann: „Na gut, ich zwinge mich besser, heute fünf Kapitel aus den Sprüchen zu lesen"? Wenn Sie es nicht gewohnt sind, täglich in der Bibel zu lesen, fangen Sie mit dem Johannes-Evangelium an. Am besten nehmen Sie eine Übersetzung, die nicht ein paar hundert Jahre alt ist - es sei denn, Sie mögen altertümliche Formulierungen.

Die dritte Sache, die Sie benötigen, ist das *Gebet*. Gott will nicht, dass Sie Ihre Gebete *aufsagen*. Er möchte sehen, dass das Gebet *untrennbarer Bestandteil Ihres Lebens* ist. Daran werden wir im Neuen Testament zwei Mal erinnert. Paulus sagt, dass wir „unablässig" und „zu jeder Zeit" beten und Gott „in der Kraft seines Geistes" bitten sollen. Also nicht nur morgens oder vor dem Zubettgehen oder vor dem Essen, sondern überall und immer. Bei der Arbeit, beim Autofahren (dann bitte mit offenen Augen!), egal, wo Sie sind. Denken Sie auch daran, dass das Gebet keine Einkaufsliste für den Himmelsladen ist: „Herr, ich möchte ein neues Fahrrad; Herr, ich brauche eine neue Freundin; Herr, gib mir doch bitte eine Aufgabe ..." Das sollten Sie beim Weihnachtsmann probieren, nicht bei Gott. Mindestens die Hälfte des Betens besteht aus Hören und nicht aus Reden.

Und viertens müssen wir *eine große Klappe für Jesus* haben. Es gibt „Jugend für Christus", „Jugend mit einer Mission", „Campus für Christus" – wie wäre es mit „Mund auf für Jesus"?

Viele Christen reden nur von ihrem Glauben, wenn sie sich dazu „gedrängt" oder „berufen" fühlen. Aber Jesus sagte: „Geht in die ganze Welt und verkündet die Gute Nachricht allen Menschen!" (Markus 16,15) Das bedeutet, dass wir Jesus mit unserem Mund *und unserem Leben* bezeugen müssen. Wenn Sie einen frommen Aufkleber am Auto haben, ist das in Ordnung. Achten Sie nur darauf, dass Ihr Leben (sowie Ihr Fahrstil) der Botschaft des Aufklebers entspricht.

Gott verlässt sich darauf, dass wir das Evangelium weitersagen und leben, ohne uns dafür zu schämen. Machen Sie für Jesus den Mund auf! Und untermauern Sie die Worte, die herauskommen, durch Ihr Leben, indem Sie Liebe üben. Ansonsten sind Sie nur ein dröhnender Gong.

67 Warum Jesus spuckt

„Aber ihr seid weder warm noch kalt; ihr seid lauwarm. Darum werde ich euch aus meinem Mund ausspucken.“
Offenbarung 3,16

Lange habe ich nicht verstanden, warum es besser sein soll, eiskalt zu sein statt lauwarm. Jesus sagt: „Wenn ihr wenigstens heiß oder kalt wäret – aber ihr seid lauwarm, und deshalb spucke ich euch aus.“ Mensch, Jesus, warum soll ich denn lieber kalt sein als lauwarm? Warm ist doch näher an heiß als kalt!

Aber irgendwann verstand ich es dann doch. Was Jesus im Grunde genommen sagte, war: „Wenn du lauwarm bist, sagst du zwar, dass du Christ bist, aber du verhältst dich nicht so. Und die Leute sehen dich an und sagen: ‚Du vertrittst doch Jesus. Dann muss der aber eine echte Lachnummer sein.‘“

Deshalb ist es ihm lieber, wenn wir kalt sind. Dann laufen wir wenigstens nicht in der Gegend herum und sagen: „Ich repräsentiere Jesus“, sondern wir sagen: „Wo steigt die Party?“

Lauwarme Christen werden nicht nur von Jesus ausgespuckt, sondern sie sind auch die unglücklichsten Menschen auf diesem Planeten. Sie sind zu sehr Christ, um die Sünde zu genießen, und zu weltlich, um sich richtig an Jesus zu freuen. Also sitzen sie unentschlossen da und denken: *Was für ein langweiliges Leben. Egal, ob ich die Sau rauslasse oder in die Kirche gehe – genießen kann ich keins von beiden.*

Jesus hat uns so geschaffen, dass unsere Freude dann am größten ist, wenn wir uns völlig ihm überlassen. Je mehr wir noch mit der Welt zufrieden sind, desto unzufriedener sind wir mit Jesus. Wir sind wie eine Braut, die ihre Hochzeit vorbereitet und denkt: *Ich weiß eigentlich gar nicht, ob ich den Typen überhaupt heiraten will.*

Entscheiden Sie sich! Sind Sie heiß oder kalt? Wählen Sie eins von beiden, aber seien Sie nicht lauwarm!

68 Nicht mehr die Sünde wählen

„So sollt auch ihr euch als Menschen begreifen, die für die Sünde tot sind, aber für Gott leben in Christus Jesus."
Römer 6,11 (Einheitsübersetzung)

Wissen Sie, was „heilig" bedeutet? Es bedeutet vollkommen, durch und durch, fleckenlos *weiß*. Rein. Nicht ein Hauch von Dreck. Unberührt. Unverdorben. Faltenlos. Perfekt. Sie sagen vermutlich und das völlig zu Recht: „Das bin ich nicht. Und so kann ich auch gar nicht sein."

Ich auch nicht. Nicht in einer Milliarde Jahren. Aber Jesus kann so sein. Er *ist* so. Und wenn er in mir lebt, kann ich seine Heiligkeit widerspiegeln und nicht meine eigene. Wir machen dann immer noch Fehler, aber wir wählen nicht bewusst die Sünde. Den Unterschied kann man folgendermaßen erklären: Es ist so, als würde jemand in Ihr Haus einbrechen und Ihren Fernseher klauen, während ein anderer bei Ihnen klingelt und sagt: „Hallo, ich bin ein Dieb. Ich komme wegen des Fernsehers und eventuell noch anderer Wertgegenstände." Wenn Sie sagen: „Ach ja, kommen Sie rein. Der Fernseher steht da hinten und ich hole Ihnen eben noch die diamantbesetzten Manschettenknöpfe. Kann ich Ihnen vielleicht beim Tragen helfen?", dann ist das wie eine bewusste Sünde. Wenn Sie zulassen, dass der Feind Sie übers Ohr haut, dann wählen Sie die Sünde. Aber die Sünden, die wir unbewusst begehen, geschehen ohne unsere Zustimmung.

Das Blut Jesu wurde für beide Arten von Sünde vergossen, aber wenn wir heilig sein wollen, dann dürfen wir nicht mehr bewusst die Sünde wählen, weil wir für die Sünde tot sind. Außerdem haben wir nicht nur die Heiligkeit Jesu in uns, sondern wir wurden auch mit ihm ans Kreuz geschlagen, und der Teil von uns, der dem Dieb hilft, den Fernseher rauszutragen, also der Teil, der bewusst und aus freien Stücken sündigt, ist tot. Im 6. Kapitel seines Briefes an die Römer zeigt Paulus uns den Weg zum Sieg: *„Begreift euch als Menschen, die für die Sünde tot sind, aber in Jesus für Gott leben."*

Versuchen Sie nicht, sich selbst in diesem Sinne zu töten; das geht nicht. *Machen Sie sich lieber bewusst,* dass der Tod Jesu auch Ihr Tod und seine Auferstehung auch Ihre Auferstehung ist. Nur so können Sie sicher sein, dass Sie am Ende gewinnen.

69 Schicken Sie den Teufel in die Wüste!

„Deshalb ordnet euch Gott unter!
Leistet dem Teufel Widerstand und er wird vor euch fliehen."
Jakobus 4,7

Wissen Sie, was ein „Lieber John"-Brief ist? So nennt man die Briefe, die viele amerikanische Soldaten im Zweiten Weltkrieg erhielten. Während sie in Europa waren, hatten ihre Freundinnen zu Hause einen neuen Freund gefunden und schrieben ihren Verlobten Briefe, die im Wesentlichen besagten: „Es ist aus. Ich hab einen anderen. Es tut mir Leid." Manch einem GI brach ein solcher Brief das Herz.

Kurz nachdem ich Christ wurde, zeigte Gott mir, dass ich einen solchen „Lieber John"-Brief schreiben musste. Mein Brief richtete sich allerdings an den Teufel und informierte ihn darüber, dass unsere Beziehung zu Ende war, weil ich jemand anderen gefunden hatte. Jemanden, der besser war. Ich sagte zu ihm: „Hör mal, Junge, wir beide waren dicke Freunde, aber jetzt ist das vorbei, okay?"

Vielleicht müssen Sie ja auch einen solchen Brief an den Teufel schreiben. Weiß er, dass es zwischen Ihnen aus ist? Ich habe ein ziemlich deutliches Lied geschrieben, das Ihnen vielleicht hilft, Ihren eigenen Brief zu schreiben.

Lieber-John-Brief (an den Teufel)[10]

O ja, ich habe dich einmal geliebt, aber das fällt mir jetzt schwer,
weil ich ein paar Informationen über die bösen Dinge bekommen habe,
die du nachts so tust.
Jetzt ist die ganze Sache vorbei. Wir sind geschiedene Leute!
Du bist so ein Teufel –
wie hast du es nur geschafft, dass ich glaubte, du seist treu?

O ja, meine Mutter hat mich gewarnt, und mein Vater hat geweint,
als ich von zu Hause wegging.
Du hast gesagt, dass du mich immer glücklich machen würdest,
aber, Mann, hast du mich angelogen. Du hast gelogen!
Tja, ich hätte auf die Worte meiner Mutter hören sollen,
aber wahrscheinlich war ich zu stolz. Erbsünde!

Ich habe nachts immer wach gelegen
und dein Gesicht an der Zimmerdecke gesehen.
O Mann, was für ein übles Gefühl habe ich,
wenn ich daran denke, wie du mich beinahe rumgekriegt hättest
mit den Dingen der Welt. Mit den Dingen der Welt.

Meine so genannten Freunde sagen, ich hätte dich falsch verstanden.
Meine Wut sei ganz umsonst,
aber ich habe Angst, dass du sie auf deine Seite ziehst,
bevor ich die Gelegenheit hatte, es ihnen zu erklären,
und es hat mir so wehgetan. Autsch!
Weil sie wirklich gute Freunde waren,
aber nun hast du sie dazu gekriegt,
dein Spiel zu spielen. Du Schwein!

Hey, ich glaube an Jesus,
und was er gesagt hat, wird er auch tun.
Er wird dir dein verlogenes Maul stopfen
und dich in einem Schwefelsäureneintopf kochen,
der niemals gar wird.
Ist schon Suppe draus geworden? Nein!

O ja, wenn Jesus mich nicht gerettet hätte,
würde ich mit dir da unten schmoren.
Wenn Jesus mich nicht gerettet hätte,
würde ich Seite an Seite mit dir schmoren.

Ich habe nachts immer wach gelegen
und dein Gesicht an der Zimmerdecke gesehen.
Ha! Was für ein fantastisches Gefühl ist das,
wenn ich mir vorstelle,
wie du kriegst, was du verdienst –
am Ende der Welt, am Ende der Welt,
ja, am Ende der Welt!

70 Haben Sie eine Beziehung zu Jesus?

„Gott, schaffe mich neu: Gib mir ein Herz, das dir völlig gehört, und einen Geist, der beständig zu dir hält. Vertreibe mich nicht aus deiner Nähe, entzieh mir nicht deinen Heiligen Geist!"

Psalm 51,12–13

Wenn ich Sie fragen würde, welche Personengruppe am schwierigsten für Christus zu gewinnen ist – Drogenabhängige, Kriminelle oder traditionelle Kirchenbesucher –, kämen Sie wahrscheinlich nie auf die Idee, letztere zu nennen. Aber ich bin ziemlich weit herumgekommen, habe eine Menge Konzerte gegeben, und es waren diejenigen, die ihr ganzes Leben lang jeden Sonntag in die Kirche gegangen sind, bei denen ich am meisten Mühe hatte, sie zu erreichen.

Manchmal hat man das Gefühl, dass der Glaube mehr ein Teil ihrer Kultur ist als das Ergebnis eines veränderten Herzens. Sie sind in den Kindergottesdienst gegangen, seit sie krabbeln konnten. Sie haben alle entscheidenden Verse auswendig gelernt und können die Bücher der Bibel in weniger als zehn Sekunden der Reihe nach aufsagen. Sie kennen Johannes 3, Vers 16, als wäre es ihr Familienmotto, aber bei all dem scheinen sie doch kein echtes geistliches Leben zu haben. Sie sagen, dass sie Jesus in ihr Leben aufgenommen haben, meistens als kleines Kind, aber wenn ich davon spreche, Christus als *lebendigen Herrn* in ihrem Leben zu kennen, wenn ich von einer *Beziehung* zu Jesus spreche, sehen sie mich mit großen Augen an. Deshalb ist es so schwer, zu ihnen durchzudringen. Wenn ein Mensch nicht aus eigener Erfahrung weiß, dass er dringend einen Retter nötig hat – nicht einen Einmal-die-Woche-Retter –, dann kommt er nicht zu Gott.

Drogenabhängige oder Knackis oder Alkoholiker oder andere Sünder wissen aus eigener Erfahrung, dass sie Jesus brauchen. Ihr verdorbenes Herz sagt es ihnen jeden Tag. Oder vielleicht sollte ich besser sagen: *Unser* verdorbenes Herz sagt es uns. Denn ich gehöre zu denen, die Jesus dringend brauchen. Ich hoffe, Sie gehören auch dazu, denn ich habe bei diesen Gewohnheitschristen noch etwas anderes bemerkt: Es gibt sie überall. Sie kommen zu meinen Konzerten und kaufen meine Platten. Aber leider hält gerade ihre Religiosität sie von Gott fern.

Verabschieden Sie sich heute von Ihrer Kulturreligion. Leben Sie mit Jesus! Reißen Sie sich um ihn – denn nur so werden Sie ihn jemals finden.

71 Welche Meinung haben Sie von sich?

„Was ist euer Leben? Es gleicht einem Dampfwölkchen, das aufsteigt und sich sogleich wieder auflöst."

Jakobus 4,14

Manchmal haben wir eine bessere Meinung von uns, als angemessen ist. Schließlich sind wir im Grunde genommen nur Staub. Wir bestehen aus einer gewissen Menge wesentlicher Elemente, die jeder Chemiker nennen könnte. Eines Tages werden wir sterben und dann zerfällt unser Körper zu Staub. Jakobus vergleicht unser Leben mit einem Dampfwölkchen, das im nächsten Moment schon wieder verpufft ist. Wir sind wie Gras, das sprießt, welkt und stirbt. Wir sind einfach ausgesprochen sterblich.

Aber manchmal denken wir auch schlechter von uns, als angemessen ist. In dieser äußeren Hülle aus Staub, die wir mit uns herumtragen, spüren wir, dass wir zu Höherem berufen sind als nur zum näher rückenden Grab. Gott hat die Ewigkeit in unser Herz gelegt, und wie ein Baum, der sich zum Licht hinwendet, neigen wir uns Gott entgegen, strecken uns nach ihm aus und sehnen uns nach ihm.

Wenn wir versucht sind, uns selbst klein zu machen, sollten wir uns daran erinnern, wie viel wir Gott bedeuten: Wir sind so wichtig, dass sein Sohn für uns gestorben ist. Das ist das höchste Lösegeld, das man bezahlen kann. Auch wenn wir oft eine zu hohe Meinung von uns haben oder unter Minderwertigkeitskomplexen leiden, sollten wir nie vergessen, wie viel wir Gott bedeuten.

Staub zu Staub [11]

Manchmal ist es schwer zu verstehen.
Manchmal ist es schwierig, zu mir durchzudringen,
aber ich will doch alles tun, was du von mir verlangst.
Hilf mir, es zu Ende zu bringen
und jeden Tag zu einer Andacht für dich zu machen,

denn es heißt: Staub zu Staub,
bis wir lernen zu vertrauen.

Manchmal komme ich vom Weg ab,
weißt du, dann bin ich im Dunkel verloren,
mein Glaube fängt an zu wanken,
und ich weiß nicht, was ich tun soll.
Deshalb rufe ich zu dir.
Und ich recke mich in die Luft,
und ich rufe deinen Namen,
und du bist immer da,
und du sendest dein Licht herab,
und du sagst mir: Verlass dich auf deinen Glauben, nicht deine Augen.
Und dann leuchtest du mir.

Ich lege deine Rüstung an,
fühle mich plötzlich zu dir hingezogen
wie eine Motte zum Licht,
immer, wenn du meinen Namen rufst.
Hilf mir, es zu Ende zu bringen
und jeden Tag zu einer Andacht für dich zu machen,
denn es heißt: Staub zu Staub,
bis wir lernen zu vertrauen.

Manchmal komme ich vom Weg ab,
weißt du, dann bin ich im Dunkel verloren,
mein Glaube fängt an zu wanken,
und ich weiß nicht, was ich tun soll.
Deshalb rufe ich zu dir,
und ich recke mich in die Luft,
und ich rufe deinen Namen,
und du bist immer da,
und du sendest dein Licht herab,
und du sagst mir: Verlass dich auf deinen Glauben,
nicht deine Augen.
Und dann leuchtest du mir.

Manchmal ist es schwer zu verstehen,
weißt du, manchmal ist es schwierig, zu mir durchzudringen.
Manchmal ist es schwer zu verstehen,
weißt du, manchmal ist es schwierig, zu mir durchzudringen.
Aber es heißt: Staub zu Staub,
bis wir lernen zu vertrauen.
Bis wir lernen zu vertrauen.

72 Werden Sie ausgelacht?

„Freuen dürft ihr euch, wenn sie euch beschimpfen und verfolgen und verleumden, weil ihr zu mir gehört. Freut euch und jubelt, denn bei Gott erwartet euch reicher Lohn. So haben sie die Propheten vor euch auch schon behandelt."

Matthäus 5,11–12

Werden Sie manchmal wegen Ihres Glaubens ausgelacht? Machen sich andere darüber lustig, dass Sie an Jesus glauben? Dann herzlichen Glückwunsch: Sie leben das normale Leben eines Christen. Der Welt erscheint das Christsein idiotisch und Christen werden für Idioten gehalten. Die Menschen sehen, wie sehr wir uns freuen, und sind überzeugt, wir hätten „irgendwas genommen", um so glücklich zu sein.

„Hey, was ist los? Welchen Stoff rauchst du denn, um so high zu werden?", fragen sie. „Wo kriegt man das Zeug?"

Also erzähle ich ihnen: „Mann, das kostet nichts. Du musst nur Jesus vertrauen. Dann kriegst du mehr Freude, als du dir vorstellen kannst, und die völlig *umsonst*!"

Aber sie würden lieber hören, dass ich gut drauf bin, weil ich irgendwelche Drogen eingeworfen habe. Sie verstehen es nicht – die Vorstellung, dass man durch Jesus ein glückliches Leben führen kann, erscheint ihnen zu verrückt. Deshalb sagen sie: „Damit muss was faul sein. Die rauchen bestimmt Bibeln oder so. Woraus werden die Abendmahlsoblaten noch mal gemacht?"

Sie machen sich über unseren Glauben lustig und begeben sich auf die Suche nach ihrer nächsten „Erfahrung". Der Haken ist nur: Wenn das passiert, erfüllt sich das, was Jesus gesagt hat. Er hat versprochen, dass Christen wegen ihm verfolgt werden würden. Wir sollten uns also darauf einstellen, dass man uns auslacht, und uns klar machen, dass wir damit in guter Gesellschaft sind – über Jesus selbst hat man sich schließlich auch lustig gemacht, und zu allen Zeiten wurden seine treusten Diener ausgelacht. Das heißt nicht, dass wir es darauf anlegen sollen, uns zum Gespött der Leute zu machen, aber wir sollten darauf gefasst sein, wenn es geschieht. Nicht nur das – wir sollten es vielmehr gerne hinnehmen, weil das Versprechen, dass man uns auslachen wird, mit einem Segen verbunden ist. Aber denken Sie daran, dass Jesus nicht gesagt hat: „Freuen dürft ihr euch, wenn ihr im Namen Jesu unausstehlich seid." Wir sollten auf Nummer Sicher gehen, dass wir nicht wegen einer dummen menschlichen Schwäche ausgelacht werden.

Wenn Ihr Glaube echt ist und man sich über Sie lustig macht, dann sollten Sie sich darüber freuen. Und denken Sie an den Segen, den wir erfahren dürfen, wenn man uns wegen unseres Glaubens auslacht!

73 Seien Sie ein kleiner Christus!

„... Jesus Christus ist ja der Herr über alle!"
Apostelgeschichte 10,36b

Trauen Sie sich, an Jesus zu glauben! Viel zu viele Menschen sind skeptisch, weil das Einzige, was sie von Jesus mitbekommen haben, ein „Kirchgängertum" ist. Wegen der Heuchelei lehnen sie dankend ab, aber obwohl es in jeder Kirche oder Gemeinde Heuchler gibt, ist Jesus echt, und es laufen dort auch viele echte Christen herum. Wir alle sollten wie ein kleiner Jesus sein und tun, was er getan hat. Und die Menschen lieben, wie er sie liebt.

Wagen Sie es, auf andere zuzugehen! Trauen Sie Jesus zu, dass er die Macht hat, sich um Ihre Probleme, Ihre Krankheiten, Ihre Depressionen und Ihre Beziehungen zu kümmern – was immer für Sie gerade dran ist. Wir alle haben Probleme. Es gibt keinen Menschen auf dieser Erde, der nicht irgendwelche Sorgen, leidvolle Erfahrungen und Kummer hätte. Aber Jesus bietet uns eine Oase der Ruhe inmitten aller Sorgen und Umstände. Keine Sünde ist zu groß und kein Problem zu klein für ihn.

Wagen Sie es, ihn anzubeten!

Jesus ist Herr über alle! [12]

Jesus ist Herr über alle,
Jesus ist Herr über alle.
Keine Sünde ist zu groß,
kein Problem ist ihm zu klein.
Jesus ist Herr über alle.

Jesus ist König der Könige,
mein Herr ist König der Könige.
Präsidenten, Herrscher, Bettler werden singen:
Jesu ist König der Könige.

Jesus Christus ist Herr über alle,
König der Könige, Herr aller Herren.
Weißt du, er ist Herr über alle.

Jesus kommt bald wieder,
Jesus kommt bald wieder!
Schau doch in dein Herz,
und sieh nach, ob dort Platz ist.
Jesus kommt bald wieder.

Jesus Christus ist Herr über alle. Ja, ja, ja!
König der Könige, Herr aller Herren.
Das ist alles, was zählt, das ist alles.

Mein Gott ist Herr über alle.
Jesus ist Herr über alle.
Keine Sünde ist zu groß,
kein Problem ist ihm zu klein.
Jesus ist Herr über alle.

74 Haben Sie einen Haken im Herzen?

„Ich bitte dich nicht, sie aus der Welt wegzunehmen,
aber sie vor dem Bösen in Schutz zu nehmen.
Sie gehören nicht zu dieser Welt,
so wie ich nicht zu ihr gehöre."

Johannes 17,15–16

Gott fordert uns heute auf, in der Welt zu leben, aber nicht Teil von ihr zu sein. Zu oft machen wir Gott Kummer, weil wir uns als Christen bezeichnen, aber nach weltlichen Maßstäben leben. Christsein heißt „anders sein". Doch wir wollen beides: unseren Glauben und die Verführungen der Welt. Und nichts anderes sind sie. So wie ein Angler seine Beute mit einem blinkenden Köder an den Haken lockt, so hat auch Satan, der weltliche Gott, seinen Haken für die Christen mit einem Köder versehen. Er weiß, dass er uns als Christen unbrauchbar machen kann, wenn wir zwar Christus angenommen haben, aber unsere Lebensenergie immer noch aus den Attraktionen der Welt ziehen. Unsere Gebete werden dann kurzgeschlossen, unser Zeugnis verwässert, und unsere mit weltlichen Dingen gefütterte menschliche Natur herrscht über uns.

Gott fordert uns auf umzukehren. Er möchte, dass wir unser Herz von der Welt abkehren und es ganz Jesus anvertrauen. Es wäre auch nicht schlimm, wenn wir in unserer Reue vor Gott weinen könnten, als Zeichen dafür, dass wir es wirklich ernst meinen. Solche Tränen reinigen die Seele.

Gott fordert uns nicht auf, in irgendeiner Höhle zu leben, uns in kratzige Gewänder zu hüllen und Heuschrecken zu essen. Sein Ruf gilt unserem Herzen. Werden wir Gott gehorchen und uns aus allem herausnehmen lassen, damit er uns für *seine* Zwecke gebrauchen kann?

Während wir uns der Wiederkunft Jesu nähern, scheinen uns die Versuchungen des Feindes vielleicht noch verlockender und die Triebe unserer menschlichen Natur unwiderstehlich, aber wenn Satan wie eine Flut über uns hereinbricht, zeigt Gott seine Flagge und gibt uns die Kraft zu widerstehen.

Nicht alle werden bis zum Ende durchhalten. Aber es wird welche geben. Ich wünsche Ihnen, dass Sie zum Heer derjenigen gehören, die standhalten und auf dem Schlachtfeld stehen werden, wenn er wiederkommt!

75 Tischgespräche

„Gebt Acht, ich stehe vor der Tür und klopfe an!
Wenn jemand meine Stimme hört und die Tür öffnet,
werde ich bei ihm einkehren.
Ich werde mit ihm das Mahl halten und er mit mir."

Offenbarung 3,20

Manche Menschen denken, dass man wie ein Nachrichtensprecher reden muss, um ein richtiger Christ zu sein. Oder dass jemand, der ihnen in die Augen blickt, Kirchenfenster sehen muss. Und dass ein Christ immer gut aussieht, gut riecht und perfekt gekämmt ist.

Tja, damit bin ich schon draußen. Jesus wäre dann allerdings auch draußen - und so ziemlich alle anderen Menschen auch. Die echte Feuerprobe für einen Christen ist ein verändertes Herz. Ein Christ ist jemand, der sein altes verdorbenes Herz gegen ein neues eingetauscht hat. Und das können Sie tun, indem Sie Jesus hereinlassen, wenn er an Ihre Tür klopft. Er geht zu jedem von uns, klopft vorsichtig an und fragt uns, ob wir mit ihm Gemeinschaft haben wollen. Mit ihm *essen* wollen. Überlegen Sie mal, wie schön es ist, mit jemandem am Tisch zu sitzen und zu reden, der Sie liebt. Sie können ihm erzählen, wie Ihr Tag war, welche Pläne Sie für Ihr Leben haben, was Ihnen Angst macht - solche Sachen eben. Beim Essen kann man hervorragend reden. Damals, als Jesus auf der Erde lebte, war gemeinsames Essen ein Zeichen der Anerkennung und Vertrautheit.

Waren Sie schon mal zur Essenszeit in einem beliebten Restaurant? Und können Sie sich vorstellen, dass jemand dort ein Schild aufstellt: „Reden beim Essen verboten"?

In dem Vers aus Offenbarung 3 wird mit einem Bild beschrieben, was Jesus will, nämlich eine ganz innige Gemeinschaft mit uns. Das heißt nicht, dass er in unserem Herzen ein Restaurant aufmachen möchte. Es bedeutet, dass er mit uns reden und uns zuhören will, und zwar *ganz im Vertrauen*.

Zu oft verstehen wir das mit dem Glauben total falsch. Jesus ist auf die Erde gekommen, *um uns zu lieben*. Er ist nicht gekommen, um uns eins überzubraten und uns zu verurteilen. Er ist hierher gekommen, um uns zu retten. Und seinen Arm um uns zu legen. Seine Barmherzigkeit triumphiert über das Gericht und diese Barmherzigkeit kommt vom Vater. Durch Jesus zeigt Gott, wie barmherzig er zu seinen Kindern ist.

Heute sind wir mit Jesus zum Essen verabredet. Er klopft in diesem Augenblick an, um uns zu sagen, dass es Zeit wird, um mit ihm essen zu gehen. Genießen Sie Ihre Gemeinschaft mit Jesus! Er tut dies auf jeden Fall.

76 Entweder Sie oder die Steine

„Ich sage euch, wenn sie schweigen,
dann werden die Steine schreien!"

Lukas 19,40

Als ich selbst noch keiner war, stand ich Christen sehr skeptisch gegenüber. Genau genommen waren sie mir ein Dorn im Auge. Ständig liefen sie herum und sagten: „Praise the Lord!" beziehungsweise „Preiset den Herrn!"

Selbst als ich zum Glauben gekommen war, schwor ich mir, dass niemals ein „Praise the Lord" über meine Lippen kommen sollte. Ich dachte mir: *Okay, ich werde ab und zu einen Choral singen – vielleicht so was wie „Auf, denn die Nacht wird kommen" –, und ich werde in der Bibel lesen, aber niemand wird mich dabei erwischen, wie ich etwas so Frommes und Banales wie „Praise the Lord" von mir gebe.*

Eines Tages saß ich mit meinem Tagebuch da, hatte mir gerade etwas von der Seele geschrieben und fügte hinzu: „Gott ist wirklich gut. *Praise the Lord*!" Dann stammelte ich plötzlich: „O nein! Ich habe ‚Praise the Lord' geschrieben!"

Am nächsten Tag kam Melody zu mir und sagte: „Weißt du was, Keith? Ich habe doch glatt angefangen, ‚Praise the ...' zu sagen und konnte mich gerade noch bremsen. Was soll ich denn bloß machen?"

Was konnten wir schon tun? Ich sagte: „Wir müssen wohl aufgeben, Melody. Es hat keinen Sinn, dagegen anzukämpfen. Es liegt an Gottes Geist. Praise the Lord!" Und von da an haben wir es einfach zugelassen. Sie sehen ja, was daraus geworden ist.

Seien Sie mal ehrlich: Wenn Sie Gott lieben, wird Ihr Mund das auch ausdrücken. Wehren Sie sich nicht dagegen! Lassen Sie es in Ihrem Herzen beginnen, langsam durch alle Kanäle nach oben steigen und schließlich aus Ihrem Mund herauskommen.

Loben Sie einfach Gott! Wenn Sie es nicht tun, werden es die Steine tun.

77 Unkrautjäten muss sein

„Ich bin der wahre Weinstock, und mein Vater ist der Weinbauer. Er entfernt jede Rebe an mir, die keine Frucht bringt; aber die Frucht tragenden Reben reinigt er, damit sie noch mehr Frucht bringen."

Johannes 15,1–2

Gott schaut immer wieder nach, ob seine Leute Frucht bringen. Ohne Früchte sind wir als Christen unbrauchbar. Und Gott arbeitet die ganze Zeit mit uns und durch uns, um uns fruchtbarer zu machen. Sollte er feststellen, dass wir mehr Früchte tragen, wenn er uns zurechtstutzt, dann tut er es. Wenn wir gegossen werden müssen, schickt er Regen. Falls wir mehr Sonne brauchen, sorgt er dafür, dass Licht auf uns leuchtet. Und wenn er sieht, dass unsere Wurzeln vom vielen Unkraut um uns herum bedroht werden, fängt er an, das Unkraut auszureißen.

Manchmal mögen wir das nicht. Wir meinen: *Nein, Herr, bitte nicht diese Pflanze – das ist doch mein Lieblingsunkraut. Kann ich es nicht behalten? Es kostet mich auch gar nicht so viel Kraft.* Ich sage Ihnen: Wir haben alle unser kleines Lieblingsunkraut, und wenn Gott es bei der Wurzel packt und ausreißt, kann das wehtun. Aber es muss sein.

Gott hat mit seinen Kindern ein Ziel – sie sollen Frucht bringen. Denken Sie einmal über Ihr Leben nach. Welches Unkraut sprießt in Ihrer Umgebung? Welcher kleine Löwenzahn lenkt Sie von Ihrer Berufung ab? Werden Sie Gott bitten, ihn herauszureißen?

Geben Sie Ihrem Unkraut heute einen Namen und geben Sie es so an Gott ab!

78 Gottes Land der Ruhe

„Folglich steht die versprochene Ruhe, der große Sabbat,
dem Volk Gottes erst noch bevor.
Denn wer in die Ruhe Gottes gelangt ist,
ruht auch selbst aus von seiner Arbeit,
so wie Gott ausruht von der seinen."

Hebräer 4,9-10

Gott macht aus uns eine neue Bevölkerungsgruppe. Nicht eine Rasse, die sich über Nationalität oder irgendein anderes äußerliches Merkmal definiert, sondern eine neue Nation aus schwarzen, weißen, gelben, roten, grünen, lila oder sonst wie gefärbten Menschen. Diese Nation ist keine irdische, sondern eine himmlische Nation, und die Einwohner leben jetzt auf der Erde und sind auf der Suche nach einem Königreich.

So wie die Kinder des Volkes Israel durch die Wüste wanderten und nach dem Verheißenen Land Ausschau hielten, so sind wir auch Pilger und Fremde, die nur vorübergehend auf dieser Erde leben. Ein Christ, der in dieser Welt Wurzeln schlägt, ist wie ein Verräter. Er hat seine Reise beendet und beschlossen, sich in der Wüste niederzulassen. Was für ein dummer Fehler! Ein Land aufzugeben, in dem alles im Überfluss vorhanden ist und in dem alle Bedürfnisse gestillt werden können - und das nur für den leeren Glanz der *Erde*!

Das Land, zu dem wir unterwegs sind (und das mit jedem Tag näher rückt), ist das Land, wo eigens für uns ein Haus gebaut wurde. Unser eigenes Zuhause. Bequem, sicher und in jeder Hinsicht vollkommen. In diesem neuen Königreich werden wir für immer mit Jesus, unserem Herrn, zusammenleben. Dieses Land ist ein Land der Ruhe. Kein Ehrgeiz, kein Stress, keine Depression, keine Kämpfe - nur Ruhe. Und während wir auf dieses Land zugehen, können wir *jetzt schon* zu dieser Ruhe gelangen.

Kein Christ sollte kämpfen, wenn Gott ihn schon jetzt zur Ruhe einlädt. So wie das ewige Leben auch etwas ist, das wir nicht erst mit dem Tod erben, sondern jetzt schon besitzen, ist auch Gottes Ruhe heute schon Wirklichkeit.

Wenn Sie noch nie Gottes Ruhe für sich als Christ in Anspruch genommen haben, warten Sie nicht länger! Treten Sie jetzt in diese Ruhe ein! Es wird den Rest Ihres irdischen Lebens so viel angenehmer machen.

79 Prüfungen verändern uns

„Dennoch, Herr: Du bist unser Vater!
Wir sind der Ton, du bist der Töpfer;
wir alle sind von deiner Hand geschaffen.“

Jesaja 64,7

Gott will, dass wir durch ihn groß und aus uns selbst klein sind. Wir müssen abnehmen, damit er zunehmen kann. Das geschieht, wenn wir bekennen: „Gott, ich bin nur Staub, aber du kannst mich für dich in einen Edelstein verwandeln.“ Wie bei einem Diamanten zum Beispiel. Aber wir vergessen leider viel zu oft, dass ein Diamant als Stück Kohle beginnt und sehr lange einem tonnenschweren Druck ausgesetzt ist, bis er schließlich zu einem seltenen und wunderschönen Diamanten geformt wird.

Im Buch Jesaja wird das Bild von einem Tongefäß verwendet, um den Prozess zu beschreiben, durch den Gott uns formt. Im Augenblick sind die meisten von uns wie diese kleinen Schälchen, die man im Urlaub kauft und die mit Eseln und Palmen bemalt sind. Wenn man Wasser hineingießt, läuft es wieder raus, weil die Schale nicht dicht ist. Sie besteht nur aus Lehm – Staub, der zu einem Gefäß geformt wurde.

Aber Gott will für sein Haus jedoch feines Porzellan. Das sind die Gefäße, die er gebrauchen kann. Dafür müssen unsere Lehmschalen in den feurigen Ofen der Anfechtungen gesteckt werden. Ein anderes Wort für Anfechtung ist „Prüfung“. Dort lernen wir wirklich, was leben heißt – im Ofen der Prüfungen. Und dort wird der Ton zu einem brauchbaren Gefäß gehärtet. Aus der Schlacke wird durch Läuterung das wertvolle Erz gewonnen.

Sollten Sie jemals hören, dass jemand sagt: „Ich bin Christ und muss nie irgendwelche Prüfungen durchmachen“, dann überlegen Sie lieber, ob Sie ihm nicht von Jesus erzählen sollten. Denn es ist fraglich, ob er wirklich weiß, was es bedeutet, Christ zu sein. Es gibt kein Christsein ohne Prüfungen. Genauso, wie es keine brauchbaren Tongefäße ohne den Brennvorgang gibt. Oder einen Diamanten, der nicht den Prozess von der Kohle zum Edelstein durchmachen muss.

Wehren Sie sich nicht gegen Ihre Prüfungen! Sie sind Gottes Brennofen für Sie. Und jeder Christ muss andere Prüfungen durchmachen. Gott hat für jeden von uns genau die Prüfungen konstruiert, die uns am wirkungsvollsten zur Ehre Gottes leben lassen.

Nehmen Sie Ihre Prüfungen an, statt vor ihnen davonzulaufen! Indem Sie sie annehmen, nehmen Sie Gottes Plan für Ihr Leben an und erfahren seine Gnade in Ihren Anfechtungen.

80 Sie können nichts mitnehmen

> *„Gewiss bringt es großen Gewinn, Gott zu dienen –*
> *wenn jemand nur sein Herz nicht an irdischen Besitz hängt.*
> *Was haben wir denn in die Welt mitgebracht? Nichts!*
> *Was können wir aus der Welt mitnehmen? Nichts!“*
> 1. Timotheus 6,6–7

Wir sind alleine auf diese Welt gekommen und wir werden sie auch alleine wieder verlassen. Wir können nichts und niemanden mitnehmen. Deshalb sollten wir immer vorsichtig sein, wenn wir etwas – oder gar jemanden – zu besitzen glauben. Wir sollen mit unserem gesamten Hab und Gut so umgehen, als gehörte es gar nicht uns. Das gilt selbst für unsere Kinder: Wir müssen sie als Gottes Kinder sehen, nicht als die *unseren*. Sie gehören uns nicht, und erst, wenn wir sie Gott überlassen, können wir sie richtig genießen – als Geschenke Gottes, die er uns anvertraut hat, damit wir sie begleiten.

Geben Sie Gott Ihre Kinder, dann werden sie wirklich Ihre Kinder. Geben Sie Ihre Frau, Ihren Mann Gott, dann wird sie Ihre wahre Frau, wird er Ihr wahrer Mann sein. Wenn Sie viele Freunde haben, geben Sie sie alle Gott, und sie werden zu wahren Freunden werden.

Geben Sie alles, was Sie haben, Gott! Lassen Sie das, was er Ihnen gegeben hat, von ihm segnen, dann werden alle Ihre irdischen Güter Gottes Besitz sein, für den er Sie zum Verwalter eingesetzt hat. Mehr können Sie ohnehin nicht tun.

Selbst die irdische Hülle, in der wir wohnen, gehört uns eigentlich nicht. Wir mieten unseren Körper nur für etwa 80 Jahre, und dann ruft Gott uns nach Hause, wo wir einen geistlichen Körper bekommen. Es gibt nichts auf dieser Erde, das wir wirklich unser Eigen nennen könnten. Und wenn wir wirklich das Beste wollen, das Gott uns zu bieten hat, dann sollten wir aufhören, nach irdischen Besitztümern zu hungern. Hier gibt es nichts, das unsere Sehnsucht stillen könnte.

Gibt es etwas in Ihrem Leben, das Sie Gott nur ungern überlassen? Wir alle haben Familie und Freunde, unsere geheimen Wünsche und

Lieblingsspielsachen, die wir nicht aufgeben wollen. Wir sind wie kleine Kinder im Laufstall; wir umklammern unseren Plüschhund, während unser Papa uns ein echtes, lebendiges Hündchen schenken würde, wenn wir nur losließen.

Geben Sie alles und jeden heute an Gott ab! Wirklich alles.

81 Klage abgewiesen!

*„Sollte aber jemand schuldig werden, so haben wir einen,
der beim Vater für uns eintritt:
Jesus Christus, den Gerechten, der ohne Schuld ist."*

1. Johannes 2,1

Stellen Sie sich einmal Ihren ersten Tag im Himmel vor. Sie stehen zusammen mit einer ganzen Reihe anderer Leute in einer Schlange und warten darauf, dass man sie reinlässt. Der Typ vor Ihnen hat eine Liste in der Hand, und als er zu Gott zitiert wird, fragt die donnernde Stimme des Vaters: „Was hast du mit Jesus gemacht?"

Der Angesprochene blickt auf seine Liste und antwortet: „Hm, ja, ich habe auf der Erde ziemlich viel Gutes getan. Ich habe für gute Zwecke gespendet, ich habe alten Damen über die Straße geholfen und im Kindergottesdienst habe ich nie Kaugummi unter die Sitzbank geklebt."

Aber Gott fragt wieder: „Was hast du mit Jesus angefangen?"

„Äh ... ich habe immer mal wieder in der Bibel gelesen. Den 23. Psalm finde ich echt prima. Vor allem das mit den grünen Auen."

„Aber was ist mit Jesus? Hast du ihn geliebt?"

„Tja, also, ich war immer der Meinung, dass er ein richtig guter Mensch war. Das reicht doch, oder? Ich meine, immerhin habe ich in meinem Leben eine ganze Menge christlicher Dinge getan."

Also sagt Gott: „Hm. Ich werde meinen Sohn fragen."

Jesus kommt rüber, sieht den Typen an und fragt: „Wer bist du denn? Dich kenne ich nicht."

Und das war's dann.

Jetzt sind Sie an der Reihe. Sie gehen ohne irgendeine Liste in der Hand auf Gott zu. Sie sind so hingerissen vom Himmel, dass Sie gar nicht anders können, als zu sagen: „Mensch, das ist ja *genial*! Genau so hab ich es mir vorgestellt. Und da ist Gott – hallo, Papa!"

Gott sieht Sie mit einem breiten Lächeln und Freudentränen in den Augen an und die Engel rufen: „Das ist einer von uns! Den kennen wir!"

Doch in diesem Augenblick kommt der Teufel herein und *er* hat eine Liste dabei. Sie sehen ihn an und sagen: „O-oh. Ich wusste nicht, dass das so ablaufen würde."

Satan fängt an, seine Liste vorzulesen. Er erwähnt den Sommertag im August 1974, als Sie beim Anblick des einen Mädchens aus der Cheerleader-Truppe ziemlich eindeutige Fantasien hatten. Und dann erzählt er von der Sache mit dem LSD und dem Marihuana. Es macht ihm offensichtlich auch viel Spaß, von dem Pornofilm zu berichten, den Sie bei Ihrem Junggesellenabschied im Juni 1979 gesehen haben. Er hält sich ausgesprochen lange damit auf, wie überheblich Sie immer waren, und zitiert jede nur erdenkliche Gelegenheit, bei der Sie es mal wieder nicht geschafft haben, ein guter kleiner Christus zu sein. Zum Schluss fügt er noch genüsslich die Begebenheit kurz vor Ihrem Tod hinzu, als Sie mit ziemlich blumigen Worten den Typen beschimpft haben, der Ihnen mit seinem Wagen die Vorfahrt genommen hat.

Inzwischen haben Sie schon ganz feuchte Hände. Ihnen ist plötzlich viel wärmer, und Sie fragen sich, ob es wohl daran liegt, dass Sie gleich im flammenden Inferno landen werden. In diesem Augenblick sagt Gott: „Okay, hören wir mal, was die Verteidigung zu sagen hat."

Also steht Jesus auf und sagt: „Hey, Papa, das ist einer von meinen."

Mehr braucht Gott nicht zu hören. Er lässt seinen Hammer fallen und sagt: „Klage abgewiesen!"

Brüder, Schwestern – wir haben einen Anwalt beim Vater. Unser Fall vor Gottes Gericht ist abgeschlossen. *Für immer*.

Sie können ganz sicher sein, dass Satan mit seinen Anschuldigungen nicht über die Macht des Blutes triumphieren kann, das Jesus für Sie vergossen hat. Freuen Sie sich über Ihren *Retter!* Er freut sich jedenfalls über Sie.

82 Unerwartete Gelegenheiten

„Alle eure Sorgen werft auf ihn, denn er sorgt für euch."
1. Petrus 5,7

Catalina Highschool, Tuscon, Arizona

Wir haben ein neues Wohnmobil, mit dem wir zu unseren Konzerten fahren. Wir haben es vor zwei Monaten gekauft, damit unsere Familie, die aus acht Christen unterschiedlichen geistlichen „Alters" besteht, besser zusammenwachsen kann. In den ersten drei bis vier Wochen, während wir noch zu Hause waren, haben wir versucht, das Ungeziefer aus dem Wohnmobil zu entfernen. Aber einige der kleinen Viecher wollten einfach nicht verschwinden. Wir haben sogar „Domestos" ausprobiert! Irgendwie ist aber der Wurm drin - zum Beispiel platzte einmal der Wassertank, sodass wir plötzlich ein mobiles Hallenbad hatten, was den Teppichen nicht so gut bekommen ist.

Wir haben es nie richtig hingekriegt. Gestern ist die Wasserleitung zum zehnten Mal kaputt gegangen und musste wieder repariert werden. Heute Morgen ist dann der Generator explodiert und jetzt funktioniert der Kühlschrank nicht mehr. Also haben wir bei der Hitze von Arizona warme Lebensmittel im Kühlschrank. Ich habe zu Melody gesagt, wenn ich nicht Christ wäre, würde ich wegen all dieser Sachen bestimmt Magengeschwüre oder einen Herzinfarkt bekommen. Aber weil ich Christ *bin*, weiß ich, dass Gott alles unter Kontrolle hat. Vermutlich will er eben, dass wir Mechaniker missionieren. In Los Angeles kam einer von den Typen, die an dem Wohnmobil arbeiteten, zum Essen zu uns. An diesem Abend waren wir etwa zwölf Personen, und Bernie, der Mechaniker, konnte gar nicht fassen, wie gut unsere Gemeinschaft ist. Gestern hatten wir die Chance, einem anderen Arbeiter in Phoenix von unserer Arbeit zu erzählen. Wie es aussieht, liebt Gott KFZ-Mechaniker ganz besonders.

Jedenfalls saßen wir in der Werkstatt, während die Männer bei der Arbeit waren, und ich sagte: „Wir müssen einfach für ein Wunder beten. Dieser Generator kostet 2 000 Dollar und er versorgt das ganze elektrische System unserer Arche.“ (Wir nennen den Wagen unsere „Arche“ und im Moment schwimmt sie nicht so gut. Die Viecher haben sich aus den Käfigen befreit und laufen überall herum.) Wir riefen den Hersteller in Minneapolis an, um herauszufinden, ob sie den Generator umtauschen würden. Man sagte mir, sie würden es eventuell tun, wenn der Generator weniger als zehn Stunden im Einsatz gewesen sei. Nun wusste ich aber, dass wir ihn mindestens 25 Stunden in Betrieb gehabt hatten, und ich wollte nicht lügen. Er sagte: „Eine kleine Ungenauigkeit ist doch nicht dasselbe wie eine Lüge.“ Da musste ich ihm sagen: „Für Jesus ist es dasselbe.“

Ich würde ja gerne berichten, dass meine Ehrlichkeit sich ausgezahlt hat, aber zumindest nach menschlichen Maßstäben hat sie es leider nicht. Jetzt müssen wir von hier nach Dallas fahren, um das Teil reparieren zu lassen. Fünf Tage in der Sommerhitze ohne Klimaanlage. Aber ich habe noch eine Chance. Ich werde morgen noch einmal bei der Firma anrufen, denn offensichtlich besteht immer noch die Möglichkeit, dass sie den Generator austauschen, wenn ich ihnen einen guten Grund nenne. Aber lügen werde ich nicht.

Trotz dieses ganzen Chaos haben wir jede Menge Spaß mit Jesus. Ich kann noch gar nicht glauben, dass aus so vielen Prüfungen derartig viel Gutes entstehen kann, aber so ist Gott nun mal. Ich bin da inzwischen ganz gelassen. Es gibt nichts, worüber wir uns Sorgen machen müssten – das hier ist Gottes Tournee und es ist Gottes Fahrzeug. Es sind seine Automechaniker, mit denen wir göttliche Termine haben. Und was das für eine Chance ist, Menschen von Jesus zu erzählen! Die Leute in der Werkstatt in L.A. waren sprachlos, dass ich zum zehnten Mal wegen derselben Sache bei ihnen auflief, ohne sie zu beschimpfen. Normalerweise kommt es beim zehnten Besuch zu Prügeleien mit den Kunden, aber ich habe schon vor langer Zeit etwas sehr Geistliches herausgefunden: *Es bringt überhaupt nichts, wenn man sich über eine Situation aufregt.*

Jede Prüfung hat in Gottes Plan ihren Sinn. Anstatt sich Sorgen zu machen oder sich zu ärgern, sollten Sie sich über die Gelegenheiten freuen, die sich Ihnen in der jeweiligen Situation bieten. Freuen Sie sich *immer* über das, was Gott tut, denn Sie dürfen darauf vertrauen, dass er nur das Beste für Sie im Sinn hat.

83 Kindliche Weisheit

„Was die Menschen für Tiefsinn halten,
ist in den Augen Gottes Unsinn."

1. Korinther 3,19a

Gestern saßen wir im Wartezimmer der Werkstatt, während unser Auto in Reparatur war. Wir nutzten die Gelegenheit, einem Juden und seiner Frau, die ebenfalls dort warteten, die Gute Nachricht von Jesus weiterzusagen. Da ich selbst Jude bin, konnte ich einiges dazu sagen. Seine Reaktion war: „Ich habe ‚The Passover Plot' gelesen, und dessen Autor Hugh Schonfeld hält nichts von dem, was ihr so glaubt, oder?" Ich sagte, das Buch beweise nur, dass ein paar Leute viel Geld damit verdienen, dass sie Bücher schreiben, die Gott in Verruf bringen sollen. Dann fügte ich etwas hinzu, das überraschend kam, das Gott mir aber eingegeben hatte. Ich sagte zu ihm: „Ihr Intellekt wird Sie umbringen. Ihre Argumentationsgänge werden jede Hoffnung für Sie, in den Himmel zu kommen, ersticken."

Ich spürte, dass seine Frau mit uns gebetet hätte, wenn er den Raum verlassen hätte. Ihr Blick sagte: „Ich will, ich will es ja! Aber ich kann nicht. Ich kann einfach nicht." Es war, als wollte sie mir mitteilen: „Wir sind *beide* Atheisten. *Wir* glauben nicht an Gott, nicht wahr, mein Schatz?" Es war wirklich traurig.

Eines Tages wird sie vor Gott stehen und er wird sie fragen: „Warum hast du mich an jenem Tag, als Keith mit dir gesprochen hat, nicht in dein Leben gelassen?"

Und dann wird sie antworten: „Wegen meinem Mann. Er hatte die Verantwortung." Aber das wird Gott nicht gelten lassen. Vor ihm stehen wir alle alleine da.

Wir müssen uns alle entscheiden – jetzt, ganz allein. Und wenn unser Intellekt die treibende Kraft ist, dann werden wir den Himmel verpassen. Jesus hat gesagt, dass wir wie kleine Kinder werden müssen, um das Königreich zu erben. Wie intellektuell sind Kinder? Sie sind so unschuldig, dass sie an Gott glauben können, ohne sich dafür zu schämen. Scham ist ein Zeichen dafür, dass Stolz mit im Spiel ist.

Lassen Sie nicht zu, dass Ihr Intellekt Sie um das wahre Leben bringt! Überlassen Sie es nicht Ihrem Stolz, Ihre Zukunft zu bestimmen – weder jetzt noch für die Ewigkeit. Seien Sie schlicht. Demütig. Seien Sie wie ein Kind!

84 Unser letztes Geschenk

„Herr, höre doch, was ich sage; achte auf mein Seufzen
und Stöhnen! Verschließ die Ohren nicht,
wenn ich um Hilfe schreie, du mein König und mein Gott!
An dich wende ich mich mit meiner Bitte.
Früh am Morgen hörst du mein Rufen,
in der Frühe trage ich dir meine Sache vor und
warte auf deine Entscheidung."

Psalm 5,1-4

Es gibt ein Anbetungslied, das diesen Text auf Englisch vertont. Bill Sprouse hat dazu die Musik geschrieben. Ich habe ihn nie kennen gelernt, aber ich fühle mich ihm sehr verbunden. Viele meiner Freunde kannten ihn und haben mir von ihm erzählt.

Bill war Sänger und Keyboarder in einer Band namens „The Road Home". Er starb an einem Herzinfarkt, nur einen Monat, nachdem er dieses Lied geschrieben hatte. Mehr noch: Für die Aufnahme der Platte „Maranatha 5" hatte er gerade die Tonspuren fertig gestellt, als er einen Tag später starb. Dieses Lied war Bills letztes Geschenk an die Gemeinde Jesu und es ist zugleich sein schönstes.

Das, woran wir jetzt gerade arbeiten, scheint uns oft banal - eine Selbstverständlichkeit. Wir tun, was uns aufgetragen wird, ein Projekt nach dem anderen, Tag für Tag, ohne wirklich darüber nachzudenken, was eines Tages unser Vermächtnis sein wird. Vielleicht ist es unser Job, für Gott Musik zu machen, vielleicht auch, für ihn Toiletten zu putzen. Egal, was es ist - wir sollten es so gut wie möglich tun, für den Fall, dass es das letzte Geschenk ist, das wir zurücklassen.

85 Vergessen Sie nicht den Preis!

„Der Vater liebt mich, weil ich bereit bin,
mein Leben zu opfern, um es aufs Neue zu erhalten.
Niemand kann mir das Leben nehmen.
Ich gebe es aus freiem Entschluss."

Johannes 10,17–18a

Wir vergessen oft, wie das am Kreuz gewesen sein muss. Wir vergessen, welche Schmerzen Jesus erlitten hat. Neben dem furchtbaren physischen Schmerz war da ja der noch schlimmere Schmerz, vom Vater getrennt zu sein. Es heißt, dass Jesus für uns *zur Sünde wurde*. Er wurde unsere Sünde. Machen Sie sich das einmal klar. Alles Schlechte, das in diesem Moment durch Ihre Adern läuft, das wurde er. Und als er dann ans Kreuz genagelt wurde, starb unsere Sünde mit ihm am Kreuz. Was meinen Sie, wie das für Jesus war?

Wir wissen, dass er in äußerster Not „Mein Gott, warum hast du mich verlassen?" geschrien hat. Er spürte, wie es ist, von Gott getrennt zu sein, und es machte ihm Angst. Und dann lesen wir, wie er sagte: „Es ist vollbracht." Er hatte getan, wozu Gott ihn gesandt hatte – aber zu welchem unsäglichen Preis!

Wenn wir die Kreuzigung im Fernsehen oder Kino sehen, ist es immer dasselbe: In etwa 45 Sekunden ist die Geschichte vorbei. Aber in Wirklichkeit waren es viele Stunden, die Jesus da am Kreuz hing, mit langen Nägeln durch Hände und Füße, die Dornenkrone auf dem Kopf. Aber trotz all seiner Schmerzen starb Jesus nicht am Blutverlust. Er starb an gebrochenem Herzen. Es wird beschrieben, dass sie ihn in die Seite stachen und Wasser und Blut aus der Wunde traten. Rund um das menschliche Herz gibt es einen kleinen Beutel, der Perikard genannt wird. Dieser Perikard kann in seltenen Fällen unter enormem Druck platzen. Auch andere Blutgefäße können bei solch einem Stress anfangen zu platzen. Und wir wissen, dass Jesus am Abend vor der Kreuzigung Blut schwitzte, während er Gott um einen Plan B bat. Möglicherweise platzten die Blutgefäße in seiner Stirn und das Blut mischte sich mit dem Schweiß – so ungeheuerlich war die Belastung. Er war zugleich ganz Mensch und ganz Gott, aber während dieser furchtbaren Zeit sehen wir die Menschlichkeit Jesu ganz deutlich.

Stellen Sie sich die Szene einmal lebhaft vor. Wahrscheinlich lautete jenes Gebet in Gethsemane ungefähr so: „Vater, ich habe schon immer mit dir im Himmel gelebt. Seit Jahrhunderten sehen wir, wie Menschen sterben. Aber jetzt muss ich selbst auch sterben. Schlimmer noch: Ich werde von dir getrennt. Ich weiß nicht, ob ich das durchstehe, Vater. Gibt es nicht doch eine andere Möglichkeit? *Irgendeine?* Ich weiß, du hast gesagt, dass ohne Blutvergießen keine Vergebung möglich ist, aber können wir uns nicht was Neues überlegen?“

Jesus hätte gerne einen Bogen um das Kreuz gemacht – wenn es eine Alternative gegeben hätte. Aber es gab keine. Und der Gehorsam gegenüber Gott war wichtiger, als Schmerzen von Jesus fern zu halten. Also opferte er sein Leben. Niemand hat Jesus getötet. Niemand hat ihm sein Leben *genommen*. Er sagte selbst, dass er nur die Engel hätte rufen müssen, und sie hätten ihn vom Kreuz geholt. Immerhin konnte Jesus Wasser in Wein verwandeln, todkranke Menschen heilen, Tote auferwecken und auf dem Wasser gehen – glauben wir wirklich, er hätte nicht vom Kreuz steigen und sein Leben retten können, wenn er eine Alternative gesehen hätte? Nein, Jesus ging freiwillig ans Kreuz und opferte sein Leben – es wurde ihm nicht genommen.

Neigen Sie sich tief vor ihm! Beugen Sie sich vor dem Einen, der Ihren Platz am Kreuz eingenommen hat und Ihre Sünde wurde, damit Sie in ihm Gottes Rechtschaffenheit werden können.

Halleluja! Er ist würdig!

86 Sind Sie bereit?

„Darum seid jederzeit bereit; denn der Menschensohn wird zu einer Stunde kommen, wenn ihr es nicht erwartet.“
Matthäus 24,44

Wir müssen in unserem Leben viele Entscheidungen fällen. Aber wenn wir sagen: „Ich warte, bis ich auf dem Sterbebett liege, und dann bringe ich alles mit Gott ins Reine“, dann verhalten wir uns ausgesprochen dumm. Vielleicht ruft er uns dann gar nicht mehr. Man hat keine Wahl, wann man zu ihm kommen kann. Man kann nur wählen, ob man zu ihm kommen will, *wenn er ruft*. Aber heute ruft er uns, er wirbt um uns, lädt uns ein – wenn wir uns ihm öffnen. Aber wenn er Sie nicht ruft, können Sie nicht gehen.

Denken Sie an das Gleichnis mit den zehn Jungfrauen. Es war Samstagabend, und alle zehn machten sich fertig, um zu einer schönen jüdischen Hochzeit zu gehen. Es war etwa halb zehn und die Feierlichkeiten hatten noch nicht einmal angefangen. Bei jüdischen Hochzeiten kann sich das ganz schön hinziehen. So gegen halb elf waren die Mädels eingeschlafen. Aber um Mitternacht wurden sie von einer Trompete geweckt, mit der die unmittelbar bevorstehende Ankunft des Bräutigams angekündigt wurde. Sie wachten alle auf und wollten ihre Lampen andrehen. Aber nur fünf der Jungfrauen waren klug genug gewesen und hatten für alle Fälle Ersatzöl mitgebracht.

Die anderen fünf versuchten hektisch, noch Öl zu besorgen. Sie bettelten sogar die fünf Frauen an, die gut vorbereitet waren: „Hey, Jenny, kann ich von dir etwas Öl leihen?“ oder: „Bitte, Vanessa, du weißt doch, dass ich dich schon immer toll fand. Gib mir doch was von deinem Öl ab!“ Aber die klugen Jungfrauen hatten gerade mal genügend Öl für ihre eigenen Lampen. Jenny sagte: „Wisst ihr was, Mädels? Ungefähr 2 Kilometer von hier ist eine Shell-Tankstelle, die hat die ganze Nacht geöffnet – warum holt ihr euch da nicht was?“ Die fünf unklugen Frauen eilten also davon. Im Weggehen riefen sie noch über die Schulter zurück: „Wartet auf uns! Wir kommen gleich wieder!“ Und weg waren sie.

In der Zwischenzeit kam der Bräutigam und sagte: „Ich dachte, ihr wärt zu zehnt. Was ist denn mit den anderen fünf? Wie, die sind allen Ernstes um diese Uhrzeit losgezogen, um Öl zu kaufen? Na ja, darum kümmere ich mich später." Dann lud er die klugen Jungfrauen zum Hochzeitsessen ein und verriegelte die Tür hinter ihnen. Eine Stunde später kamen die dummen Mädchen zurück.

„Mensch, guckt mal", sagten sie, „da drinnen ist die Party schon voll im Gange! Vielleicht kommen wir noch rechtzeitig zum Nachtisch." Sie klopften an die Tür. „Lasst uns rein", riefen sie. „Wir haben jetzt unser Öl. Lasst uns rein!"

Der Butler kam an die Tür und sagte: „Was wollt ihr? Hier findet eine Party statt. Geht weg!"

„Nein!", schrien die Mädchen. „Wir wollen mit dem Bräutigam sprechen."

Der Butler seufzte. „Also gut, einen Augenblick. Ich frage nach."

Kurz darauf guckte der Bräutigam aus dem Fenster und sagte: „Wer seid ihr denn überhaupt? Ich kenne euch gar nicht."

So wurden die Jungfrauen also abgewiesen, und das alles nur wegen ihrer Dummheit - weil sie im entscheidenden Augenblick nicht *bereit* waren. Sie fragen jetzt vielleicht: „Wie kann mein liebender Gott so etwas tun?" Weil er die Kirchenhocker-Christen leid ist, die ihr ganzes Leben verschlafen. Sie tun fromm, sie spenden für bunte Glasfenster und sie sind ganz nette Leute. Aber sie sind nette Leute, deren Lampe fast ausgebrannt ist und die kein Öl mehr übrig haben.

In der Bibel steht das Öl für den Heiligen Geist. Wenn Sie das Öl des Heiligen Geistes nicht haben, wie können Sie dann zu ihm gehören? Dieses Öl des Heiligen Geistes ist das Öl der Freude, des Friedens. Wenn wir wie die klugen Jungfrauen sind, vergewissern wir uns, dass wir mehr als genug Öl haben, um bis zur Ankunft des Bräutigams versorgt zu sein. Dann sind wir 24 Stunden am Tag mit Gottes Geist voll getankt.

87 Wen beten Sie an?

„Ich aber werde von der Erde erhöht werden, und dann werde ich alle zu mir ziehen.“

Johannes 12,32

Manchmal kommen Leute an die Bühne und machen Fotos von mir. Andere fragen mich nach einem Autogramm. Aber eigentlich ist es *Jesus*, dessen Bild wir in unserem Herzen tragen sollten. Eigentlich müssen wir *Gott* bitten, seinen Namen in unser Herz zu schreiben.

Hin und wieder gebe ich widerwillig ein Autogramm. Es ist einfacher, als zu erklären, warum ich es nicht will. Eigentlich möchte ich den Leuten sagen, dass ich so wenig wie möglich von mir selbst auf der Erde zurücklassen möchte. Ich will Menschen den Weg zu Jesus zeigen, nicht zu Keith Green.

Ich will nicht, dass jemand morgens aufwacht und denkt: *Ich möchte jetzt Keith Green hören*. Stattdessen sollen die Menschen lieber sagen: „Ich möchte jetzt etwas von Jesus hören.“

Manchmal höre ich Rufe und Schreie des Glücks, aber ich höre nie, dass solche Rufe an Jesus gerichtet sind, an den Einzigen, der glücklich machen kann. Wenn ich in die Musikabteilung christlicher Buchhandlungen komme, sehe ich überall Poster von christlichen Musikern, aber ich sehe nirgendwo ein Poster von Jesus.

Wir sollten uns nicht an den Gepflogenheiten der Welt orientieren und wir brauchen auch keine christlichen Stars. In Gottes Augen gibt es sowieso keine christlichen Stars. Es gibt nur Jesus. Und wenn Ihnen Jesus nicht gut genug ist, dann helfen Poster Ihnen kein Stück weiter.

Folgen Sie nur Jesus und denen, die ihm nachfolgen!

88 Lassen Sie sich nicht täuschen!

„Es genügt aber nicht, dieses Wort nur anzuhören.
Ihr müsst es in die Tat umsetzen, sonst betrügt ihr euch selbst!
Wer die Botschaft Gottes nur hört, aber nicht danach handelt,
ist wie ein Mensch, der in einen Spiegel blickt:
Er sieht sich, wie er ist, und betrachtet sich kurz.
Aber dann geht er weg – und schon hat er vergessen,
wie er aussah. Anders der Mensch, der tief und anhaltend in
das vollkommene Gesetz Gottes blickt, das uns frei macht.
Er hört nicht nur hin, um es gleich wieder zu vergessen,
sondern handelt danach.
Freuen darf sich, wer das wirklich tut.“

Jakobus 1,22–25

Jesus-Festival, 1978

Ich wette, diejenigen von euch, die schon seit drei Tagen hier sind, haben inzwischen einen gewissen Sättigungsgrad erreicht. Ihr habt jede Menge Predigten, Musik und Gebete gehört. Viele Hamburger, Donuts und Eisbecher hattet ihr in den letzten Tagen auch und jetzt wollt ihr einfach nur nach Hause. Ihr seid es leid, im Dreck zu zelten, ihr habt keine Lust mehr, ständig von 20 000 Menschen umgeben zu sein, und eigentlich wollt ihr nur noch unter die Dusche und dann ins Bett.

Aber ihr seid hier geblieben, um zu hören, wie Keith Green das Festival beschließt – Gott segne euch dafür! Vielleicht erwartet ihr ein großes, emotionsgeladenes, unglaublich umwerfendes Finale. Aber meine Aufgabe bei dieser Schlussveranstaltung besteht darin, mich zu vergewissern, dass ihr nach Hause geht und tut, was ihr hier gehört habt. Genau genommen ist das natürlich die Aufgabe des Heiligen Geistes, aber Gott hat mir gezeigt, dass ich euch diese Botschaft mitgeben soll – dass ihr dem folgt, was ihr hier gehört habt.

Bei einer Riesenparty wie dieser sind alle in Stimmung. Man fühlt sich toll. Ihr seid wild entschlossen, nach Hause zu gehen und euer Leben von Grund auf zu ändern. In eurer Gemeinde wird man euch fragen, wie „Jesus ’78“ war, und ihr werdet sagen: „Mann, ihr hättet dabei sein müssen! Es war einfach unglaublich!“ Und in der Woche drauf sagt ihr: „Ja, das war ziemlich gut, ähm, warte mal eben, ich guck noch mal in meine Notizen.“ Noch eine Woche später sagt irgendjemand zu euch: „Bist du sicher, dass du überhaupt dort warst? Ich kann gar keinen Unterschied feststellen - dein Leben ist doch wieder genau so wie vor drei Wochen.“ Und er wird Recht haben.

Wie kommt es, dass wir, nachdem wir einen tollen Prediger und fantastische Musik gehört haben, ganz Feuer und Flamme sind, wenn wir nach Hause fahren, aber innerhalb von 14 Tagen unsere Leidenschaft wieder verlieren? Es liegt daran, dass wir, wie der Jakobus-Brief es ausdrückt, keine Täter des Wortes geworden sind. Wir sind nur Zuhörer, die sich selbst betrügen.

Brüder und Schwestern: *Wenn wir das Wort tun, dann bewahren wir es.* Je mehr ihr von dem, was ihr gehört habt, mit Gottes Hilfe umsetzt, desto mehr wird Gott euch auftragen. Wenn ihr nicht tut, was man euch gesagt hat, wird Gott euch keine Aufträge mehr geben. Und wenn ihr mit eurem Herzen nichts mehr hört und nichts mehr in die Tat umsetzt, werdet ihr am Ende die Verlierer sein. Es gibt nichts Schlimmeres als Lob und Anbetung, denen kein Gehorsam folgt. Sie sind hohl.

Aber es muss ja nicht so sein. Lasst die Worte, die ihr hier gehört habt, in den kommenden Tagen eure geistliche Nahrung sein! Bleibt an Gott dran! Glaubt und vertraut weiter und lasst euch von eurem Glauben in Action setzen. So erfahrt ihr den Segen, nach dem ihr euch sehnt.

89 Gehorsam ist besser

„Was meinst du, gefällt dem Herrn besser: Brandopfer und Mahlopfer oder Gehorsam gegenüber seinem Befehl? Lass dir gesagt sein: Wenn du dem Herrn gehorchst, ist das besser als ein Opfer; und wenn du ihm richtig zuhörst, ist das besser als das Fett von Widdern."

1. Samuel 15,22

Wenn ich so im ganzen Land herumreise, sehe ich viele gute Dienste – und manche nicht so gute. Ich lerne viele Christen kennen, die eifrig erscheinen – und welche, die mir leblos vorkommen. Ich habe Fundamentalisten, Charismatiker, Lutheraner, Anglikaner und so ziemlich jede andere Sorte Christen kennen gelernt, die man sich nur vorstellen kann. Und es gab dort wahre Brüder und Schwestern. Andere wussten einfach viel über Religion. Und dann komme ich nach Hause und frage mich: „Es wird doch so viel in deinem Namen getan – warum passiert dann nicht mehr, Gott? Warum erleben wir keine Erweckung?"

Als ich Christ wurde und der Heilige Geist mich erfüllte, dachte ich, es müssten einfach nur mehr Menschen umkehren und Gottes Geist erfahren. Aber dann merkte ich, dass viele, die der Heilige Geist angerührt hatte, trotzdem genauso lebten wie alle anderen. Ich hörte, wie Menschen in Zungen redeten, Dämonen austrieben und Kranke heilten, aber in ihrem Privatleben mit den gleichen Problemen zu kämpfen hatten wie alle anderen auch.

Dann wiederum war ich in riesigen Kirchen mit tollen Predigern und allen möglichen Programmen. Ich besuchte Anbetungsgottesdienste und sah, wie die Leute im Namen Gottes herumhüpften, während sie riefen und sich tierisch freuten. Aber nach dem Gottesdienst beobachtete ich dieselben Leute und sah, dass sie sich kein bisschen von anderen Christen unterschieden. Wo war die *agape*, die göttliche Liebe, wo waren die Einheit und die Erweckung, die Gott will? Ich habe es einfach nicht verstanden.

„Gott, was ist denn hier los?", fragte ich. „Was machen wir falsch?"

Und Gott richtete meine Aufmerksamkeit immer wieder auf das Thema Gehorsam. Unser Gehorsam ist besser als jedes Opfer, das wir bringen können. Nachdem ich immer geglaubt hatte, es sei das Ziel jedes Christen, den Heiligen Geist zu empfangen, wurde mir allmählich klar, dass die eigentliche Antwort darin liegt, jeden Tag *mit dem Heiligen Geist zu leben*. Jeder kann „Erfahrungen" machen, die ihm eine Gänsehaut verursachen. Aber die Gänsehaut geht wieder weg. Die Frucht des Gehorsams dagegen *bleibt*.

Zu gehorchen ist besser als Opfer[13]

Zu gehorchen ist besser als Opfer.
Ich brauche dein Geld nicht, ich will dein Leben.
Und ich höre, wie du sagst, dass ich bald wiederkommen werde,
aber du lebst, als würde ich es nie tun.
Du redest von Gnade und von meiner unfassbaren Liebe
und davon, wie du dich von Milch ernährst, aber mein Fleisch
lehnst du ab,
und ich muss weinen bei dem Gedanken daran, was sein wird,
wenn du meine Worte weiter ignorierst.
Du bittest darum, zu wachsen und erfolgreich zu sein,
aber deine menschlichen Bedürfnisse kann ich nicht stillen.
Zu gehorchen ist besser als Opfer.
Ich möchte mehr als nur Sonntag und Mittwochabend,
denn wenn du nicht jeden Tag zu mir kommen kannst,
dann brauchst du überhaupt nicht zu kommen.

Zu gehorchen ist besser als Opfer.
Ich möchte Herzen aus Feuer, nicht eisige Gebete.
Und ich komme schon bald, um dir zu vergelten,
nach dem, was du getan hast,
nach dem, was du getan hast,
nach dem, was du getan hast.

90 Seid fruchtbar und mehret euch

„Als er einen Feigenbaum am Straßenrand sah, ging er hin;
aber er fand nichts als Blätter daran.
Da sagte er zu dem Baum:
‚Du sollst niemals mehr Frucht tragen!'
Und sofort verdorrte der Baum."

Matthäus 21,19

Ein Feigenbaum wird nicht zum Feigenbaum, indem er Feigen produziert. Ein Feigenbaum entsteht, weil Gott eine Biene losschickt, um eine Blüte an einem anderen Feigenbaum zu bestäuben. Die Blüte wird zur Feige mit Samen darin. Die Feige fällt auf den Boden und verwest. Der Samen keimt und es entsteht ein Feigenbaum.

Der Feigenbaum, an dem Jesus vorbeikam, war durch ein Geschenk Gottes zum Feigenbaum geworden. Er hatte nichts *getan*, um Feigenbaum zu werden. Er stand einfach dort herum und dachte sich: *Hier bin ich also, ein Feigenbaum*. Und Gott trat in der Gestalt Jesu zu diesem Baum und sagte: „Ich habe Hunger. Gib mir ein paar Feigen. Ich will sehen, was für Früchte du trägst."

Der Feigenbaum schwieg. Feigenbäume tun das manchmal. Jesus sagte: „Komm schon ... es kann auch eine getrocknete sein, egal." Immer noch schwieg der Feigenbaum.

Da verfluchte Jesus den Feigenbaum, weil er keine Frucht trug, und der Baum vertrocknete und starb. Der Feigenbaum musste keine Feigen produzieren, um ein Feigenbaum zu sein – das war er von Natur aus schon. Er konnte gar nichts anderes sein als ein Feigenbaum, so wie Buchen nichts anderes sein können als Buchen und Kiefern nichts anderes als Kiefern. Aber weil er ein Feigenbaum war, sollte er die Früchte eines Feigenbaums tragen. Er sollte Menschen speisen. Er sollte sich vermehren. Aber einfach nur dort zu stehen und sich still vor sich hin zu freuen, weil er ein Feigenbaum war, das war dumm.

Was macht unsere Identität aus? Ist es nicht die eines Nachfolgers Jesu? Gottes Leben ist nicht ohne Grund in uns vervielfältigt worden.

Gott kommt vorbei und erwartet zu Recht, Früchte zu sehen. Wenn wir jedoch kein Leben „produzieren", wozu sind wir dann gut?

Das Leben Jesu in uns will sich darin ausdrücken, dass wir anderen dienen, ihnen den Weg zu Gott zeigen und denen zu essen geben, die Gott uns über den Weg schickt. Und er erwartet auch, dass das Leben in uns sich in anderen vermehrt.

Seid fruchtbar und mehret euch. Füllen Sie das Reich Gottes mit Feigen, äh, neuen Christen!

91 Geben Sie, wie Jesus es getan hat!

„Wir sollen uns immer an das erinnern, was Jesus, der Herr, darüber gesagt hat. Von ihm stammt das Wort: ‚Auf dem Geben liegt mehr Segen als auf dem Nehmen.'"
Apostelgeschichte 20,35b

Gemessen an vielen anderen Völkern und Menschen sind wir so reich! Was für eine Verantwortung! Die Welt ist voll von sterbenden, verhungernden Menschen, und wir haben an jedem einzelnen Tag mehr, als wir brauchen. Und was machen wir damit? Zumindest überweisen wir jeden Monat 20 Dollar für ein Patenkind an *World Vision*. Wir sagen: „Also, ich unterstütze ein Kind in der Mongolei. Ich tu was!" Wir sind stolz darauf, dass wir gelegentlich im Namen von Jesus auf ein Snickers verzichten, damit dieses Waisenkind zu essen hat. Mit einem Seufzer stellen wir fest, dass wir uns die getönte Windschutzscheibe für unseren neuen Mercedes nicht leisten können. Das Leben ist hart.

Und dann hören wir von irgendwelchen Christen, dass wir nach Gottes Wohlstand streben sollen. Gott will, dass wir reich sind. Holen Sie sich also die getönte Windschutzscheibe! Gott würde das befürworten. Aber dann erzählen uns diese Prediger, wie wir zu diesem Wohlstand gelangen – indem wir erst einmal geben. „Wenn Sie bekommen wollen, müssen Sie geben", sagen sie. „Geben Sie immer etwas, damit Sie immer etwas bekommen!"

Was für ein hässlicher Grund für einen Christen, etwas zu geben – nur, damit man selbst etwas *bekommt*! Hat Jesus etwa sein Leben gegeben, damit er eine Menge Leute dafür bekommt? *Nein! Er hat sein Leben gegeben, weil er uns liebt!*

Ist es uns möglich, aus demselben Grund zu geben, wie Jesus es getan hat – ohne den Hintergedanken und das Ziel, selbst etwas zurückzubekommen? Können wir geben, ohne jeden Cent aufzurechnen? Stellen Sie sich einmal vor, Sie würden zu Ihrem Partner sagen: „Also, ich stelle mich dir dienstags, donnerstags und samstags zur Verfügung und an den anderen Tagen werde ich mich alleine amüsieren.“ Das Ergebnis wäre eine ziemlich armselige Ehe. Und wenn wir nur für uns selbst leben, nachdem wir Jesus unseren Herrn nennen, ist das ein ziemlich armseliges Christsein.

Wenn wir das, was wir haben – und zwar alles! –, nicht dazu gebrauchen, um Gott Ehre zu machen, dann ist alles, was wir sagen, leeres Geschwätz. Und unser Christsein ist dann auch hohl. Überlegen Sie mal: Haben Sie in Ihrem Leben als Christ mehr Geld für CDs, Bücher, Konzerte, Filme und Poster ausgegeben oder für die Armen?

Was werden Sie in dieser Hinsicht unternehmen?

92 Stiller Zeuge?

„Erzählt allen Menschen von seiner Herrlichkeit, berichtet allen Völkern von seinen großen Taten!“
Psalm 96,3

Christen sind oft so sehr damit beschäftigt, glücklich zu sein, dass sie das Heiligsein darüber ganz vergessen. Anstatt Menschen zu fischen, angeln Prediger oft mehr nach Komplimenten. „Hat meine Predigt Ihnen gefallen? War sie nicht gut formuliert? Gelobt sei der Herr!“

Aber wenn wir die Welt verändern wollen, müssen wir aufhören, uns so zu verhalten wie die anderen Christen, und stattdessen beginnen, so zu sein wie Jesus. Das ist eigentlich eine ganz simple Wahrheit, aber wenn wir sie umsetzen, verändert sie wirklich unser Leben. Anstatt andere Christen zu beobachten und zu sagen: „Na ja, die beten auch nicht gerade viel – warum sollte ich es dann tun?“, oder: „Die anderen erzählen auch kaum etwas von Jesus, also brauche ich es auch nicht zu tun“, sollten wir unseren Blick lieber auf Jesus richten.

Kann es uns egal sein, was unser Nachbar macht, wenn wir doch wissen, dass Jesus uns aufträgt, zu allen Völkern der Welt zu gehen und die Menschen einzuladen, zu ihm zu kommen? Jesus hat auch gesagt: „Was ich euch ins Ohr flüstere, das ruft laut in der Öffentlichkeit aus“ (Matthäus 10,27).

Zu viele von uns verhalten sich, als seien sie Geheimagenten Gottes. Stille Zeugen – was für ein Widerspruch! Wie kann man ein stiller Zeuge für Gott sein? Das ist ungefähr so, als würde ein Kumpel Sie anrufen und sagen: „Hi! Wie fandest du das Spiel gestern? Hm? Klar kann ich auf ein paar Bier rüberkommen und das Montagsspiel mit dir gucken. Ich bin dann um sechs bei dir.“ Und die ganze Zeit reden Sie sich ein, dass Sie Ihrem Freund später ein wortloses Zeugnis geben. Klar.

Oder wie ist es hiermit: Eine Freundin ruft Sie an und schlägt vor, am Mittwoch gemeinsam essen und anschließend ins Kino zu gehen. Das ist zwar eigentlich Ihr Hauskreisabend, aber was soll’s – diese

Gelegenheit, Zeugnis abzulegen, können Sie sich schließlich nicht entgehen lassen. Also sagen Sie: „Ich bin dabei!" Vielleicht können Sie ja während der Trailer und der Werbeeinblendungen am Anfang die Bibel herausholen und Ihre Freundin mal eben schnell zu Jesus führen. Logisch.

„Ich und mich für Jesus schämen? Wie kommen Sie denn darauf? Ich bin eben ein stiller Zeuge. Ich lasse mein Leben für Gott sprechen!" Ach ja? Und was genau sagt Ihr Leben?

Ich habe Mädchen getroffen, die an missionarische Dates glaubten, und junge Männer, die sich zum Dienst an Blondinen berufen fühlten. „Mann, Gott hat mir diese Frau wirklich aufs Herz gelegt. Ich werde mit ihr ausgehen, um sie für ihn zu erreichen."

Wir versuchen ständig, Gott zu manipulieren, damit er das tut, was wir wollen. Wir wollen unseren Spaß haben und deshalb wird Gott zu einem Spaß-Gott. Eine Beziehung zu Gott haben und gleichzeitig die Vergnügungen der Welt genießen – das ist wie ein christliches *Disneyland*!

Viele von uns wollen, dass Gott unsere Vorstellung von ihm absegnet, statt dass wir unsere Vorstellung von ihm ändern, damit sie dem entspricht, wie Gott wirklich ist. Wir lesen den Vers, in dem es darum geht, allen Menschen alles zu werden, und interpretieren ihn idiotischerweise als Ausrede dafür, weltlich zu sein, um die Welt zu erreichen. Wir müssen die Verlorenen tatsächlich erreichen – aber indem wir mit unseren Worten, unseren Taten und unserer LIEBE ein Licht sind. Nicht, indem wir weltlich sind.

Und Gott ist niemand, für den man sich leichtfertig schämen sollte. Er bietet uns keine Blondinen als Missionsfeld oder Bekehrungen während irgendwelcher weltlicher Events.

Er ist Herr. Er ist *Herr*. Und er hat keine stillen Zeugen.

Denken Sie mal darüber nach!

93 Wollen wir wirklich Erweckung?

„Darin besteht die Liebe, dass wir nach den Geboten des Vaters leben, und sein Gebot ist dasselbe, das ihr von Anfang an gehört habt; danach sollt ihr nun auch leben."

2. Johannes 6

Im 19. Jahrhundert gab es einen Evangelisten namens Charles Finney, der im Laufe seines Lebens 500 000 Menschen zu Gott geführt hat. Das war zu einer Zeit, in der es noch keine Mikrofone und Megakirchen und Fernsehevangelisationen gab. Alles, was Finney auf seiner Seite hatte, war Gottes Macht, die durch ihn am Werk war.

Finney sagte, dass Erweckung nicht mehr und nicht weniger sei als ein Neuanfang im Gehorsam gegenüber Gott, der in Gottes Volk aufbricht. Er glaubte, dass man eher die Christen dafür verurteilen müsse, dass sie nicht erweckt seien, als Sünder dafür, dass sie nicht gerettet seien. Damit beginne das Gericht in Gottes eigenem Haus.

Erweckung geschieht dann, wenn wir Christen wirklich damit ernst machen, Gott zu gehorchen. Er möchte sein Volk in großem Stil aufmischen – aber lassen wir ihn überhaupt? Wir meinen, dass eine Erweckung unser Leben durcheinander bringen wird, und das stimmt auch. Aber es ist dringend *nötig*, dass unser Leben durcheinander gebracht und aufgemischt wird! Wenn wir ehrlich sind, müssen wir zugeben, dass wir die Freude nicht in dem Ausmaß spüren, das Gott für uns bereithält. Erweckung – persönliche Erweckung – wird uns diese Freude bringen. Um sie zu erleben, müssen wir uns allerdings von der Sünde abwenden, die uns so leicht in Beschlag nimmt.

Jeder Tag bietet uns die Chance, Gott neu zu gehorchen, indem wir nicht auf unsere eigenen Versuche bauen, sondern auf den Heiligen Geist, der in uns Gehorsam bewirkt. Auch heute haben Sie diese Chance zum Neuanfang. Vertrauen Sie darauf, dass Gott Ihnen zeigt, wie Sie ihm gehorsam sein können! Bitten Sie ihn, durch Sie zu wirken! Nehmen Sie sein Joch auf sich – seine Last des Gehorsams ist leicht und nicht schwer zu tragen. Das stellt vielleicht Ihr Leben auf den Kopf, aber es bringt Ihnen zugleich Freude!

94 Die ganze Wahrheit sagen

„Wenn jemand von euch ein Haus bauen will, setzt er sich doch auch zuerst hin und überschlägt die Kosten. Er muss ja sehen, ob sein Geld dafür reicht. [...] *Niemand von euch kann mein Jünger sein, wenn er nicht zuvor alles aufgibt, was er hat."*

Lukas 14,28.33

Das Problem heutzutage ist, dass wir in Jesus eine Art Pille sehen, die wir schlucken und die dann alles in Ordnung bringt. Alle unsere Probleme werden in dem Augenblick verschwinden, wenn wir Christus in unser Leben lassen. Das dachte ich jedenfalls am Anfang. Und das habe ich auch eine Zeit lang gepredigt.

Ich sagte: „Du musst nur Jesus als Herrn und Erlöser in dein Leben aufnehmen, dann sind alle deine Sorgen vorüber." So nach dem Motto: „Sprich zusammen mit mir dieses Gebet, John: ‚Herr Jesus, bitte komm in mein Herz, vergib mir meine Sünden und schenke mir ewiges Leben. Amen.' Okay, John, jetzt bist du Christ. Willkommen in Gottes Familie! Jetzt musst du nur noch deinen Namen und deine Adresse auf dieses Kärtchen schreiben und dann schicken wir dir ein paar Bücher. Hier ist noch der Terminkalender mit den Aktivitäten unserer Gemeinde – bis demnächst also! Ach ja, und wenn du irgendwelche Fragen hast, ruf einfach an!"

Zwei Tage später klingelt das Telefon: „Oh, hallo, John! Wie geht's? Was? Anfechtungen? Ach ja, ich hatte vergessen zu erwähnen, dass so was passieren kann. Wo liegt denn dein Problem, Johnny?"

Johnny sagt: „Hör mal, ich weiß nicht, welche Freundin ich aus dem Haus schmeißen soll."

„Äh ... welche Freundin?"

„Ja. Na ja, Shirley und ich hatten gestern Abend Sex ... Mann, waren wir zugedröhnt! War echt cool, Mann! Ich habe die Kraft Gottes gespürt und so und ..."

„Ähm, Johnny ... wusstest du, das du als Christ mit den Drogen aufhören musst?"

„Mensch, Keith – das hast du mir gar nicht gesagt. Ich bin davon ausgegangen, dass Gott die Drogen irgendwie auf übernatürliche Weise verschwinden lässt, wenn er nicht will, dass ich sie nehme. Aber das mit dem Haschrauchen ist auch gar nicht das Problem. Mein Problem ist vielmehr, dass eins von den Mädels gehen muss, Mann. Obwohl, eine von ihnen ist näher dran, auch zum Glauben zu kommen, und sie ist sowieso besser im Bett, also denke ich, ich behalte die."

„Johnny, warte mal! Du hast da was völlig durcheinander gebracht. Du kannst nicht Christ sein und Unzucht treiben."

„Un-was? Hey Keith, ich dachte, Jesus würde mir Freude und Frieden und all die anderen geilen Sachen geben. Von meinem Stoff und den Mädchen hast du nie was gesagt!"

„Es stimmt, Johnny, Gott will dir Freude und Frieden schenken, aber du muss ihm dein Leben unterstellen!"

„Hab ich doch. Oder meinst du, er will auch meinen Sex und mein Gras?"

„Johnny, ich glaube, wir müssen uns mal zusammensetzen und reden."

„Nee, Keith. Wenn Christsein bedeutet, dass ich aufs Rauchen und auf den Sex mit meiner Freundin verzichten muss, dann vergessen wir die Sache ganz schnell wieder. Ich nehme mein Gebet zurück."

„Du kannst dein Gebet nicht zurücknehmen!"

„Mach ich aber." *Klick.*

„Warte, Johnny! Warte doch mal!"

Ups, wieder einer verloren. Wir erzählen heutzutage nicht viel darüber, was es kostet, Christ zu werden. Wir versuchen, Menschen zu Jesus zu führen (wenn wir uns überhaupt die Mühe machen, ihnen vom Glauben zu erzählen, und die meisten tun es nicht) und sie möglichst schnell zu bekehren. Wir wollen das Geschäft abschließen, bevor sie es sich anders überlegen oder die Wahrheit herausfinden – dass es nämlich tatsächlich etwas kostet, Christ zu werden. Wir haben die Erlösung billig gemacht. Und obwohl die Gnade ein Geschenk ist – sie ist nicht billig! „Wer aber sein Leben um meinetwillen verliert, gerade der wird es retten" (Lukas 9,24).

95 Manchmal tut die Wahrheit weh

„Darum freue dich, Himmel, mit allen, die in dir wohnen! Ihr aber, Land und Meer, müsst zittern, seit der Teufel dort unten bei euch ist! Seine Wut ist ungeheuer groß; denn er weiß, er hat nur noch wenig Zeit!"

Offenbarung 12,12

Stellen Sie sich vor, Sie leben in einem Mietshaus, und eines Nachts hören Sie plötzlich Schreie aus der Wohnung nebenan. Sie riechen Rauch, und Ihnen wird klar, dass es im Haus brennt. Sie laufen ins Treppenhaus und stellen fest, dass das Feuer in wenigen Minuten das ganze Gebäude erfasst haben wird. Wahrscheinlich schlafen viele Mieter noch, also rennen Sie die Treppen rauf und runter und durch die Gänge und versuchen, die Leute aufzuwecken. Vielleicht treten Sie auch die eine oder andere Tür auf, stürmen hinein und helfen jemandem nach draußen. Sie tun alles, um die Menschen zu retten. Vielleicht riskieren Sie dabei sogar Ihr eigenes Leben. Die meisten Menschen würden so reagieren, aus natürlichem Mitgefühl für diejenigen, die in Gefahr sind.

Aber wie sieht es mit dem übernatürlichen Mitgefühl aus, das Christen für die Menschen haben sollten, die die rettende Beziehung zu Jesus noch nicht haben? Haben wir dieses Mitgefühl? Tagtäglich gibt es um uns herum Menschen, die von einem Höllenfeuer verschlungen werden, das viel schlimmer ist als jedes irdische Feuer. Ein Mensch, der vom Feuer erfasst wird, verbrennt nur einmal. Aber das Feuer der Hölle brennt ewig.

Vielleicht ist die unterschiedliche Reaktion auf normales Feuer und das Feuer der Hölle darauf zurückzuführen, dass wir das Feuer auf der Erde sehen können und das ewige Feuer nicht. Aber wenn wir nur eine Minute lang die Schreie aus der Hölle hören und die Qualen der Verdammten sehen könnten, wären wir entsetzt und würden versuchen, sie irgendwie zu retten. Satan weiß das natürlich, und er tut alles, um die Hölle so unsichtbar wie möglich zu machen. Er will nicht, dass wir den Schrecken kennen lernen, den die Verlorenen in der Hölle erleiden müssen. Und auf Grund dessen laufen wir mit unserer „Halleluja – alles ist prima“-Haltung durch die Gegend, während unsere Freunde der Hölle mit jedem Tag ein paar Zentimeter näher kommen.

Die Bibel lehrt uns, dass wir für unser Wissen verantwortlich sind. Und wir wissen, dass auf die Verlorenen die Hölle wartet. Aber wir wissen noch etwas. Wir wissen, *dass niemand zur Hölle fahren muss.* Es gibt einen Retter – einen, der gesagt hat, dass er nicht in die Welt gekommen ist, um sie zu richten, sondern um sie zu *retten.*

Als ich vor drei Wochen über dieses Thema nachdachte, schrieb ich ein Lied, das davon handelt, dass wir friedlich schlummern, während die Wohnung brennt und es Menschen gibt, die gewarnt werden müssen. Wenn wir der Bibel glauben, müssen wir aufwachen und die anderen vor dem Feuer warnen, dem sie entgegensehen.

Schlafend im Licht[14]

Siehst du es? Siehst du es?
Wie all die Menschen versinken –
macht es dir nichts aus? Macht es dir nichts aus?
Willst du sie untergehen lassen?
Wie kannst du nur so gefühllos sein,
dass es dir egal ist, ob sie gerettet werden?
Du schließt die Augen
und tust so, als wäre die Arbeit getan ...

Segne mich, Herr! Segne mich, Herr –
das ist alles, was ich zu hören bekomme.
Niemand leidet, niemand hat Schmerzen,
niemand vergießt auch nur eine Träne.
Aber ER klagt, er weint, er blutet,
und ihm sind deine Bedürfnisse nicht egal.
Und du lehnst dich nur zurück und badest darin –
siehst du denn nicht, dass das Sünde ist?

Denn er zeigt Menschen deine Tür,
und du schickst sie fort,
während du lächelst und sagst:
„Gott segne dich, Friede mit dir!"
Und der ganze Himmel weint,
denn Jesus kam an deine Tür,
und du hast ihn draußen auf der Straße stehen lassen.
Öffne dich, öffne dich
und gib dich selbst!
Du siehst die Not, du hörst die Schreie,
wie kannst du da noch warten?
Gott ruft, und du bist gemeint,
aber wie Jona läufst du davon.
Er hat dir gesagt, dass du den Mund aufmachen sollst,
aber du behältst es immer noch für dich.
Siehst du denn nicht, dass das Sünde ist?

Die Welt schläft in einem Dunkel,
das die Kirche nicht bekämpfen kann,
weil sie in ihrem Licht schlafend daliegt.
Wie kannst du nur so tot sein?
Während du so wohl genährt bist,
erstand Jesus aus dem Grab,
und du, du kommst noch nicht mal aus dem Bett.
Ja, Jesus stand von den Toten auf –
komm schon, steh auf aus deinem Bett!

Wie kannst du nur so gefühllos sein,
dass es dir egal ist, ob sie gerettet werden?
Du schließt die Augen und tust so, als wenn die Arbeit getan wäre,
du schließt die Augen und tust so, als wenn die Arbeit getan wäre.
Schließ nicht die Augen, und tu nicht so, als wenn die Arbeit getan wäre!
Komm mit, komm mit.
Komm mit mir, mein Geliebter!
Komm mit aus diesem Chaos,
komm mit mir, mein Geliebter!

96 Nur ein Bleistift

„So ist es auch mit uns: Als Menschen, die zu Christus gehören, bilden wir alle ein unteilbares Ganzes; aber als Einzelne stehen wir zueinander wie Teile mit ihrer besonderen Funktion. Wir haben ganz verschiedene Gaben, so wie Gott sie uns in seiner Gnade zugeteilt hat."

Römer 12,5-6a

Ich habe erlebt, dass Leute zu mir kommen und sagen: „Du hast so viel für mein Glaubensleben getan, Keith!" Ich antworte dann: „Aber ich habe doch gar nichts gemacht." Hören Sie, ich kann niemandes Leben verändern. Ich bin sozusagen ein Bleistift, das ist alles. Wenn Sie mit einem Bleistift einen Brief schreiben und dieser gelingt Ihnen, dann sehen Sie ja auch nicht den Bleistift an und sagen: „Was für ein toller Bleistift!" Sie legen ihn zurück in die Schublade und vergessen ihn. Wie oft haben Sie einen schönen Song im Radio gehört, der Sie veranlasst hat, sich auf den Boden zu knien und die Lautsprecherboxen zu küssen, aus denen die Musik kam?

Es ist für mich ein Segen, wenn Gott mich gebraucht, aber ich ernte nicht die Lorbeeren dafür. Gott allein bringt so etwas Tolles zustande. Keith Green ist ein ganz normaler bekehrter Sünder mit hässlichem Innenleben. Genau genommen ist es ein wahres Wunder, dass Gott mich als Bleistift gebraucht.

Und wissen Sie was? Wir sind alle so. Wir alle haben Begabungen und Fähigkeiten, die uns gegeben wurden, damit wir andere auf Gott hinweisen. Aber wir können für diese Begabungen keine Lorbeeren einheimsen – wir haben sie uns schließlich nicht selbst gegeben.

Keiner ist mehr wert als die anderen. Wir sitzen alle im selben Boot.

Wegen dir[15]

Die Leute lächeln mir zu und fragen mich, woran es liegt,
dass sie so sein wollen, wie ich es bin.
Dann zeige ich nur auf dich
und sage ihnen: Ja, es stimmt,
ich bin niemand Besonderes, sondern einfach nur ein Mensch.

Nur wegen dir
lächeln die Leute mir zu
und sagen: Was für ein Glück der Junge hat!
Nur wegen dir
kann ich die Hände heben und antworten
und sagen: Ich bin glücklich wegen dir.

Die Leute wollen nicht glauben,
dass mein Leben etwas war,
für das niemand Verwendung hatte.
Ich saß jeden Abend zu Hause
und ließ mein Licht nie leuchten,
und ich danke dir,
dass es nie mehr so sein wird wie damals.

Nur wegen dir
zeigen die Leute auf mich
und sagen: Was der Junge hat, find ich gut.
Doch wegen dir
bekenne ich, dass ich nicht viel habe,
aber das, was mein ist, habe ich wegen dir.

Die Leute lächeln mir zu und fragen mich, woran es liegt,
dass sie so sein wollen, wie ich es bin.
Dann zeige ich nur auf dich
und sage ihnen: Ja, es stimmt,
ich bin nichts Besonderes, sondern einfach nur ein Mensch.

Nur wegen dir
lächeln die Leute mir zu
und sagen: Was für ein Glück der Junge hat!
Nur wegen dir
kann ich die Hände in den Himmel strecken
und sagen: Ich bin nur glücklich wegen dir.

97 Zeigen Sie Jesus!

„Und er, der ins Herz sieht, hat diesen Menschen ein gutes Zeugnis ausgestellt: Er hat ihnen genauso wie uns den Heiligen Geist geschenkt. In keinem Punkt hat er einen Unterschied gemacht zwischen ihnen und uns. Sie sind rein, weil er sie durch den Glauben im Herzen rein gemacht hat."

Apostelgeschichte 15,8-9

Einmal wollte jemand seine Großmutter zu der Jugendstunde mitbringen, die ich leitete. Sie sagte jedoch: „Ich will davon nichts hören. Langhaarige Verrückte in der Gemeinde, das mag ja gerade noch angehen, aber auf der Kanzel - nein, das finde ich nicht richtig!"

Aber wissen Sie was? Ihr Aussehen macht Sie nicht zu einem Christen. Es kommt ganz darauf an, dass Sie die richtigen Kontakte haben. Sie müssen jemand ganz oben kennen. Und Gott ist so unglaublich, dass er jemanden mit meinem Aussehen gebrauchen kann.

Vor einiger Zeit war ich in der Fernsehtalkshow *The 700 Club* zu Gast. Normalerweise sitzen dabei immer ein paar ältere Damen aus der Kirchengemeinde an den Telefonen und im Publikum. Also dachte ich mir, ich sollte für diese Gelegenheit meinen Bart ein bisschen stutzen. Ich schnitt ihn ziemlich kurz und kam so in die Sendung. Und mitten im Interview sagt der Moderator plötzlich: „Ich habe gehört, dass Sie extra für diese Show Ihren Bart gestutzt haben."

Ich gab zu: „Ich wollte niemanden vor den Kopf stoßen, weder hier im Studio noch zu Hause am Bildschirm. Manche meinen, man sollte gerettet und rasiert sein."

Nach der Sendung kam eine der älteren Damen auf mich zu und sagte ganz gerührt: „Wissen Sie was? Bisher habe ich immer den Fernseher ausgemacht, wenn jemand auftrat, der so aussah wie Sie. Ab jetzt werde ich das nicht mehr tun, weil Sie mir wirklich etwas klar gemacht haben."

Leute, ich war sprachlos. Es erinnerte mich daran, dass unsere äußere Erscheinung eigentlich keine Rolle spielt, wenn das Licht von Jesus aus uns herausleuchtet. Dann sehen die Menschen Jesus.

Überlegen Sie mal: Jesus lief mitten im Sommer in der heißen Wüste herum, und zwar ohne Erfrischungstuch und 24-Stunden-Deo. Er schwitzte wahrscheinlich extrem und in unserer Kultur würde er damit wohl nicht besonders attraktiv aussehen. Wir haben mit unseren Mundspülungen, Haarsprays und Perfekt-Makeups das Ziel weit hinter uns gelassen. Das äußere Erscheinungsbild hat für uns ein ungeheures Gewicht. Aber wenn wir nicht innerlich schön sind und das Licht Jesu ausstrahlen, könnten wir für Gott genauso gut einen Müllsack tragen.

Wir verbringen eine Menge Zeit vor dem Spiegel, bevor wir aus dem Haus gehen, um sicher zu sein, dass wir gut aussehen. Aber wie viel Zeit verbringen wir jeden Morgen vor dem Spiegel von Gottes Wort, um sicher zu gehen, dass unser Innenleben für den Tag bereit ist?

98 Die unendliche Reise

„Jesus Christus und sonst niemand kann die Rettung bringen. Auf der ganzen Welt hat Gott keinen anderen Namen bekannt gemacht, durch den wir gerettet werden könnten."

Apostelgeschichte 4,12

Wenn ich Menschen von Jesus erzähle, bekomme ich oft zu hören: „Hey, ich muss kein Christ werden. Ich bete Gott auf meine Art an." Diese Einstellung hatte ich früher auch. Ich glaubte an Gott. Ich betete Gott auf verschiedene Weise und unter vielen anderen Namen an – aber nie Jesus. Ich dachte immer, es spiele keine Rolle, wie wir ihn nennen. Die verschiedenen Namen meinen doch im Grunde alle denselben Gott, oder? Mann, hab ich mich vielleicht getäuscht!

Ich bin in die Wüste gegangen, habe Peyote gekaut und zwischen den Kakteen nach Don Juan Ausschau gehalten. Ich habe meditiert und gesungen, habe den coolsten Gurus zugehört, viel Geld für Bücher, Vorträge und Drogen ausgegeben und alle angesagten Mantras gelernt.

Und die ganze Zeit über war es dasselbe: „Wenn du nur noch dieses eine Buch liest ... wenn du nur die eine Droge noch probierst ... nur noch einen Redner mehr hörst ... nur noch diese Yoga-Stellung versuchst – dann wirst du erleuchtet werden." Das wurde ich aber nie. Es gab Zeiten, in denen ich acht Stunden lang auf Acid war, und wenn der Trip dann vorbei war, hungerte ich immer noch nach der Wahrheit. Ich musste meine Beziehungen spielen lassen, um noch mehr Drogen zu bekommen, in der Hoffnung, dass der Stoff gut war und ich keinen üblen Trip haben würde.

Mit Jesus macht man keine bösen Erfahrungen. Nur eine sehr gute. Sie kommt nicht von den Drogen und sie hört nie auf. Sie ist im Grunde eine lange Reise von der Erde zum Himmel und Gott selbst ist der Reiseleiter. Es ist eine reine, erstaunliche und heilige Erfahrung. Genau wie er. Ich werde ewig dankbar dafür sein, dass ich die Wahrheit gefunden habe. Ich mache bestimmt nicht alles richtig, aber ich weiß, dass ich auf dem richtigen Weg bin und dem einzigen

Führer im Universum folge, der es wert ist, dass man ihm folgt. Ich hoffe, Sie folgen ihm auch.

Halleluja!

Anmerkungen und Rechtsangaben

Die Auszüge aus den Tagebüchern wurden mit Erlaubnis von Melody Green verwendet. Alle Rechte vorbehalten.
Bei den in diesem Buch übersetzten Liedtexten handelt es sich – mit Ausnahme des Liedes „Ich lasse deine Hand nicht los" – lediglich um inhaltliche Übertragungen, nicht um singbare Liedtexte. Zu den einzelnen Liedern:

1 Originaltitel: *I Don't Want To Fall Away From You.* Text und Musik: Keith Green und Hermine Hilton. Deutsch: Manfred Siebald. © 1976 by EMI April Music Inc. Rechte für Deutschland, Österreich, Schweiz & Osteuropa (außer Baltikum): EMI Songs Musikverlag GmbH & Co. KG.

2 Originaltitel: *Pledge My Head To Heaven.* © Birdwing Music, Ears To Hear Music. SVL: Musik Edition Discoton GmbH, BMG Music Publishing Germany, München.

3 Originaltitel: *When I Hear The Praises Start.* Text und Musik: Keith Green und Melody Green. © EMI April Music Inc. SV: EMI Songs Musikverlag GmbH & Co. KG für G/A/S & Osteuropa.

4 Originaltitel: *Thank You Jesus.* Text und Musik: Keith Green. © EMI April Music Inc. SV: EMI Songs Musikverlag GmbH & Co. KG für G/A/S & Osteuropa.

5 Originaltitel: *Summer Snow.* Text und Musik: Keith Green. © 1989 EMI April Music Inc. Rechte für D/A/CH u. Osteuropa (außer Baltische Staaten): EMI Music Publishing Germany GmbH & Co. KG, Hamburg.

[6] Originaltitel: *When There's Love*. Text und Musik: Keith Green, Melody Green und Bobby Hart. © EMI April Music Inc/Claudia Music. SV: EMI Songs Musikverlag GmbH & Co. KG für G/A/S & Osteuropa.

[7] Originaltitel: *Stained Glass*. Text und Musik: Keith Green und Melody Green. © 1980 EMI April Music Inc. Rechte für D/A/CH u. Osteuropa (außer Baltische Staaten): EMI Music Publishing Germany GmbH & Co. KG, Hamburg.

[8] Originaltitel: *My Eyes Are Dry*. © Birdwing Music, Ears To Hear Music. SVL: Musik Edition Discoton GmbH, BMG Music Publishing Germany, München.

[9] Originaltitel: *A Billion Starving People*. Text und Musik: Melody Green, KeithGreen. © by For The Shepard Music/Unisong Music Publishers B.V. SVL: Musik Edition Discoton GmbH, BMG Music Publishing Germany, München.

[10] Originaltitel: *Dear John Letter (To The Devil)*. Text und Musik: Keith Green. © EMI April Music Inc. SV: EMI Songs Musikverlag GmbH & Co. KG für G/A/S & Osteuropa.

[11] Originaltitel: *Dust to Dust*. Text und Musik: Melody Green. © For The Shepard Music/Unisong Music Publishers B.V. SVL: Musik Edition Discoton GmbH, BMG Music Publishers Germany, München.

[12] Originaltitel: *Jesus Is Lord Of All*. Text und Musik: Keith Green. © BMG Gospel Music Inc./Unisong Music Publishers B.V. SVL: Musik Edition GmbH, BMG Music Publisher Germany, München.

[13] Originaltitel: *To Obey Is Better Than Sacrifice*. © Birdwing Music, Ears To Hear Music. SVL: Musik Edition Discoton GmbH, BMG Music Publishing Germany, München.

[14] Originaltitel: *Asleep In The Light*. © Birdwing Music, Ears To Hear Music. SVL: Musik Edition Discoton GmbH, BMG Music Publishing Germany, München.

[15] Originaltitel: *Because Of You*. Text und Musik: Keith Green. © EMI April Music Inc. SV: EMI Songs Musikverlag GmbH & Co. KG für G/A/S & Osteuropa.

KEITH GREEN IM ORIGINAL!

Keith Green:
THE ULTIMATE COLLECTION

Zwei CDs, die in bisher noch nicht da gewesener Form das Leben dieses außergewöhnlichen Songwriters porträtieren. CD Nr. 1 ist prall gefüllt mit 20 der bekanntesten Titel von Keith Green. CD Nr. 2 enthält die einstündige Dokumentation „The Keith Green Story“.

CD + DVD 103 663*

* Nur mit PAL-/NTSC-fähigem DVD-Player abspielbar!

Keith Green:
THE MINISTRY YEARS (VOL. 1 + 2)

Die Songs von Keith Green zeugen von einer tiefen Leidenschaft für Gott und haben bis heute nichts von ihrer Aktualität verloren. Die beiden Doppel-CDs „The Ministry Years (Vol. 1 + 2)“ präsentieren Ihnen einen tollen Querschnitt seines musikalischen Schaffens.

The Ministry Years (Vol. 1) Doppel-CD 102 698
The Ministry Years (Vol. 2) Doppel-CD 102 699